Moritz Joel, Paul Fuchs, Heinrich Gottfried Ollendorff

Neue Methode in sechs Monaten eine Sprache lesen, schreiben und sprechen zu lernen

Moritz Joel, Paul Fuchs, Heinrich Gottfried Ollendorff

Neue Methode in sechs Monaten eine Sprache lesen, schreiben und sprechen zu lernen

ISBN/EAN: 9783743439931

Hergestellt in Europa, USA, Kanada, Australien, Japan

Cover: Foto ©ninafisch / pixelio.de

Manufactured and distributed by brebook publishing software (www.brebook.com)

Moritz Joel, Paul Fuchs, Heinrich Gottfried Ollendorff

Neue Methode in sechs Monaten eine Sprache lesen, schreiben und sprechen zu lernen

Schlüssel
zu den Aufgaben
in der
Russischen Grammatik
nach
Ollendorff's Methode
von

M. Joel,
Lehrer der slawischen Sprachen und Literatur.

Dritte Auflage.
Durchgesehen, vermehrt und verbessert
von
Prof. Paul Fuchs,
Verfasser der Russischen und der Englischen Grammatik für Franzosen, der Deutschen,
der Französischen und der Englischen Grammatik für Russen 2c. 2c.

Frankfurt a. M.
Carl Jügel's Verlag.
1865.

Druck von Ph. Müller & Comp. in Wiesbaden.

Vorrede zur ersten Auflage.

Es dürfte auf den ersten Anblick gefährlich erscheinen, einem für Schulen bestimmten Lehrbuche ein Hülfsbuch, wie das vorliegende, beizufügen, und ich würde mich zu dessen Herausgabe nicht entschlossen haben, spräche nicht die Erfahrung für die Nothwendigkeit und Nützlichkeit eines solchen. Der fleißige, ehr- und wahrheitsliebende Schüler merkt es bald, daß er gerade an den Fehlern, die bei aller Aufmerksamkeit von seiner Seite in seinen Arbeiten stehen geblieben sind, durch die hierdurch veranlaßten Erklärungen seines Lehrers am meisten lernt, und dem trägen, ehrlosen Schüler wird der Lehrer durch wenige prüfende Fragen den Beweis liefern, daß ihn die falschen Federn nicht zu täuschen vermögen. Denjenigen aber, denen es nicht vergönnt ist, den mündlichen Unterricht eines geschickten Lehrers zu genießen, rathe ich, alle Beispiele der Lektionen auswendig zu lernen, sie dabei unter strenger Berücksichtigung der Accente laut auszusprechen, die Aufgaben beim Niederschreiben gleichfalls laut zu sprechen, zu accentuiren und dann nach diesem Schlüssel zu corrigiren.

Denjenigen Deutschen, die nach allen Kenntnissen ringen, welche sie zum Dienste ihres großen, gemeinsamen Vaterlandes befähigen, nach besten Kräften zu nützen, war mein Streben bei dieser Arbeit und ihre Anerkennung wird mein höchster Lohn sein.

Berlin, im Mai 1854.

Moritz Joel.

Vorrede zur dritten Auflage.

Bei dem, durch den Erfolg bewährten Nutzen der Ollendorff'schen Methode mit ihren dazu gehörigen Schlüsseln, kann ich nur den, von dem Verfasser vorliegender Grammatik angegebenen Gründen beistimmen, die ihn zur Bearbeitung eines Schlüssels bewogen. Was nun meine gegenwärtige Arbeit bei dieser Grammatik betrifft, so werden die Lernenden, bei einer Vergleichung dieser Auflage mit den früheren den praktischen Theil derselben bedeutend durch Beispiele vergrößert finden, in Folge deren also auch der Schlüssel dazu an Umfang gewinnen mußte. Auch habe ich mich befleißigt, demselben eine ächt russische Färbung zu geben, indem ich jede nicht ganz russische Wendung der Sätze streng daraus zu verbannen strebte und ebenso war ich bemüht, Druckfehler und falsche Accente möglichst daraus zu entfernen.

Somit übergebe ich denn den Schülern die russische Grammatik sammt ihrem Schlüssel mit voller Ueberzeugung, zur Vervollständigung Beider das Meinige beigetragen zu haben, und mit der Hoffnung, daß sich dies bei dem Gebrauch derselben vollkommen bewähren wird.

Würzburg, im Juli 1865.

Prof. Paul Fuchs.

Задача 1.

Есть ли у васъ хлѣбъ? — Да, сударь, у меня (есть) хлѣбъ. — Есть ли у васъ свой хлѣбъ? — У меня свой хлѣбъ. — Есть ли у васъ ножъ? — У меня ножъ. — Есть ли у васъ мой ножъ? — У меня вашъ ножъ. — Есть ли у васъ фонарь? — У меня фонарь. — Есть ли у васъ свой фонарь? — У меня свой фонарь. — Который фонарь у васъ? — У меня вашъ фонарь. — Есть ли у васъ свой сахаръ? — У меня свой сахаръ. — Который сахаръ у васъ? — У меня вашъ сахаръ. — Который чай у васъ? — У меня свой чай. — Есть ли у васъ мой сапогъ? — У меня вашъ сапогъ. — Который хлѣбъ у васъ? — У меня вашъ хлѣбъ. — Который ножъ у васъ? — У меня свой ножъ.

Задача 2.

Есть ли у васъ новый домъ? — У меня новый домъ. — Есть ли у васъ худой башмакъ? — Да, сударь, у меня худой башмакъ. — Который голубь у васъ? — У меня прекрасный голубь. — Есть ли у васъ мой бумажный чулокъ? — У меня вашъ бумажный чулокъ. — Какой чулокъ у васъ? — У меня нитяный чулокъ. — Есть ли у васъ золотой подсвѣчникъ? — У меня оловянный подсвѣчникъ. — Какой у васъ плащъ? — У меня суконный плащъ. — Что у васъ?

— У меня́ гу́сь. — Кото́рый гу́сь у ва́съ? — У меня́ свой гу́сь. — Како́й ча́й у ва́съ? — У меня́ худо́й ча́й. — Есть ли у ва́съ хоро́шій хлѣ́бъ? — У меня́ хоро́шій хлѣ́бъ. — Есть ли у ва́съ ста́рый мой но́жъ? — Есть. — Кото́рый фона́рь у ва́съ? — У меня́ ва́шъ ста́рый фона́рь. — Есть ли у ва́съ краси́вый ко́жаный сапо́гъ? — У меня́ га́дкій деревя́нный башма́къ. — Есть ли у ва́съ стально́й но́жъ? — Да, су́дарь, у меня́ но́вый, прекра́сный, стально́й но́жъ. — Есть ли у ва́съ но́вый сто́лъ? — У меня́ свой ста́рый сто́лъ. — Како́й са́харъ у ва́съ? — У меня́ хоро́шій са́харъ. — Есть ли у ва́съ свой го́лубь? — Есть. — Есть ли у ва́съ мой хоро́шій хлѣ́бъ? — Есть. — Есть ли у ва́съ мой бума́жный башма́къ? — Есть. — Како́й до́мъ у ва́съ? — У меня́ ста́рый, деревя́нный до́мъ. — Есть ли у ва́съ краси́вый дво́ръ? — У меня́ дурно́й дво́ръ. — Есть ли у ва́съ бума́жный плато́къ? — У меня́ прекра́сный бума́жный плато́къ. — Есть ли у ва́съ прекра́сный конь? — Да, су́дарь. — Есть ли у ва́съ сере́бряный но́жъ? — У меня́ желѣ́зный но́жъ.

Зада́ча 3.

Есть ли у меня́ ва́шъ сы́ръ? — У ва́съ нѣ́тъ моего́ сы́ра. — У кого́ мой краси́вый го́лубь? — Ва́шъ краси́вый го́лубь у ва́шего сосѣ́да. — У кого́ хоро́шій ко́фей? — У ва́шего бра́та хоро́шій ко́фей. — У ва́шего двою́роднаго бра́та нѣ́тъ хоро́шаго ко́фея. — У ва́съ ли золото́й шнуро́къ? — Золото́й шнуро́къ у золоты́хъ дѣ́лъ ма́стера. — Что у столяра́? — У столяра́ прекра́сный деревя́нный сто́лъ. — Чей но́жъ у Никола́я? — У Никола́я прекра́сный, но́вый, стально́й но́жъ моего́ кума́. — У ва́съ ли мой ста́рый фона́рь? — Нѣ́тъ, су́дарь, ва́шъ ста́рый фона́рь у ва́шего но́ваго сосѣ́да. — У моего́ ли му́жа ко́жаный сапо́гъ? — У него́ нѣ́тъ ко́жанаго сапога́. — У кого́ бума́жный башма́къ? — У ста́раго башма́чника бума́жный башма́къ. — У како́го башма́чника? — У башма́чника Андре́я. — У кого́ хоро́шій сы́ръ? — У Алексѣ́я. — У золоты́хъ дѣ́лъ ма́стера нѣ́тъ золота́го подсвѣ́чника. — Чей прекра́сный гу́сь у ста́раго сапо́жника? — У него́ краси́вый гу́сь своего́ бра́та. — У кого́ э́тотъ дурно́й ча́й? — У до́браго звонаря́. — У кого́ мой прекра́сный деревя́нный го́лубь? — Деревя́нный го́лубь у ва́шего прія́теля. — Чей но́вый деревя́нный до́мъ? — Моего́ до́браго, ста́раго двою́роднаго бра́та. — Что у ва́шего молода́го бра́та? — Сере́бряный подсве́чникъ. — У меня́ нѣтъ сере́брянаго подсве́чника. — У ва́шего дру́га но́вый суко́нный пла́щъ. — У меня́ свой башма́чникъ. — Есть ли у ва́съ свой до́мъ? — Нѣтъ, у меня́ нѣтъ своего́ до́ма. — У меня́ свой золото́й но́жикъ.

Зада́ча 4.

Чей кафта́нъ у ва́съ, су́дарь? — У меня́ кафта́нъ отца́. — Есть ли у ва́съ но́вый его́ кафта́нъ? — У меня́ ва́шъ но́вый, прекра́сный кафта́нъ. — У меня́ нѣтъ его́ кафта́на. — Есть ли у него́ конь? — У него́ ста́рый, га́дкій конь. — Како́й осёлъ у ва́шего ма́льчика? — У моего́ ма́льчика га́дкій осёлъ. — Чей но́жъ у купца́? — У него́ свой но́жъ. — Есть ли у меня́ его́ но́жъ? — У ва́съ свой но́жъ. — У кого́ молото́къ кузнеца́? — У сы́на купца́. — Что у до́браго глупца́? — У него́ прекра́сный ка́мень. — Чей ка́мень у него́? — У него́ свой ка́мень. — У кото́раго ста́рца овёсъ моего́ осла́? — У до́браго, трудолюби́ваго ста́рца его́ овёсъ. — У кото́раго купца́ прекра́сный сере́бряный шанда́лъ? — У бра́та моего́ сосѣ́да. — Чей ко́фей у ва́съ? — У меня́ ко́фей молода́го, трудолюби́ваго, краси́ваго купца́. — Чей бума́жный плато́къ у ва́съ? — У меня́ свой плато́къ. — Есть ли у ва́шего сосѣ́да свой осёлъ? — У него́ нѣтъ своего́ осла́. У кого́ онъ? — Онъ у ста́раго сосѣ́да ва́шего отца́. — Есть ли мескъ у краси́ваго ма́льчика худа́го игрока́? — У него́ га́дкій мескъ ста́раго ипока. — Есть ли у него́ ячме́нь моего́ отца́? — У него́ его́ ячме́нь. — Есть ли у него́ свой ячме́нь? — Есть.

Задача 5.

Есть ли у васъ хлѣбъ? — Есть. — Который хлѣбъ у васъ? — У меня свой хлѣбъ. — Есть ли у меня свой кофей? — У васъ свой кофей. — Есть ли у него сыръ? — У него сыръ. — Какой сыръ у него? — У него старый сыръ. — Который старый сыръ у васъ? — У меня старый сыръ добраго моего сосѣда. — Есть ли у меня его оселъ? — У васъ его оселъ. — Чей мескъ у ѣздока? — У него свой. — Чей башмакъ у мальчика? — У него башмакъ башмачника. — Есть ли у него старый его башмакъ? — У него новый его башмакъ. — У кого его старый башмакъ? — У сына его. — Чей уголь у него? — У него уголь трудолюбиваго кузнеца. — Какой уголь? — У него нѣтъ угля. — Что у вашаго отца? — У него гусь. — Есть ли у него прекрасный гусь? — У него гадкій гусь. — Какой голубь у мальчика? — У него красивый деревянный голубь. — Есть ли у него свой голубь? — У него голубь новаго своего пріятеля. — Есть ли у вашего брата новый пріятель? — У него (есть) добрый старый пріятель. — Что у трудолюбиваго Андрея? — У него серебряный шандалъ. — Чей серебряный шандалъ у него? — У него серебряный шандалъ его пріятеля Николая. — Чей кожаный башмакъ у вашего новаго башмачника? — У него старый кожаный башмакъ ипока. — Который молотокъ у глупца? — У него деревянный молотокъ трудолюбиваго моего столяра. — Что у льва? — У него олень. — Что у оленя? — У него овесъ. — Что у стараго голландца? — У него желѣзный фонарь. — Чей фонарь у него? — Свой.

Задача 6.

Есть ли у васъ нѣсколько воску? — У меня много воску. — Есть ли у вашего отца довольно перцу? — У него немного, а довольно. — У меня не довольно меду. — У васъ ли мой табакъ? — У меня нѣтъ вашего табаку. — У меня вашъ чай, а нѣтъ вашего сахару. — У меня мало хлѣба. — Нѣтъ ли у меня моего фонаря? — У васъ свой шандалъ, а нѣтъ своего фонаря. — Есть ли у васъ много табаку и много чаю, сударь? — У меня много чаю, а мало табаку. — У кого много хорошаго войлоку. — У хорошенькаго сына стараго купца много прекраснаго войлоку. — У кого мой большой ножъ? — У меня свой малый ножъ, а не вашъ большой. — Нѣтъ ли у него хорошаго уксусу? — У него худой уксусъ, а хорошій сахаръ. — У котораго купца прекрасный ситецъ? — У сосѣда вашего брата прекрасный ситецъ. — Нѣтъ ли у кузнеца песку? — У него нѣтъ песку, а нѣсколько мѣлу. — Нѣтъ ли у васъ его молотка? — У меня не его молотокъ, но его кафтанъ. — Чей у васъ кафтанъ? — У меня кафтанъ вашего добраго старца. — Нѣтъ ли воробья у мальчика сапожника? — У него нѣтъ воробья, но есть соловей. — Нѣтъ ли моего стола у столяра? — У него нѣтъ вашего стола, а свой. — У кого нѣтъ хлѣба и у кого нѣтъ сыру? — У меня нѣсколько хлѣба, а не довольно сыру. — Какой сапогъ у меня? — У васъ большой кожаный сапогъ. — Нѣтъ ли у меня и малаго башмака моего красиваго пріятеля? — Онъ у васъ. — Какого красиваго пріятеля? — Сосѣда моего брата Николая. — Нѣтъ ли у васъ чулка? — Есть. — У кого нѣтъ кофею? — У меня кофей, а не довольно. — Есть ли у васъ довольно сахару? — У меня немного, а довольно. — Что у прекраснаго орла? — У него малый соловей. — Нѣтъ ли муравья у брата сосѣда вашего? — Да, сударь, у него муравей. — Нѣтъ ли камня у глупца? — Нѣтъ, сударь, у него не камень, а оладей. — Нѣтъ ли улья у трудолюбиваго вашего пріятеля? — У него улей. — Какой? — У него прекрасный, деревянный улей. — Есть ли у него и рой? — Нѣтъ, у него нѣтъ рою.

Задача 7.

Что у меня? — У васъ ножъ. — Чей ножъ у меня? — У васъ ножъ вашего пріятеля. — Который ножъ моего пріятеля у меня? — У васъ прекрасный новый ножъ его. — Есть ли у меня и его воробей? — У васъ нѣтъ его воробья, но онъ у его брата. — У кого мой фонарь? — Онъ у Андрея. — У котораго Андрея? — У малаго пріятеля добраго старца. — Нѣтъ ли у него и вашего серебрянаго шандала? — У него деревянный мой шандалъ, а нѣтъ серебрянаго. — У него нѣтъ моего золотаго шандала, а у него оловянный и желѣзный. — У кого много табаку? — У новаго купца есть табакъ, а не много. — У его сосѣда много чаю, а мало табаку. — У котораго купца нѣсколько шёлку? — У вашего пріятеля много шёлку. — Есть ли у него и много перцу? — У него нѣтъ перцу, а есть нѣсколько сахару и уксусу. — Есть ли у вашего сосѣда садъ? — У него сада нѣтъ, но у него домъ и много дёрну. — У кого прекрасный лѣсъ? — У отца хорошенькаго мальчика хорошій лѣсъ, но у него нѣтъ большаго дома.

Задача 8.

Что у малаго мальчика? — У него кусокъ сыру. — Вы не даёте мальчику куска хлѣба? — Нѣтъ. — Много ли мёду у нашего сосѣда? — У него не много, а довольно. — Какой хлѣбъ даёте вы брату кузнеца? — Я не даю ему бѣлаго хлѣба, но довольно ржанаго. — У него бѣлый хлѣбъ. — А какой хлѣбъ у прилѣжнаго его сына? — У него хорошій ржаной хлѣбъ. — У чьего сына вашъ кожаный бумажникъ? — Онъ у сына нашего булочника. — Нѣтъ ли у него и вашего бумажнаго зонтика? — У него нѣтъ бумажнаго, а есть шёлковый. — Что у меня? — У васъ стаканъ хорошаго чаю. — Что у лѣниваго нищаго? — У него старый кошелёкъ добраго нашего стряпчаго. — Нѣтъ ли у него моего кошелька? — У него его нѣтъ, онъ у меня. — Какому купцу не даёте вы кошелька? — Хозяину красиваго шёлковаго зонтика. — Двоюродному брату моего кума. — Кому вы не даёте желѣзнаго молота? — Ему. — Онъ у пріятеля нашего трудолюбиваго сосѣда. — Какой домъ у нашего выборнаго? — У него нѣтъ дома, но есть садъ. — Нѣтъ ли у часоваго большаго фонаря? — У него фонарь да и деревянный шандалъ. — Есть ли у вашего сапожника старый мой сапогъ? — Нѣтъ. — Есть ли у него свой новый башмакъ? — Есть. — Есть ли у его брата молото́къ его́? — У него́ его́ нѣтъ; у него́ свой и мой. — Что у зла́го ма́льчика до́браго кузнеца́? — У него́ прекра́сный бѣлый го́лубь да и бѣлый гусь. — Нѣтъ ли у него́ гуся бу́лочника́? — У него́ его́ нѣтъ. — Чей гусь у него́? — У него́ гусь ста́раго своего́ отца́. — Чей осёлъ у пѣвча́го? — У него́ осёлъ инока. — Что у худа́го ста́рца? — У него́ кусо́къ о́корока и нѣсколько ржана́го хлѣба. — У чье́го ма́льчика вашъ стака́нъ ча́ю? — Онъ у нашего ма́льчика. — У кого́ мой кусо́къ мѣлу? — Онъ у но́ваго часова́го. — У чье́го по́дданнаго нашъ песо́къ? — Его́ нѣтъ у ва́шего по́дданнаго, но онъ у на́шего. — У на́шего по́дданнаго нѣтъ ва́шего песку́, но нашъ.

Зада́ча 9.

Не даёте ли вы на́шему до́брому Андре́ю краси́ваго го́лубя? — Я не даю́ ему́ го́лубя и краси́ваго суко́ннаго плаща́. — Есть ли у васъ сере́бряный ножъ? — Да, су́дарь, и золото́й шанда́лъ. — Не даю́ ли я га́дкаго осла́ дурно́му сосѣ́ду краси́ваго ма́льчика? — Нѣтъ, вы даёте ему́ прекра́снаго осла́. — Нѣтъ ли у ва́шего бра́та хоро́шаго ча́ю? — У него́ нѣтъ хоро́шаго ча́ю, но есть прекра́сный ко́фей. — Вы даёте ему́ мно́го мёду, но ма́ло ма́ку. — Есть ли у до́ма хоро́шій полъ? — Хоро́шій ли вкусъ у у́ксуса? — Нѣтъ, су́дарь, у него́ нѣтъ хоро́шаго вку́са. — Даёте ли вы портно́му дово́льно ба́рхату? — Да, су́дарь, я даю́ ему́ дово́льно ба́рхату, но ма́ло шёлку. — Кому́ даёте вы ма́ло шёлку? — Башма́чнику бра́та трудолюби́ваго ста́рца. — Есть ли у кузнеца́ желѣ́зный мо́лотъ? — У него́ нѣтъ желѣ́знаго мо́лота. — Нѣтъ ли челнока́ у отца́? — Нѣтъ, су́дарь, и у Никола́я нѣтъ челнока́. — Есть ли у Алексѣ́я? — Нѣтъ, но у его́ бра́та.

Зада́ча 10.

Что у того́ ученика́? — У него́ напёрстокъ. — Что велитъ внима́тельный учи́тель невнима́тельному ученику́? — Онъ велитъ ему́ чита́ть и писа́ть. — Есть ли у него́ сей напёрстокъ или тотъ? — У него сей. — У чьего сына мой новый стальной перочинный ножикъ? — Онъ у сына того стараго внимательнаго учителя. — Есть ли у него и мой карандашъ или вашъ? — У него нѣтъ ни моего, ни вашего; у него свой. — Что у сего бѣднаго человѣка? — У него горшокъ. — Повара ли у него горшокъ или горшокъ кузнеца? — У него нѣтъ ни горшка повара ни горшка, кузнеца, но нашъ. — Что у внимательнаго ученика этого вѣрнаго учителя? — У него пѣтухъ да заяцъ, а нѣтъ ни голубя ни гуся. — Нѣтъ ли у него зайца нашего повара? — Нѣтъ, у него заяцъ вашего. — Не даёте ли вы вашъ желѣзный котёлъ вѣрному повару? — Нѣтъ, сударь, у него свой котёлъ, но я даю ему много сахару и мёду и довольно уксусу и перцу. — Есть ли у васъ горшокъ шоколату? — У меня стаканъ шоколату и горшокъ чаю. — Нѣтъ ли у васъ моего котла? — У меня нѣтъ его; у меня свой. — У кого нѣсколько мѣлу? — Онъ у невнимательнаго мальчика. — У какого мальчика? — У этого ли или у того? — Ни у этого ни у того, но у сего. — Не даётъ ли онъ серебрянаго или золотаго наперстка трудолюбивому портному? — Онъ ему не даётъ ни серебрянаго ни золотаго наперстка. — Даю ли я вамъ много сахару? — Вы мнѣ даёте ни много ни мало, но довольно. — Есть ли у вашего портнаго хорошій вкусъ? — У него нѣтъ хорошаго вкуса, но у сапожника моего хозяина хорошій. — Нѣтъ ли у него и чаю и табаку? — У него ни этого, ни того нѣтъ. — Что у него? — У него хорошій шёлковый зонтикъ, прекрасный серебряный шандалъ и новый кожаный бумажникъ. — У кого кафтанъ этого пѣвчаго? — Его ни у меня, ни у моего брата нѣтъ; но онъ у его пріятеля. — У котораго поданнаго тотъ прекрасный большой домъ и сей красивый садъ? — Ни у нашего, ни у вашего, но у поданнаго новаго выборнаго. — У котораго булочника хорошій бѣлый хлѣбъ, и у котораго хорошій ржаной? — Ни у нашего сосѣда ни у вашего нѣтъ хорошаго ржанаго хлѣба; но у булочника нашего повара хорошій бѣлый хлѣбъ.

Задача 11.

У кого красивый пѣтухъ лѣниваго повара? — У меня нѣтъ ни его пѣтуха ни его голубя. — Не даёте ли вы бумажный платокъ невнимательному мальчику?—Нѣтъ, сударь, у него свой. — Нѣтъ ли у него и моего? — Нѣтъ, сударь, вашъ платокъ у богатаго купца или у бѣднаго булочника. — Ни у этого ни у того, онъ у кума моего брата. — Что у трудолюбиваго кузнеца? — У него молотъ и гвоздь.—Чей молотъ у него, моего брата или моего отца? — Ни вашего брата ни вашего отца, но своего трудолюбиваго сына. — У кого желѣзный котелъ злаго повара? — Онъ у учителя трудолюбиваго ученика. — У чьего учителя новый перочинный ножикъ мой и хорошій мой карандашъ? — У учителя того мальчика сей, а у учителя моего пріятеля тотъ. — У кого кошелёкъ того человѣка? — У этого нищаго. — Пѣтъ ли у него и моего? — У него нѣтъ вашего, но есть кошелёкъ вашего отца. — Чей сапогъ у васъ, и чей кафтанъ у вашего сына?—У меня свой сапогъ, а у моего сына нѣтъ кафтана. —Что у него? — У него бумажный чулокъ сего человѣка и шёлковый платокъ того добраго голландца.—Нѣтъ ли у бѣднаго кузнеца осла слесаря?—У кузнеца нѣтъ осла слесаря, но у слесаря есть его оселъ.—У какого стряпчаго домъ нашего отца?—Онъ у того богатаго и злаго стряпчаго.—Есть ли у него и садъ его?—У него его нѣтъ; у него садъ бѣднаго портнаго, нашего сосѣда.—Есть ли у него прекрасный мёдъ богатаго купца?—У него нѣтъ мёду, но много сыру.—Есть ли у васъ также сыръ?—У меня нѣтъ ни сыру ни хлѣба.— Что у васъ?—У меня много табаку да и довольно кофею и чаю. — Хорошій ли перочинный ножикъ у невнимательнаго ученика?—Да, сударь.—У кого шёлковый кошелёкъ?—У злаго игрока.—Что даёте вы внимательному часовому?— Я не даю ему табаку, но довольно бѣлаго хлѣба и сыру.—Нѣтъ ли у прилѣжнаго вашего ученика шёлковаго зонтика? — Нѣтъ. — Что у него?—У него хорошій кожаный бумажникъ и хорошій новый перочинный ножикъ, но у него нѣтъ ни карандаша, ни куска мѣлу.

Задача 12.

Кому велите вы? — Я велю лѣнивому школьнику. — Что велите вы ему? — Я велю ему читать и писать. — Что даётъ добрый отецъ своему прилѣжному сыну? — Онъ даётъ ему кушать и пить. — Даёте ли вы мнѣ серебряный шандалъ? — Я не даю вамъ его, у васъ свой. — Кто даётъ прилѣжному ученику кушать и пить? — Добрый учитель даётъ ему кушать и пить. — Который учитель, этотъ или тотъ? — Ни этотъ ни тотъ, но пріятель вашего отца. — Даёте вы мнѣ нѣсколько чаю? — Я даю вамъ довольно чаю и кофею. — Даётъ ли отецъ сыну также яду? — Онъ не даётъ ему яду, но сахару. — Чей сахаръ даётъ отецъ своему сыну? — Онъ даётъ ему сахаръ богатаго купца. — Даётъ ли онъ также ослу овёсъ? — Онъ не даётъ его ослу, но коню. — Что у отца красиваго мальчика? — У него стальной ножъ, который даётъ ему купецъ. — Кому велитъ отецъ играть? — Онъ велитъ играть своему молодому сыну. — Хорошій ли уксусъ у купца? — У него нѣтъ ни хорошаго уксусу ни хорошаго вина, но у него хорошій сыръ. — Много ли у него сыру? — Нѣтъ, у него мало сыру, но много сахару и кофею. — Кому даётъ купецъ ржаной хлѣбъ? — Онъ даётъ нищему ржаной хлѣбъ и сыръ. — Которому мальчику велитъ учитель читать и писать? — Онъ велитъ моему брату читать и писать. — Велитъ ли онъ ему также кушать и пить? — Да, онъ велитъ ему и кушать и пить. — Кому даётъ булочникъ стаканъ? — Онъ даётъ стаканъ стряпчему. — Даётъ ли онъ ему также зонтикъ? — Нѣтъ, онъ не даётъ ему зонтика, но бумажникъ. — Есть ли у вашего брата свой карандашъ? — Нѣтъ, у него нѣтъ его, у него карандашъ своего товарища.

Задача 13.

Что видите вы? — Я вижу замокъ. — Какой замокъ видите вы? — Я вижу великолѣпный замокъ. — Видите ли вы замокъ императора или замокъ короля? — Я не вижу ни сего, ни того, я вижу замокъ великаго князя. — Не видите ли вы этого сада? — Я его вижу. — Чей садъ видите вы? — Я вижу садъ богатаго англичанина. — Видите ли вы также большой его домъ? — Я его не вижу. — Кого вижу я? — Вы видите малаго моего брата. — Котораго человѣка вижу я? — Вы не видите портнаго, но сапожника. — Вижу ли я осла? — Вы не видите осла, но мска. — Какого мска вижу я? — Вы видите стараго мска. — Чьего голубя вы видите? — Я не вижу голубя инока, но голубя добраго моего отца. — Вижу ли я корабль богатаго француза или корабль бѣднаго нѣмца? — Вы не видите ни корабля этого ни корабля того; вы видите корабль лѣниваго турка. — Видите ли вы его? — Я его вижу. — Не видите ли вы моего ножа? — Я его не вижу, но я вижу свой. — Чей перочинный ножикъ вижу я? — Вы видите мой. — Чьего брата видите вы? — Я вижу моего брата и брата своего пріятеля. — Видите ли вы большой городъ великаго короля? — Я вижу большой его городъ, но не вижу великолѣпнаго замка, ни прекраснаго сада храбраго князя. — Кого вижу я? — Вы видите храбраго Царя. — Не вижу ли я богатаго его подданнаго? — Вы его видите. — Видите ли вы новый мой кафтанъ? — Я его вижу. — Видите ли вы того бѣлаго гуся? — Я его не вижу.

Задача 14.

Что проситъ мальчикъ? — Онъ проситъ стаканъ пива. — Даетъ ли ему отецъ пиво? — Онъ даетъ ему пиво и вино. — Просите ли вы также вина? — Я ничего не прошу. — Велитъ ли русскій англичанину? — Онъ не велитъ ему, онъ проситъ его. — Видите ли вы зайца? — Гдѣ заяцъ? — Я его не вижу. — Онъ въ саду великолѣпнаго замка. — Быкъ также тамъ? — Нѣтъ, его тамъ нѣтъ, но онъ у мясника. — У какого мясника? — У сосѣда моего отца. — Есть ли у вашего отца свой домъ? — У моего отца свой домъ и великолѣпный замокъ. — Что кушаетъ поваръ князя? — Онъ кушаетъ пѣтуха земледѣльца. — Что проситъ мальчикъ у своего отца? — Онъ проситъ у него шоколату.— Есть ли шоколатъ у его отца?— У него его очень много. — Есть ли у него чай и кофей?— У него немного чаю, но нѣтъ кофею.—Что велитъ князь своему подданному?—Онъ велитъ ему говорить. — Даёте ли вы своему брату довольно сахару?—Я даю ему довольно сахару и довольно мёду.—Гдѣ ангелъ?—Онъ въ раю. — Который часъ? —Я того не знаю.—Видите ли вы большаго пѣтуха?—Нѣтъ, я вижу малаго пѣтуха и большаго орла. — Гдѣ орёлъ? — Онъ въ лѣсу. — А гдѣ дёрнъ? — Онъ у краю сада. — Даёте ли вы нищему немного табаку? — Я даю нищему немного табаку, но матросу я даю его много. — Кто даётъ нищему кусокъ хлѣба? — Христосъ даётъ нищему хлѣбъ. — Гдѣ мой кошелёкъ? — Онъ у вашего стряпчаго. — Имѣетъ ли онъ также мой бумажникъ? — Нѣтъ, у него его нѣтъ. — Что у повара богатаго князя? — У него горшокъ и котёлъ. — Что у него ещё?—Я того не знаю.—Этотъ ли гусь у васъ или тотъ заяцъ? — У меня нѣтъ ни этого гуся ни того зайца, у меня быкъ мясника. — У повара ли пѣтухъ? — У него нѣтъ пѣтуха, у него заяцъ.

Задача 15.

Даёте ли вы ему стараго быка. — Нѣтъ, я ему даю молодаго телёнка.—Кому даёте вы этотъ кожаный бумажникъ? —Я даю его тому кого я вижу. — Видите ли вы меня?— Нѣтъ, сударь, я васъ не вижу. — Кого видите вы? — Я вижу богатаго иностранца. — Есть ли у вашего сына свой плащъ? — Нѣтъ, я даю ему плащъ моего молодаго брата. — Этотъ ли заяцъ или тотъ у вашего повара, или у него этотъ молодой телёнокъ? — Я не вижу у него ни зайца ни телёнка.—Даёте ли вы нищему бѣлый хлѣбъ?—Нѣтъ, сударь, у меня не довольно бѣлаго хлѣба, я даю ему ржаной хлѣбъ и нѣсколько сыру.—Есть ли у этого нищаго также сынъ?— Нѣтъ, у него нѣтъ ни сына ни брата, у него трудолюбивый и добрый, но бѣдный отецъ. — Видитъ ли матросъ свой корабль? — У него нѣтъ своего корабля, корабль у богатаго купца, его хозяина.—Есть ли у Царя великолѣпный замокъ?

—Да, сударь, у него большой, великолѣпный зáмокъ егó богáтаго поддáннаго.—Вѝдите ли вы рýсскаго?—Нѣтъ, сударь, я не вѝжу рýсскаго, но францýза, тýрка и англичáнина.

Задáча 16.

Даётъ ли земледѣлецъ вóру свой кармáнъ? — Нѣтъ, онъ не даётъ вóру своего кармáна, да и ты не даёшь ему своего. — Вѝдишь ли ты вóра? — Я его не вѝжу; но я вѝжу сего дéрзскаго злодѣя, у котóраго нóвый кошелёкъ тогó бѣднаго ѣздокá. — Вѝдите ли вы того храбраго героя съ велѝкимъ его сыномъ? — Я вѝжу героя, а не вѝжу сына его. — Что у того глупцá? — У него большóй кусóкъ сыру съ óкорокомъ. — Данъ ли ему золотóй подсвѣчникъ? — Нѣтъ, я не даю золотáго подсвѣчника бѣдному мáльчику. — Есть ли у него бѣлый хлѣбъ съ сыромъ? — Съ чѣмъ? — Съ хорóшимъ сыромъ молодáго купцá. — Нѣтъ, у него нѣтъ сыру купцá, но у него бѣлый хлѣбъ бýлочника.—Кѣмъ данъ тебѣ стальнóй гвоздь? — Трудолюбѝвымъ кузнецóмъ. — Когó вѝдитъ онъ? — Труслѝваго злодѣя. — Вѝдитъ ли онъ дроздá? — Нѣтъ, онъ егó не вѝдитъ. — Не вѝдитъ ли онъ стáраго челнокá голлáндца съ бѣлымъ гýсемъ? — Онъ егó вѝдитъ. — Когó я вѝжу? — Вы вѝдите скрóмнаго пѣвцá съ мáлымъ соловьёмъ и невнимáтельнаго ученикá и хѝтрымъ воробьёмъ. — Вѝдите ли вы стáраго герóя съ егó вѣнцéмъ? — Я егó вѝжу, но мой братъ егó не вѝдитъ.—Нѣтъ ли у сего кузнецá нóваго желѣзнаго гвоздя и стáраго деревяннаго молоткá? — У него этотъ, а нѣтъ того. — Чей фонáрь у часовáго короля? — У него свой. — Вѝдите ли вы меня съ моѝмъ молодымъ брáтомъ?—Я вѝжу вáшего брáта, но васъ я не вѝжу.—У земледѣльца замóкъ съ желѣзнымъ ключóмъ. — Съ чѣмъ? — Съ красѝвымъ желѣзнымъ ключóмъ. — Я вѝжу скрóмнаго герóя съ злодѣемъ. — Съ кѣмъ?—Съ хѝтрымъ, но труслѝвымъ злодѣемъ. — Есть ли у богáтаго князя великолѣпный зáмокъ съ большѝмъ прекрáснымъ сáдомъ? — У него нѣтъ ни того ни другáго, но я даю ему большóй домъ съ прекрáснымъ сáдомъ.

— Что даёшь ты ему? — Тотъ большой садъ со старымъ ясенемъ. — Даёшь ли ты мнѣ большой улей? — Я тебѣ не даю ни улея, котораго ты видишь, ни мёду. — У кого сей садъ? — Онъ у купца, у котораго новый корабль съ желѣзнымъ челнокомъ.

Задача 17.

Не видите ли вы моего перочиннаго ножика съ кускомъ мѣлу? — Я не вижу перочиннаго вашего ножика, но вижу свой; но я вижу вашего учителя съ кускомъ ревеня. — Видишь ли ты моего сапожника съ новымъ моимъ сапогомъ? — Я его вижу, но мой молодой братъ его не видитъ. — Чей сапогъ у него? — У него тотъ, который вы видите, свой. — Кѣмъ данъ онъ ему? — Его добрымъ старымъ отцёмъ. — Не видитъ ли добрый мой отецъ человѣка съ ячменёмъ? — Онъ его не видитъ, но видитъ его товарища съ овсомъ. — Какого монаха видитъ злой стряпчій моего добраго брата? — Онъ не видитъ монаха, но нищаго съ бѣлымъ голубемъ, малымъ орломъ и старымъ пѣтухомъ. — Кѣмъ данъ пѣтухъ старому нищему? — Скромнымъ поваромъ добраго князя. — Добрый король даётъ золотой вѣнецъ храброму герою. — Не видите ли вы того прилежнаго нѣмца съ богатымъ англичаниномъ? — Я вижу его съ бѣднымъ французомъ. — Что у этого турка? — У него желѣзный горшокъ и котёлъ съ чаемъ. — Чей наперстокъ у того бѣднаго портнаго? — У него наперстокъ своего товарища. — Кѣмъ данъ ему этотъ желѣзный наперстокъ? — Его бѣднымъ товарищемъ. — Нѣтъ ли руля у того корабля? — Есть, но вы его не видите. — Кто его видитъ? — Я его вижу и мой поваръ его видитъ. — Видите ли вы повара нашего отца съ хорошимъ шоколатомъ? — Я его вижу. — Что у русскаго? — У него мечъ великаго Царя, добраго Императора его. — Видите ли вы тотъ замокъ съ большимъ пламенемъ? — Я вижу замокъ, а не вижу пламени. — Видите ли вы того человѣка съ большимъ зайцемъ? — Я ни человѣка, ни зайца не вижу, но я вижу богатаго француза съ бумажнымъ платкомъ и съ хоротимъ бумажникомъ. — Съ кѣмъ вижу я нашего добраго Андрея? — Вы видите его съ его братомъ Николаемъ и двоюроднымъ братомъ Алексѣемъ. — Данъ ли этотъ кожаный кошелёкъ ему Алексѣемъ? — Нѣтъ, сударь, его хозяйномъ. — Кѣмъ? — Хитрымъ отцёмъ лукаваго сына. — Съ чѣмъ вижу я большой корабль? — Съ желѣзнымъ якоремъ и деревяннымъ рулёмъ.

Задача 18.

Половой, есть ли у васъ чай? — Нѣтъ, у насъ нѣтъ чаю, но есть кофей. — И такъ дайте мнѣ, пожалуйста, кофею. — Хорошій ли у васъ кофей? — У насъ очень хорошій кофей. — Съ кѣмъ мой отецъ? — Я не знаю, сударь, кто съ нимъ. — Читай, лѣнивый мальчикъ! — Говори свой урокъ! — Кто даётъ золотой вѣнецъ храброму герою? — Золотой вѣнецъ даётъ народъ герою, своему благодѣтелю. — Кѣмъ данъ этотъ перочинный ножикъ твоему брату? — Онъ ему данъ мною. — Не говорите съ этимъ злодѣемъ, онъ хитёръ и лукавъ! — Кто даётъ этому доброму земледѣльцу серебряный кубокъ? — Богатый золотыхъ дѣлъ мастеръ. — Видите ли вы садъ богатаго купца? — Да, я его вижу. — Но видите ли вы и замокъ князя? — Нѣтъ, я не вижу замка князя, но у меня замокъ трудолюбиваго слѣсаря. — Кто даётъ повару молодаго пѣтуха? — Купецъ даётъ ему молодаго пѣтуха и прекраснаго дрозда. — Даётъ ли онъ ему и зайца? — Нѣтъ, зайца у него нѣтъ. — Что у васъ? — У меня прекрасный мечь. — Кѣмъ данъ онъ вамъ? — Онъ данъ мнѣ трудолюбивымъ земледѣльцемъ. — Кто этотъ человѣкъ? — Я этого не знаю. — Что велитъ отецъ своему малому сыну? — Онъ велитъ ему кушать ржаной хлѣбъ. — Какой хлѣбъ у булочника, вашего сосѣда? — У него есть и ржаной и бѣлый хлѣбъ. — Мальчикъ, читай хорошо свой урокъ! — Даётъ ли портной вамъ вашъ плащъ? — Нѣтъ, онъ его мнѣ не даётъ. — Пейте стаканъ горячаго шоколату. — Дайте мнѣ ключъ! — Какой ключъ? — Желѣзный ключъ стараго замка.

Задача 19.

Видите ли вы того лѣниваго матроса? — Я его вижу. — Гдѣ вы его видите? — Я его вижу въ большомъ челнокѣ. — Съ кѣмъ онъ говоритъ? — Онъ говоритъ съ купцомъ. — О чёмъ говоритъ матросъ? — Онъ говоритъ о кораблѣ. — Даёте ли вы ему свой перочинный ножикъ? — У меня нѣтъ его. — Гдѣ онъ? — Онъ здѣсь. — Гдѣ вашъ братъ? — Онъ въ нашемъ хлѣбномъ сараѣ. — Съ кѣмъ онъ тамъ? — Ни съ кѣмъ. — Гдѣ трудолюбивый земледѣлецъ? — Онъ въ городѣ. — Съ чѣмъ онъ тамъ? — Онъ тамъ съ ячменёмъ и съ овсомъ. — Гдѣ у него овёсъ? — Въ мѣшкѣ. — Съ кѣмъ говоритъ онъ? — Онъ говоритъ съ своимъ сыномъ о ячменѣ. — Есть ли кто нибудь съ нашимъ мальчикомъ въ лѣсу? — Его товарищъ тамъ съ нимъ. — Есть ли у кого-нибудь серебряный мой шандалъ или шандалъ моего учителя? — Ни у кого нѣтъ вашего шандала, но шандалъ вашего учителя у меня. — Въ которомъ покоѣ новый нашъ столъ? — Онъ въ томъ покоѣ. — Здѣсь ли онъ или тамъ? [Здѣсь или тамъ онъ]? — Его ни здѣсь, ни тамъ нѣтъ; онъ тамъ-то. — Гдѣ новый мой кафтанъ? — Онъ тамъ, подъ тѣмъ стуломъ въ большомъ покоѣ добраго вашего отца. — Видите ли вы матроса? — Я вижу матроса здѣсь на сёмъ прекрасномъ берегу. — Кого вижу я тамъ на мосту? — Вы видите добраго сосѣда нашего съ кѣмъ-нибудь. — Съ кѣмъ я его вижу? — Съ прилежнымъ и скромнымъ его сыномъ. — Гдѣ лѣнивый мой ученикъ? — Онъ въ снѣгу. — Есть ли у кого-нибудь мой ключъ? — Его ни у кого нѣтъ; онъ въ вашемъ сараѣ. — Не даётъ ли мнѣ кто нибудь своего ножа? — Андрей даётъ вамъ свой ножъ. — Гдѣ Андрей? — Онъ въ саду съ лукавымъ Николаемъ и трудолюбивымъ Алексѣемъ. — Съ кѣмъ онъ тамъ? — Съ бѣднымъ, но прилежнымъ мальчикомъ, у кого ни отца, ни пріятеля, ни брата нѣтъ. — На которомъ столѣ мой ключъ? — На томъ. — Въ какомъ сараѣ вашъ отецъ? — Въ хлѣбномъ сараѣ. — Нѣтъ ли вашего брата съ новымъ его товарищемъ на балу? — Моего брата тамъ нѣтъ, но его товарищъ тамъ. — Гдѣ вашъ братъ? — Онъ въ театрѣ съ новымъ выборнымъ нашего города. — Подъ которымъ мостомъ корабль русскаго? — Подъ симъ; здѣсь, подъ симъ мостомъ, на которомъ вы видите ѣздока съ малымъ осломъ. — Кого видите вы тамъ на пути? — Я никого не вижу. — Гдѣ нашъ вожакъ? — Онъ не въ замкѣ короля, но въ замкѣ того храбраго героя, котораго вы тамъ видите не берегу.

Задача 20.

У васъ ли прекрасный конь богатаго англичанина? — У меня нѣтъ его. — Гдѣ вы? — Я въ сараѣ великолѣпнаго замка. — Съ чѣмъ земледѣлецъ на рынкѣ? — Онъ тамъ со своимъ прекраснымъ хлѣбомъ. — Кто даетъ жнецу стальной ножъ? — Никто. — О чёмъ говоритъ полякъ съ русскимъ? — Онъ говоритъ съ нимъ объ огнѣ въ великолѣпномъ замкѣ князя. — Что подъ стуломъ въ покоѣ? — Шёлковый кошелёкъ и кожаный бумажникъ. — Видишь ли ты прекрасный окорокъ на столѣ лѣниваго повара? — Я не вижу окорока, но вижу зайца и оленя. — Кто видитъ окорокъ? — Никто не видитъ его. — Много было говорено въ театрѣ. — Кто здѣсь? — Здѣсь никого нѣтъ. — Но тамъ на рынкѣ бѣдный земледѣлецъ съ богатымъ купцомъ. — Что у бѣднаго земледѣльца? — У него много ячменя, по мало овса. — Видишь ли ты овёсъ и ячмень? — Я не вижу ни овса ни ячменя, у него нѣтъ хлѣба на рынкѣ. — Дашь ли ты мнѣ золотой шандалъ? — Я не дамъ тебѣ золотаго шандала, но дамъ серебряный наперстокъ.

Задача 21.

О чёмъ говорите вы съ лѣнивымъ мальчикомъ? — Я говорю съ нимъ о его урокѣ. — О комъ говоритъ слесарь? — Онъ говоритъ о кузнецѣ. — Гдѣ вашъ братъ? — Онъ тамъ. — Не здѣсь ли онъ? — Нѣтъ, его здѣсь нѣтъ. — Кто говоритъ съ кузнецомъ? — Съ нимъ говоритъ кто нибудь. — Гдѣ вы? — Я здѣсь. — Хотите ли вы играть? — Нѣтъ, я играть не хочу. — Знаете ли вы поляка, моего друга? — Нѣтъ, я поляка не знаю, но знаю хорошо француза. — Какого француза знаете вы? — Того, котораго и вы знаете. — Кушай, другъ мой, стаканъ шоколату! — Нѣтъ, шоколату я не хочу, но хочу стаканъ чаю или кофею. — Что вы мнѣ даёте? — Я даю вамъ молодаго зайца и пѣтуха. — Кого видите вы? — Я вижу хитраго игрока и честнаго инока. — Что у богатаго купца? — У него прекрасный войлокъ. — Гдѣ кафтанъ вашего брата? — Онъ у портнаго. — У кого молотокъ слесаря? — Онъ у моего брата. — Есть ли у васъ нѣсколько бѣлаго хлѣба? — У меня его много, но нѣтъ ржанаго. — У кого ржаной хлѣбъ? — Его много у булочника моего брата. — Хотите ли вы бархату? — Я его не хочу, но мой братъ хочетъ нѣсколько бархату и ситцу. — Нѣтъ ли у васъ мѣлу? — У меня нѣтъ мѣлу, но его много у купца, моего двоюроднаго брата. — Кто въ этомъ дому? — Въ этомъ дому подданный добраго хозяина. — Что приказываете вы? — Я ничего не приказываю, но прошу васъ, дайте мнѣ немного хлѣба и сыру. — Говорите ли вы съ французомъ? — Нѣтъ, я не говорю съ французомъ, я не знаю его языка, но я говорю съ моимъ собичемъ, съ русскимъ. — Кто этотъ русскій? — Это двоюродный братъ моего пріятеля, котораго вы знаете.

Задача 22.

Что у пастуха? — У него быки, козлы, и ослы. — Какіе быки у него? — У него большіе и молодые быки. — Есть ли у пастуховъ также конопель? — У нихъ конопли нѣтъ; но у купцовъ, у которыхъ прекрасные бумажные товары и нитяные чулки, есть и хорошій конопель. — Что видите вы тамъ? — Я вижу рой большихъ комаровъ. — Не видите ли вы тѣхъ любопытныхъ соловьёвъ и тѣхъ хитрыхъ воробьёвъ съ прекрасными молодыми голубями? — Я ихъ не вижу; но здѣсь я вижу опытныхъ земледѣльцевъ и трудолюбивыхъ кузнецовъ съ ихъ прилѣжными мальчиками. — Какіе хлѣбы у булочниковъ въ семъ городѣ? — У нихъ хорошіе бѣлые хлѣбы и дурные ржаные хлѣбы. — У которыхъ булочниковъ хорошіе ржаные хлѣбы, которые я вижу у малаго брата вашего? — У нашихъ сосѣдовъ. — Есть ли у столяра, котораго я тамъ вижу, хорошіе новые столы? — У него ихъ нѣтъ. — Кого видитъ мудрый князь? — Онъ никого не видитъ. — У которыхъ купцовъ эти прекрасные, большіе тюлени и эти красивые малые олени? — Они у тѣхъ купцовъ, у которыхъ трусливые зайцы, которыхъ вы тамъ видите. — Какихъ мужей вижу я тамъ? — Вы видите храбрыхъ героевъ добраго нашего отца, великаго Императора. — Не видите ли вы ѣздоковъ въ тѣхъ лѣсахъ съ лукавыми ихъ товарищами? — Я не вижу ѣздоковъ въ лѣсахъ, но ихъ товарищей здѣсь на мостахъ. — Есть ли у стараго нашего учителя много прилѣжныхъ учениковъ? — У него немного учениковъ. — Мой ли или свой ножи у васъ? — У меня нѣтъ ни этихъ, ни тѣхъ; у меня ножи тѣхъ лѣнивыхъ часовыхъ. — Довольно ли сапоговъ у васъ? — У меня ихъ довольно. — Вижу ли я тамъ замки короля или корабли его? — Вы видите его замки, но не видите его кораблей. — Чьи корабли вижу я? — Вы видите корабли богатыхъ нѣмцевъ и ихъ товарищей, трудолюбивыхъ голландцевъ. — Что у тѣхъ пѣтуховъ? — У нихъ нѣсколько ячменя. — Что у вашихъ поваровъ? — У нихъ серебряные шандалы, новые котлы, хорошіе, большіе фонари, да хорошій шоколатъ и дурной кофей. — Чьи гуси и этого мужа? — У него свои. — Нѣтъ ли у него нашихъ? — Нѣтъ, сударь; наши у того большаго мужа съ бѣлымъ кафтаномъ.

Задача 23.

Съ кѣмъ говоритъ солдатъ? — Онъ говоритъ съ часовыми. — Гдѣ онъ видитъ часовыхъ? — Онъ видитъ ихъ на рынкѣ. — Что у богатаго купца на его большихъ корабляхъ? — У него тамъ много овса и ячменя, но мало конопли. — Кѣмъ данъ скромному герою этотъ золотой вѣнецъ? — Царёмъ Александромъ и его братомъ Николаемъ. — Гдѣ Пётръ и Иванъ?

— Ви́дите ли вы ва́шего двою́роднаго бра́та Алекса́ндра съ его сосѣ́дами въ теа́трѣ? — Я не ви́жу ни Алекса́ндра ни его сосѣ́дей, но лѣни́выхъ сынове́й бога́тыхъ отцо́въ, у кото́рыхъ въ больши́хъ карма́нахъ шёлковые кошельки́. — Онъ васъ не ви́дитъ. — Кого́ онъ не ви́дитъ? — Ни насъ ни васъ. — Хоро́шъ ли го́лосъ у воробьёвъ? — Нѣтъ, но у соловьёвъ прекра́сный го́лосъ. — О чёмъ говори́те вы? — Мы говори́мъ о великолѣ́пныхъ за́мкахъ импера́тора францу́зовъ. — О како́мъ импера́торѣ говори́те вы? — Объ импера́торѣ, у котораго мно́го хра́брыхъ солда́товъ. — Каки́е това́ры у э́тихъ трудолюби́выхъ купцо́въ? — У нихъ са́харъ, ко́фей, мёдъ, воскъ, мно́го конопли́ и ма́ло льну. — Кѣмъ данъ пастуха́мъ мѣшо́къ съ ко́жаными сапога́ми и бума́жными башмака́ми? — Онъ имъ данъ му́дрыми ста́рцами на великолѣ́пномъ ры́нкѣ.

Зада́ча 24.

Есть ли у васъ столы́? — У меня́ столо́въ нѣтъ, но ихъ мно́го у столяре́й. — Ви́дите ли вы звонаря́? — Звонаря́ я не ви́жу, но ви́жу чеботаря́. — Съ кѣмъ игра́етъ Андре́й? — Онъ игра́етъ съ ма́льчиками, его́ това́рищами. — Игра́ете вы та́кже съ ни́ми? — Нѣтъ, я съ ни́ми не игра́ю. — Что ку́шаетъ бѣ́дный рыба́къ? — Онъ ку́шаетъ ржано́й хлѣбъ, кусо́къ сы́ру, и немно́го лу́ку и чесноку́. — Чей э́то ножъ? — Это ножъ моего́ двою́роднаго бра́та. — Каки́е у васъ ножи́? — У насъ хоро́шіе ножи́ на́шихъ бога́тыхъ и иску́сныхъ слѣ́сарей. — Каки́е сѣдоки́ у э́того изво́щика? — У него́ бога́тые и хоро́шіе сѣдоки́. — Кого́ ви́дите вы? — Я ви́жу че́стныхъ ямоко́въ. — Хоти́те ли вы кусо́къ о́корока? — Нѣтъ, я не ѣмъ о́корока. — Ви́дите ли вы э́тихъ купцо́въ? — Это не купцы́, а глупцы́. — Каки́е полы́ въ э́тихъ дома́хъ? — Въ э́тихъ дома́хъ дубо́вые полы́. — Зна́ете ли вы мои́хъ двою́родныхъ бра́тьевъ? — Нѣтъ, ва́шихъ двою́родныхъ бра́тьевъ я не зна́ю, но зна́ю хорошо́ ва́шихъ бра́тьевъ и сосѣ́дей. — Кому́ даёте вы э́ти стака́ны? — Я даю́ ихъ хозя́ину великолѣпнаго трактира. — Что велитъ злой мальчикъ своему прилѣжному брату? — Онъ велитъ ему играть. — Хочетъ ли его братъ играть? — Нѣтъ, онъ не хочетъ. — Хотите ли вы пить или кушать?—Нѣтъ, я не хочу ни пить ни кушать.— Видите ли вы замокъ богатаго князя? — Нѣтъ, я не вижу ни его замка, ни его сада. — Что вы видите? — Я вижу дремучій лѣсъ. — Дайте мнѣ, пожалуйста, мой плащъ! — У меня вашего плаща нѣтъ, онъ у вашихъ двоюродныхъ братьевъ. — Съ кѣмъ говоритъ этотъ мальчикъ? — Онъ говоритъ съ своими пріятелями. — Знаешь ли ты уже свой урокъ? — Нѣтъ, я его ещё не знаю.

Задача 25.

Сколько ѣздоковъ видитъ мальчикъ? — Онъ видитъ только одного ѣздока. — Видѣлъ ли онъ и одного осла? — Онъ видѣлъ двухъословъ, да шесть оленей. — Съ кѣмъ говорите вы? — Никто здѣсь не говорилъ. — Гдѣ видѣли вы трёхъ большихъ львовъ? — Я ихъ видѣлъ на дворѣ стараго нашего сосѣда, у котораго два прекрасные дома. — Видите вы якоря этого корабля? — Я не вижу якорей, но только паруса того прекраснаго корабля. — Какіе струга у столяра, котораго вы видите съ тѣмъ глупцомъ? — У него новые струга. — Сколько новыхъ струговъ у него? — У него только два новыхъ струга, да четыре старыхъ. — Говоритъ ли земледѣлецъ о хлѣвахъ на своёмъ дворѣ и о погребахъ подъ своимъ домомъ? — Онъ не говорилъ со мною ни о сёмъ ни о томъ, онъ говоритъ только о своихъ прекрасныхъ лугахъ и о большихъ лѣсахъ своего добраго князя. — Сколько видите вы писарей въ дому лѣкаря? — Я не вижу писаря въ его дому. — Есть ли у сего дома флюгеръ? — У него два флюгера. — Есть ли у васъ вексель новаго нашего купца? — Его нѣтъ у меня; но у моего брата векселя обоихъ нашихъ купцовъ.—Сколько башмаковъ далъ вамъ мой башмачникъ? — Онъ далъ мнѣ мало башмаковъ, у него ихъ только шесть? — Сколько солдатъ у нашего князя? — У него только десять солдатъ; у него только четыре солдата. — Есть ли у новаго вашего дома жолоба? — У него жолоба и флюгера. — Есть ли у стараго замка короля купола? — У него ихъ нѣтъ. — Видите ли вы шомпола того трусливаго солдата? — Я вижу только одинъ шомполъ, а двухъ солдатъ. — Есть ли у васъ въ городѣ хорошіе меда? — У насъ нѣтъ мёду въ городѣ; но на нашемъ дворѣ вы видите три улья и десять прекрасныхъ бѣлыхъ гусей, шесть молодыхъ голубей, одного осла, одинъ стогъ, жернова, кузова и двухъ храбрыхъ пѣтуховъ. — Кого видитъ хитрый матросъ? — Онъ видитъ мичмановъ своего корабля. — Видитъ ли голубь тѣхъ ястребовъ? — Голубь ихъ не видитъ, но гусь ихъ видитъ. — Видите ли вы эти прекрасные берега съ большими ихъ лѣсами и хорошими лугами? — Я вижу края, которые вы видите.

Задача 26.

Съ кѣмъ ты здѣсь говорилъ? — Я говорилъ съ трудолюбивымъ ученикомъ внимательнаго учителя о большомъ лугу въ великолѣпномъ городѣ короля. — Сколько тетеревовъ видѣлъ ты въ лѣсу? — Я видѣлъ тамъ десять тетеревовъ и три кабана. — Ты говоришь о трехъ большихъ кабанахъ? — Да, сударь. — Кому даешь ты этихъ четырёхъ красивыхъ голубей? — Я даю ихъ опытному врачу, котораго вы видѣли въ покоѣ у моего брата. — Есть ли у вашего врача свой домъ въ городѣ? — У врача нѣтъ своего дома, но у доктора есть домъ. — Чьи эти козлы? — О которыхъ козлахъ говорите вы? — О семи козлахъ тамъ въ лѣсу. — Далъ ли вамъ Василій новый перочинный ножикъ? — Нѣтъ, онъ говорилъ со своимъ отцёмъ, который датчанинъ. — Зачѣмъ онъ говорилъ съ нимъ? — Его отецъ далъ ему немного бархату и немного ситцу. — Есть ли у отца вкусъ? — Нѣтъ, сударь, у него мало вкусу.

Задача 27.

Что видѣлъ трудолюбивый матросъ? — Онъ видѣлъ прекрасный корабль съ бѣлыми парусами и желѣзными якорьями.

— Что далъ вамъ вашъ отéцъ? — Онъ далъ мнѣ пять рублéй. — Скóлько стогóвъ на дворѣ? — На дворѣ этого дóма три высóкихъ стóга. — Стóлько ли стогóвъ у трудолюбíваго земледѣльца? — Нѣтъ, у негó семь стогóвъ. — Обѣдáлъ ли уже вáшъ двоюрóдный брáтъ? — Нѣтъ, онъ не обѣдалъ, онъ пóлдничалъ. — Кто этотъ человѣкъ? — Это éгерь короля́. — Хорóшій ли гóлосъ у пѣвцá? — У негó хорóшій гóлосъ. — Съ кѣмъ говорилъ матрóсъ на дворѣ? — Онъ говорилъ съ молодымъ мичмáномъ. — Съ какимъ мичмáномъ говорилъ онъ? — Съ тѣмъ, котóраго вы знáете. — Я не знáю мичмáна, я знáю капитáна. — Хотите ли вы зáвтракать? — Благодарю́, я уже зáвтракалъ. — Что у васъ сегóдня къ обѣду? — У насъ сегóдня къ обѣду супъ, óкорокъ, молодóй зáяцъ, тéтеревъ, виногрáдъ и сыръ. — Свой ли у васъ виногрáдъ? — Нѣтъ, у меня не свой, но виногрáдъ трудолюбíваго моего сосѣда. — Чей конь у ѣздокá? — У ѣздокá свой конь. — Что это въ саду богáтаго купцá, дубъ или вязъ? — Ни дубъ и ни вязъ, это илемъ. — Кто на берегу ручья́? — Рыбáкъ съ своимъ челнокóмъ. — Какóй челнóкъ у негó? — У негó дубóвый челнóкъ. — Мнóго ли бáрхату у купцá? — У негó мáло бáрхату, но мнóго ситцу. — Кому даёте вы три рубля́? — Я даю́ рублú моему брáту, но не три рубля́, а пять рублéй. — Дáйте мнѣ, пожáлуйста, кусóкъ мѣлу! — Что велите вы мнѣ? — Я вамъ не велю́, но прошу васъ, дáйте мнѣ, пожáлуйста, кусóкъ мѣлу. — Хотите ли вы тáкже карандáшъ? — Нѣтъ, покóрно благодарю́. — У когó овёсъ и ячмéнь? — Овёсъ у земледѣльца, а ячмéнь у купцá.

Задáча 28.

Скóлько у васъ брáтьевъ? — У меня тóлько два брáта, но у моего товáрища семь брáтьевъ. — Есть ли у вáшихъ брáтьевъ вѣрные друзья́? — У нихъ тóлько знакóмые, а нѣтъ друзéй. — Что у любопытнаго мáльчика? — У негó листья, а у мáлаго скрóмнаго егó сосѣда листú. — Говорилъ ли вашъ отéцъ съ своими кумовьями? — У негó нѣтъ кумовéй, у негó только друзя́. — Былъ ли вашъ оте́цъ въ за́мкѣ короля́? — Онъ былъ въ го́родѣ, а не въ за́мкѣ короля́. — Ви́дпте ли вы ка́менья на томъ берегу́? — Я то́лько ви́жу одни́ ка́мни. — Гдѣ на́ши но́вые сту́лья и столы́? — Я ихъ не ви́жу. — Они́ въ большо́мъ, великолѣ́пномъ поко́ѣ, въ кото́ромъ вы ви́дите до́брыхъ на́шихъ кумове́й. — Есть ли у э́тихъ молоды́хъ князе́й ордена́?—У нихъ мно́го орденовъ. — Кто далъ молоды́мъ князья́мъ мно́го орденовъ?—Ихъ имъ далъ импера́торъ Константи́нъ, царь Алекса́ндръ, и коро́ль англі́йскій. — Есть ли у кузнеца́ моло́тъ? — У него́ у́голья и больші́е молота́, но у его́ сосѣ́да то́лько лоску́тья. — Есть ли у портна́го ва́шихъ мужье́въ сере́бряные и́ли желѣ́зные наперстки? — У на́шихъ мужье́въ нѣтъ портны́хъ съ сере́бряными наперстками. — Есть ли у ва́шего учителя сыновья́?—У него́ нѣтъ сынове́й, но суть зятья́. — Ско́лько у него́ зяте́й? — У него́ три зя́тя.—Ви́дите ли вы больші́е рога́ того́ козла́? — Я ви́жу двухъ козло́въ и одного́ быка́ съ прекра́сными больши́ми рога́ми. — Гдѣ вы ихъ ви́дите?—Я ихъ ви́жу тамъ на лугу́ въ лѣсу́ на семъ берегу́. — Какі́е во́лосы у ста́рца? — У него́ прекра́сные бѣ́лые во́лосы и зу́бы, а у молоды́хъ его́ сынове́й нѣтъ волосо́въ и худы́е зу́бы. — Что вы тамъ ви́дите?—Я тамъ ви́жу образа́ и́нока и мѣхи́ кузнеца́, та́кже ви́жу и прекра́сные цвѣты́ и хоро́шіе цвѣта́ но́выхъ свои́хъ кафта́новъ. — Какі́е хлѣба́ у тѣхъ трудолюби́выхъ земледѣ́льцевъ?—У нихъ то́лько два хлѣ́ба, ячме́нь и овёсъ, но у нихъ хоро́шіе ржаны́е хлѣ́бы и хоро́шіе сы́ры.

Зада́ча 29.

Я бу́ду говори́ть съ молоды́мъ геро́емъ о де́рзкомъ злодѣ́ѣ. — Есть ли у злодѣ́я великолѣ́пный за́мокъ? — Я не ви́дѣлъ его́ за́мка. — Гдѣ де́сять листо́въ?—Они́ у това́рища скро́мнаго учи́теля. — Бу́детъ ли учи́тель въ теа́трѣ? — Нѣтъ, су́дарь, онъ на великолѣ́пномъ кораблѣ́ бога́таго купца́, отца́ своего́ учени́ка. — Заче́мъ онъ не въ за́мкѣ короля́? — Въ за́мкѣ короля́ три импера́тора и де́вять князе́й. — Есть ли у за́мка кня́зя и са́дъ? — Я не ви́дѣлъ са́да за́мка. — Были́ ли вы въ за́мкѣ? — Я былъ тамъ. — Гдѣ любопы́тный францу́зъ? — Онъ у руля́ въ ста́ромъ челнокѣ́ съ о́пытнымъ англича́ниномъ. — Даёшь ли ты мнѣ три те́терева? — У меня́ нѣтъ тетеревовъ, но я даю́ тебѣ́ де́сять за́йцевъ, семь каба́новъ, четы́ре оле́ня и три гу́ся. — Каки́е э́то гу́си? — Э́то гу́си, кото́рыхъ мнѣ далъ оте́ц вѣ́рнаго по́вара. — Кто вамъ далъ ихъ? — Тотъ ста́рецъ, у кото́раго суко́нный кафта́нъ.

Зада́ча 30.

Съ кѣмъ говори́ли вы? — Я говори́лъ съ свои́мъ сосѣ́домъ. — Бу́дете ли вы сего́дня ви́дѣть секретаря́ посла́? — Нѣтъ, я его́ не сего́дня, а за́втра бу́ду ви́дѣть. — Бу́дете ли вы съ нимъ говори́ть? — Да, я бу́ду съ нимъ говори́ть. — Кто далъ вамъ о́корокъ? — Мнѣ далъ его́ по́варъ вели́каго кня́зя. — Да́ли ли вы солда́ту шо́мполъ? — Нѣтъ, я его́ ему́ не далъ. — Съ кѣмъ говори́лъ сего́дня вашъ оте́цъ? — Съ ва́шимъ двою́роднымъ бра́томъ? — Нѣтъ, онъ сего́дня съ нимъ не говори́лъ, а говори́лъ съ нимъ вчера́. — Да́ли ли вы ма́льчику рука́въ? — Не я далъ ему́ рука́въ, его́ далъ тре́тьяго дня портно́й. — Како́й портно́й? — Прія́тель сапо́жника. — Ско́лько коне́й у ва́шего дя́ди? — У него́ ихъ бо́лѣе десяти́. — Хоро́шіе ли у него́ ко́ни? — Всѣ ко́ни у него́ хоро́ши. — Ско́лько быко́въ у пастуха́? — У него́ тепе́рь три быка́, а бы́ли шесть. — Гдѣ вы бы́ли тепе́рь? — Я былъ въ дому́ у моего́ двою́роднаго бра́та. — Бу́дете ли вы тамъ за́втра? — Нѣтъ, за́втра я не бу́ду тамъ. — Купи́лъ ли бу́лочникъ хлѣ́ба? — Да, онъ купи́лъ хлѣ́ба, и пёкъ мнѣ хлѣ́бы. — Каки́е ро́ги у быка́? — У него́ больши́е ро́ги. — Каки́е пни у васъ на дворѣ́? — У меня́ на дворѣ́ дубо́вые пни. — Хоро́шіе ли зу́бы у старика́? — У старика́ хоро́шіе зу́бы, но у его́ та́кже гре́бни хоро́шіе зу́бья. — Хоти́те ли вы пить? — Да, я хочу́ пить, да́йте мнѣ стака́нъ ча́ю! — Ку́шали ли вы сего́дня? — Да, я ку́шалъ три ра́за, и за́втракалъ, обѣ́далъ, и полдничалъ. — У́жинали ли вы уже́? — Нѣтъ, я ещё не ужиналъ. — Что проситъ у васъ нищій? — Онъ проситъ у меня три рубли. — Хотите ли вы ихъ ему дать? — Да, я ихъ ему дать хочу. — Говорили ли вы съ моимъ пріятелемъ. — Да, я съ нимъ говорилъ. — Кого видѣли вы сегодня? — Сегодня я видѣлъ трусливаго вора.

Задача 31.

У васъ ли мои ключи и мой молотъ? — У меня нѣтъ ни тѣхъ ни другихъ. — У кого они? — Молотъ у вашихъ братьевъ, а ключи у вашихъ сосѣдей. — Я вижу тамъ восемь человѣкъ солдатъ. — Это драгуны и гренадеры, они рекруты. — Что видятъ тамъ живописцы и тѣ художники? — Они видятъ прекрасные образа и большіе колокола. — Гдѣ видятъ они тѣ и другіе? — Они видятъ тѣ и другіе въ великолѣпномъ новомъ храмѣ того стараго города князя Н. — Какіе товары у купцёвъ въ твоёмъ городѣ? — У нихъ хорошіе шёлковые товары, но у нихъ нѣтъ ни шерстяныхъ, ни бумажныхъ, ни полотняныхъ товаровъ. — Не видѣли ли вы бархатныхъ плащей, которые у меня? — Нѣтъ, я видѣлъ только десять суконныхъ плащей. — О какихъ плащахъ говорите вы? — О тѣхъ, которые вамъ дали портные. — У кого они? — Одни у богатыхъ татаръ, а другіе у трудолюбивыхъ англичанъ. — Сколько аршинъ шёлковыхъ товаровъ у портнаго нашего отца? — У него только два аршина. — Нѣтъ ли у него и прекрасныхъ нитяныхъ чулокъ? — У него нѣтъ чулокъ, онъ далъ ихъ учителю внимательныхъ учениковъ. — Кому далъ онъ ихъ? — Учителю внимательныхъ учениковъ. — О какомъ учителѣ говорите вы? — О томъ, у котораго деревянный домъ съ большимъ садомъ, на которомъ много быковъ и козловъ и нѣсколько гусей. — Сколько рогъ у этихъ трёхъ быковъ? — У нихъ пять рогъ. — Нѣтъ ли у нихъ шести рогъ? — Нѣтъ; у одного только одинъ рогъ. — Видите ли вы много турокъ? — Я ихъ вижу много, а одинъ изъ моихъ товарищей видитъ много солдатъ. — Которыхъ солдатъ видишь ты? — Я вижу пять молодыхъ рекрутъ, десять старыхъ гренадеръ и восемь человѣкъ другихъ солдатъ. — Сколько глазъ у человѣка? — У человѣка два глаза; но у тѣхъ пяти человѣкъ только девять глазъ; ибо у одного изъ нихъ только одинъ глазъ. — Что наши кумовья видятъ? — Одни видятъ новый гребень съ худыми зубьями, другіе видятъ стараго мудраго инока съ прекрасными бѣлыми зубами. — Не даёте ли вы иноку нѣсколько хлѣба и сыру? — О какомъ инокѣ говорили вы? — О томъ. — Нѣтъ, этому иноку я даю только чай и сахаръ.

Задача 32.

Не говорили ли вы съ хозяевами этихъ садовъ. — Нѣтъ, сударь, мы не видѣли хозяевъ, но только ихъ зятей. — Чьихъ зятей вы видѣли? — Я видѣлъ зятей господина Н., который хозяинъ того великолѣпнаго дома въ нашемъ городѣ, и котораго вы тамъ видите съ богатымъ его сосѣдомъ. — Есть ли у нашего бѣднаго, но прилежнаго сапожника хорошіе сапоги? — У него нѣтъ сапогъ; у него только кожаные башмаки; но у богатыхъ его сосѣдей много прекрасныхъ сапогъ. — Какіе ножи у ученика сего учителя? — У него два новые перочинные ножика, одинъ съ желѣзнымъ черенкомъ, другой съ деревяннымъ. — Какіе черенки у ножей короля и у ножей князя? — У тѣхъ и у другихъ серебряные черенки. — Какіе хлѣбы у нищаго? — У него нѣтъ хлѣбовъ; у него только хорошіе зубы, которые ему далъ Богъ. — Не даёте ли вы ему нѣсколько хлѣбовъ и немного сыру? — У меня нѣтъ ни хлѣба ни сыру. — Что вы говорите? — Я говорю, въ моёмъ дому нѣтъ у меня хлѣбовъ, у меня только нѣсколько мёду, нѣсколько сыру и много перцу. — Кого я тамъ вижу на томъ мосту въ лѣсу? — Вы видите одного изъ храбрыхъ ѣздоковъ добраго императора нашего; вы также видите шесть драгунъ, у которыхъ новые ордена. — Не видишь ли ты бѣлые волоса того стараго человѣка, у котораго только два рубля въ карманѣ? — Сколько рублёвъ у сватовей твоего брата? — У нихъ только шесть рублей, а много ячменя и овса.

Задача 33.

Что вы купили сегодня на рынку? — Я купилъ молодаго щегла. — Какой мѣсяцъ у насъ теперь? — У насъ теперь Августъ. — Вы ошибаетесь, теперь октябрь. — Кто видѣлъ красиваго моего голубя? — Я его не видѣлъ, но вашъ братъ Алексѣй видѣлъ его. — Что говорилъ вамъ мой братъ Алексѣй? — Онъ говорилъ мнѣ о своёмъ другѣ Николаѣ. — Гдѣ теперь Николай? — Я этого не знаю. — Гдѣ были вы? — Я былъ на льду. — Что купилъ вашъ меньшой братъ? — Онъ купилъ пять оладьевъ. — Гдѣ купилъ онъ ихъ? — У булочника. — Много ли маку въ саду вашемъ? — Въ нёмъ мало маку, но много розановъ. — Что покупаетъ богатый купецъ? — Онъ покупаетъ много клею. — Много ли снѣгу на дворѣ? — На дворѣ много снѣгу. — Что даёте вы своему стряпчему? — Я даю ему кожаный мой бумажникъ. — Кто хозяинъ этого трактира? — Хозяинъ этого трактира тотъ толстый господинъ, котораго вы видите на дворѣ. — Что убилъ сегодня егерь вашего двоюроднаго брата? — Онъ убилъ сегодня три зайца, шесть дроздовъ, два щегла, одного оленя и одного кабана. — Гдѣ онъ ихъ убилъ? — Въ лѣсу. — Кому даёте вы кусокъ хлѣба? — Я даю кусокъ хлѣба бѣдному нищему. — Какому нищему? — Тому, котораго вы видѣли вчера. — Вижу ли я его теперь? — Нѣтъ, теперь вы его не видите. — Гдѣ мы теперь? — Теперь мы въ саду. — Въ какомъ мы саду? — Въ великолѣпномъ саду богатаго банкира. — Кушаете ли вы зайцевъ? — Нѣтъ, зайцевъ мы не кушаемъ. — Кому даёте вы этотъ дубовый вѣнокъ? — Мы даёмъ его нашему прилѣжному ученику.

Задача 34.

Кто видитъ мои пяльцы? — Мы ихъ видимъ. — Кто ихъ видѣлъ? — Сыновья вашего сосѣда видѣли ихъ. — Кто ихъ имѣетъ? — Мы ихъ не имѣемъ. — Что у бѣднаго кузнеца? — У него молотъ и ёмки, а нѣтъ тисковъ. — Нѣтъ ли добраго инока псалтыря и святцевъ? — У него ни тѣхъ, ни другихъ нѣтъ, у него только прекрасные новые очки. — Чьихъ голубей и гусей видятъ тѣ земледѣльцы? — Они не видятъ ни голубей, ни гусей; они видятъ только тѣ замѣты, которые мы видимъ. — О какихъ земледѣльцевъ говорили вы? — Я говорю о богатыхъ земледѣльцахъ, которые на рынкѣ города. — Какіе счёты у тѣхъ злыхъ мальчиковъ? — У нихъ счёты прилѣжнаго турка. — Чьи счёты у васъ? — У меня ваши счёты. — Даёте ли вы ему его счёты? — Я не даю ему этихъ счётовъ. — Какихъ? — Счётовъ, которые мнѣ далъ товарищъ добраго учителя. — Нѣтъ ли у тебя новыхъ брюкъ вѣрнаго твоего товарища? — У меня ихъ болѣе нѣтъ; они у одного изъ тѣхъ злодѣевъ. — Есть ли у пастуха столько козловъ, сколько быковъ? — У него слишкомъ много козловъ, а слишкомъ мало быковъ; но у него довольно мсковъ. — Нѣтъ ли у него и нѣсколько ульевъ и немного мёду? — У него и ульи и мёдъ. — У него столько ульевъ, сколько у его сосѣда; но у него нѣтъ столько мёду, сколько у того. — Всё ли еще у него его три прекрасные соловья и малый олень? — Ихъ уже у него нѣтъ; но у него другой олень. — Нѣтъ ли у васъ другаго гребня? — У меня другой гребень съ иными зубьями. — Что мы тамъ видимъ? — Мы тамъ видимъ два большихъ льва, а только одного малаго орла. — Имѣетъ ли вашъ братъ ещё злаго соловья? — У него его ужъ нѣтъ; но у него другой.

Задача 35.

Нѣтъ ли у васъ ещё немного табаку? — У меня уже нѣтъ табаку, но у одного изъ нашихъ новыхъ купцёвъ много хорошаго табаку и столькоже хорошаго чаю. — У котораго купца хорошіе мѣха и хорошіе бумажные товары, которые мы тамъ видимъ? — Видѣли ли вы эти прекрасные мѣха? — Нѣтъ, милостивый государь. — Говорили ли вы уже съ татарами и англичанами? — Я не видѣлъ ни тѣхъ ни другихъ. — Довольно ли лавровъ и блиновъ у купца? — Да, сударь, но у него мало квасцовъ, слишкомъ много перцу и слишкомъ мало мёду. — Нѣтъ ли у матроса другихъ штанóвъ? — У негó шаравáры и другíе штаны́. — Видите ли вы ещё другóй корáбль?—Я вижу тóлько одинъ корáбль, но мои́ брáтья и кумовья́ видятъ шесть больши́хъ великолѣпныхъ кораблéй, котóрые принадлежáтъ богáтому голлáндцу, котóраго мы видимъ на томъ мостý съ молоды́ми англичáнами. — Видите ли вы прекрáсные цвѣты́ на э́томъ лугý? — Я ихъ вижу. — Видятъ ли ихъ зятья́ вáшего отцá? — Они́ ихъ не видятъ. — Что видятъ тѣ вóсемь человѣкъ? — Они́ видятъ тѣхъ мужéй въ сарáѣ на дворѣ трудолюби́ваго земледѣльца. — Что видятъ тѣ господá на дворѣ королá? — Они́ видятъ молоды́хъ герóевъ на великолѣпномъ балу́ своегó госудáря.—Какóй храмъ видимъ мы тамъ? — Мы видимъ нóвый храмъ, въ котóромъ прекрáсные образá. — У худóжника ли э́ти образá? — У негó образóвъ ужé нѣтъ, но у негó ещё óбразы óныхъ.

Задáча 36.

Скóлько у васъ рублéй?—Стóлько, скóлько вы мнѣ дáли. — Крестья́нинъ ли ты, мой другъ, и́ли боя́ринъ? — Я ни крестья́нинъ ни боя́ринъ, но купéцъ. — Говори́ли ли вы съ вáшими зятья́ми о вáшихъ сыновья́хъ и вáшихъ брáтьяхъ? —Нѣтъ, сýдарь, но я говори́лъ объ нихъ съ дóбрыми друзья́ми. — Съ какими друзья́ми? — Съ пѣвчимъ, стря́пчимъ и вы́борнымъ. — А не съ дóкторомъ и писцóмъ? — Нѣтъ, сýдарь, ни съ тѣмъ ни съ другимъ. — Гдѣ вы видѣли дéсять тетеревóвъ? — Я видѣлъ тетеревóвъ въ лѣсý на стогу́, а не дéсять, но тóлько двухъ. — Чьи мѣхи́ у трудолюби́ваго кузнецá? — У негó свои́ мѣхи́. — О каки́хъ князья́хъ говори́те вы? — Я говорю́ о пяти́ князья́хъ, котóрые у королá. — Я видѣлъ тóлько четырёхъ князéй. — Нѣтъ, у негó пять князéй. — Говори́лъ ли ты съ двумя́ солдáтами?—Да, я говори́лъ съ двумя́ солдáтами о краси́выхъ óрденахъ, и съ тремя́ крестья́нами о прекрáсныхъ хлѣбáхъ.

Задáча 37.

Что велитъ боя́ринъ своемý крестья́нину? — Онъ велитъ емý осѣдлáть коня́. — Что купи́лъ богáтый купéцъ? — Онъ купи́лъ великолѣпныя мѣха́. — Дороги́е ли мѣха́ онъ купи́лъ? — Очень дороги́е. — Кого́ ви́дите вы? — Я ви́жу васъ и ва́шего бра́та. — Гдѣ вы бы́ли тепе́рь? — Я былъ въ э́томъ тракти́рѣ. — Зачѣмъ бы́ли вы въ тракти́рѣ? — Я хотѣлъ ку́шать, и́бо былъ о́чень го́лоденъ. — Съ кѣмъ бы́ли вы въ тракти́рѣ? — Съ свои́мъ бра́томъ и его́ прия́телемъ. — Бы́ли ли они́ та́кже го́лодны? — Нѣтъ, они́ не бы́ли го́лодны, но чу́вствовали жа́жду. — Гдѣ до́брый матро́съ? — Онъ на челноке́ у руля́. — Ви́дите ли вы своего́ отца́? — Да, я его́ ви́жу. — Гдѣ онъ? — Онъ тамъ въ саду́. — Не тутъ ли онъ? — Нѣтъ, его́ здѣсь нѣтъ. — Гдѣ вашъ перочи́нный но́жикъ? — Онъ на столѣ́. — Не подъ столо́мъ ли онъ? — Нѣтъ, подъ столо́мъ его́ нѣтъ. — У кого́ мѣхи́ трудолюби́выхъ кузнецо́въ? — У меня́ ихъ мѣхо́въ нѣтъ. — Гдѣ любопы́тный ма́льчикъ? — Онъ на дворѣ́. — На ва́шемъ ли дому́ флю́геръ? — Нѣтъ, на моёмъ дому́ флю́гера нѣтъ, онъ на за́мкѣ бога́таго кня́зя. — Куда́ идётъ по́варъ? — Онъ идётъ къ ле́карю. — Зачѣ́мъ идётъ онъ къ нему́? — Потому́ что онъ бо́ленъ. — Хоти́те ли вы су́пу? — Нѣтъ, су́пу я не хочу́, но да́йте мнѣ немно́го виногра́ду. — Со ско́лькими быка́ми пасту́хъ въ саду́? — Онъ тамъ не съ быка́ми, но съ пятью́ коня́ми. — Гдѣ у васъ до́ма? — На обо́ихъ берега́хъ ручья́. — Ви́дѣли ли вы ѣздока́ на конѣ́? — Когда́? — Сего́дня. — Нѣтъ, сего́дня я его́ не ви́дѣлъ, но вчера́ я его́ ви́дѣлъ.

Зада́ча 38.

Куда́ идётъ земледѣ́лецъ съ сѣ́менемъ? — Онъ идётъ въ свой хлѣбный сара́й. — Куда́ ты идёшь? — Я иду́ къ на́шему бу́лочнику. — Есть ли у него́ хоро́шій хлѣбъ? — Да, у него́ хоро́шій ржано́й хлѣбъ и дешёвый бѣлый хлѣбъ, но у его́ сосѣ́дей то́лько дорого́е мя́со и дорого́е ма́сло. — Въ кото́ромъ строе́ніи ви́дите вы прекра́сное большо́е зе́ркало? — Я его́ не ви́жу въ э́томъ строе́ніи, но въ друго́мъ. — Гдѣ свѣ́жіе цвѣты́, кото́рые у сего́ до́браго ма́льчика? — Они́ на томъ цвѣту́щемъ полѣ́, на кото́ромъ (oder гдѣ) мы ви́димъ прилѣ́жныхъ жнецо́въ. — Есть ли вре́мя у ва́шего по́вара?

— У него времени нѣтъ, но у нашего мальчика есть время. — Что тѣ лекаря видятъ? — Они видятъ сіе дурное лекарство. — Какое дѣло у братьевъ добраго нѣмца? — У нихъ дѣла нѣтъ. — О чёмъ говорятъ тѣ матросы. — Они говорятъ о двухъ корабляхъ на высокомъ морѣ. — Чьи корабли они тамъ видятъ? — Они видятъ корабли голландцевъ и корабли турокъ. — Не видятъ ли они также челноковъ обоихъ русскихъ, которыхъ мы видимъ на томъ берегу моря? — Они ихъ также видятъ. — Есть ли у васъ нѣсколько масла и сыру? — У меня много масла, а только мало сыру. — Есть ли у вашего ученика кусокъ хлѣба съ масломъ? — У него два куска хлѣба съ масломъ, и также большой кусокъ мяса. — Видите ли вы то бѣдное, но трудолюбивое семейство, у котораго нѣтъ ни хлѣба, ни мяса? — Я его вижу. — Куда идутъ сыновья сего семейства? — Они идутъ въ городъ къ богатому стряпчему, у котораго много дѣлъ. — Къ кому идёте вы, другъ мой? — Я ни къ кому не иду; я иду на поле или въ нашъ хлѣбный сарай, гдѣ лѣнивые наши жнецы. — Не идёмъ ли мы въ то великолѣпное строеніе съ прекрасными образами? — Мы не идёмъ въ это строеніе, но въ другое.

Задача 39.

Дайте мнѣ немного пива и нѣсколько вина. — О какомъ винѣ говорите вы? — О томъ. — У меня нѣтъ времени. — Куда идёте вы? — Я иду къ доброму семейству моего бѣднаго друга. — Въ городѣ ли это семейство? — Нѣтъ, милостивый государь, оно не въ городѣ. — Дали ли вы уже молодому, но опытному мичману пиво и бѣлый хлѣбъ съ масломъ. — Я далъ ему ещё вино и жаркое. — Были ли вы въ театрѣ? — Я иду съ трудолюбивымъ учителемъ добраго князя не въ театръ, но въ храмъ. — Въ какой храмъ? — Который на рынкѣ большаго города. — Имѣетъ ли богатый купецъ большое поле? — Нѣтъ, милостивый государь, но у него луга и лѣса. — У васъ ли товары этихъ купцовъ? — У меня нѣтъ ихъ товаровъ, у меня свои. — Я вижу зятя моего друга. — У него мно́го конопля́, мно́го льну, но ма́ло бума́жныхъ платко́въ и ба́рхатныхъ плаще́й. — Де́лаетъ ли хоро́шіе оборо́ты бога́тый купе́цъ, кото́раго вы тамъ ви́дите на мосту́? — Да, онъ де́лаетъ о́чень большіе оборо́ты. — Лю́бите ли вы парно́е молоко́? — Нѣтъ, я не люблю́ его́. — Каки́е това́ры у ва́шего зя́тя? — У него́ тѣ това́ры, кото́рые онъ купи́лъ въ Пари́жѣ. — Лю́бите ли вы ва́шего бра́та и́ли двою́роднаго бра́та? — Я ихъ обо́ихъ люблю́. — Что вамъ дали́ э́ти бога́тые апте́кари? — Они́ мнѣ дали́ худо́е лека́рство.

Зада́ча 40.

Ви́дѣли ли вы вчера́ э́того молода́го человѣ́ка? — Я ви́дѣлъ его́ свои́ми глаза́ми. — Гдѣ ви́дѣлъ е́герь я́стреба? — Онъ ви́дѣлъ его́ въ лѣсу́. — Гдѣ бу́дешь ты за́втра? — Я ещё не зна́ю. — Бу́дете ли вы сего́дня въ своёмъ саду́? — Нѣтъ, мы бу́демъ тамъ, гдѣ бы́ли вчера́. — Всѣ ли э́ти цвѣты́ ро́зовые? — Нѣтъ, э́ти цвѣты́ имѣ́ютъ ра́зныя цвѣта́. — Кто получи́лъ ордена́? — Пять человѣ́къ солда́тъ получи́ли ордена́. — Что купи́лъ столя́ръ? — Онъ купи́лъ семь ело́выхъ бру́сьевъ. — Для чего́ ему́ ело́выя бру́сья? — Для ко́льевъ. — Что у у́гольщика? — У него́ хоро́шіе берёзовые у́гли. — Ско́лько зятей у васъ? — У меня́ три зя́тя. — Лю́бите ли вы свои́хъ зяте́й? — Я ихъ о́чень люблю́. — Кто э́тотъ худо́жникъ? — Э́то знамени́тый живопи́сецъ. — Куда́ идётъ онъ? — Онъ идётъ въ храмъ Бо́жій. — Како́й у васъ плато́къ, шерстяно́й или шёлковый? — Нѣтъ, у меня́ нѣтъ ни шерстяна́го ни шёлковаго платка́, у меня́ то́лько полотня́ный. — Когда́ бу́детъ у васъ братъ вашъ? — Въ февралѣ́ мѣ́сяцѣ. — Ви́дишь ли ты своего́ бра́та? — Да, я его́ ви́жу. — Ско́лько алты́нъ у тебя́? — У меня́ пять алты́нъ. — Ско́лько пудъ ча́ю купи́лъ у васъ мой двою́родный братъ, бога́тый купе́цъ изъ Пари́жа? — Онъ купи́лъ у меня́ три пуда́. — Купи́лъ ли онъ то́же ба́рхату? — Да, онъ купи́лъ де́вять арши́нъ ба́рхату. — Ско́лько рого́въ у быка́? — У быка́ два ро́га. —

Что у колодника? — У него тяжёлые кандалы. — Кто купилъ квасцы́? — Апте́карь купи́лъ ихъ. — Ско́лько купи́лъ онъ ихъ? — Шесть пудъ. — Чѣмъ торгу́етъ этотъ крестья́нинъ? — Онъ торгу́етъ мя́сомъ, ма́сломъ, лу́комъ, чесноко́мъ, молоко́мъ, кота́ми и бо́тами. — Всегда́ ли торгова́лъ онъ э́тимъ това́ромъ? — Да, онъ имъ всегда́ торгова́лъ.

Зада́ча 41.

У ма́льчика ли мои́ ко́льцы? — У него́ нѣтъ ва́шихъ ко́лецъ, но тѣ, кото́рыя вы ви́дите. — Что у по́вара? — У него́ кусо́къ свѣ́жаго ма́сла и горшо́къ молока́. — Желѣ́зный ли и́ли оловя́нный горшо́къ у него́? — У него́ горшо́къ изъ хоро́шаго о́лова. — О како́мъ о́ловѣ говори́те вы? — Объ англі́йскомъ. — Да́йте мнѣ блю́да, кото́рыя тамъ на столѣ́. — Я не ви́жу блюдъ на э́томъ столѣ́. — Я не говорю́ объ э́томъ столѣ́, но о томъ, на кото́ромъ мно́го блюдъ съ мя́сомъ, ма́сломъ, молоко́мъ и гуси́ными потроха́ми. — Чьи э́ти во́семь больши́хъ и прекра́сныхъ зе́ркалъ? — Я ви́жу то́лько два больші́я зе́ркала, другі́я шесть ма́ленькія и не краси́выя. — Куда́ иду́тъ ва́ши бра́тья? — Они́ иду́тъ въ садъ. — Съ кѣмъ и съ чѣмъ они́ иду́тъ въ садъ? — Съ нѣско́лькими вѣ́рными друзья́ми и съ тѣми сокро́вищами, кото́рыя у нихъ. — Куда́ идётъ молодо́й игро́къ? — Онъ идётъ на ба́лъ. — Кто на балу́? — Тамъ нѣско́лько [изъ] его́ друзе́й и това́рищей. — Гдѣ балъ? — Онъ въ теа́трѣ молода́го короля́. — Говори́ли ли вы съ му́дрыми до́кторами о своёмъ врачѣ́? — Нѣтъ, я говори́лъ съ ни́ми не о своёмъ врачѣ́, но о сыновья́хъ моего́ бра́та. — Ско́лько кры́льевъ у соловья́? — У него́ сто́лько же кры́льевъ, ско́лько у воробья́; у него́ два крыла́. — Есть ли у него́ и то́лько два пера́? — Нѣтъ, у него́ мно́го пе́рьевъ? — У насъ ли мои́ пе́рья? — У меня́ ихъ нѣтъ. — У кого́ они́? — У ва́шего ма́лаго лѣни́ваго сосѣ́да о́ба пера́ ва́ши, да но́вый вашъ перочи́нный но́жикъ.

Задача 42.

Сколько яблоковъ видите вы на тѣхъ деревьяхъ? — Я вижу только немного яблоковъ на деревьяхъ, но вижу ихъ много на сихъ блюдахъ. — Гдѣ домишки этихъ мужичищей? — У этихъ мужичищей нѣтъ ни домовъ ни дворовъ. — Чьи эти домишки? — Они бѣдныхъ и старыхъ нищихъ. — Сколько ушей у человѣка? — У человѣка два уха и столько же глазъ (ober очей). — Сколько деревъ въ томъ лѣсу? — Въ томъ лѣсу много прекрасныхъ, старыхъ и молодыхъ деревъ. — Не видите ли вы прекрасныхъ деревъ и новыхъ строеній въ саду князя нашего? — Я не вижу ни сихъ, ни тѣхъ. — Не видитъ ли тотъ воръ наши платья и платья нашихъ воспитанниковъ? — Онъ ни тѣхъ, ни другихъ не видитъ; онъ видитъ только свои. — Видите ли вы храбрыхъ нѣмецкихъ сыновъ, у которыхъ чувства своихъ старыхъ, вѣрныхъ отцѣвъ? — Я вижу нѣкоторыхъ изъ нихъ, но у этихъ нѣтъ вѣрныхъ чувствъ своихъ отцѣвъ. — Есть ли у васъ еще дѣла? — У насъ болѣе пяти дѣлъ; но у нашего молодаго стряпчаго и у обоихъ нашихъ новыхъ выборныхъ еще много дѣлъ. — Что у того земледѣльца? — У него зайцы, яица, нѣсколько мяса, два горшка молока, два пѣтуха, пять гусей, десять прекрасныхъ бѣлыхъ голубей, довольно табаку и хлѣба, но нѣтъ ни мѣлу, ни меду. — Какіе пѣтухи у него? — У него молодые, дешёвые пѣтухи. — Куда идётъ онъ? — Онъ идётъ въ городъ. — Что онъ тамъ видитъ? — Онъ тамъ видитъ богатыхъ и бѣдныхъ людей, много храбрыхъ солдатъ, да иноковъ, нищихъ, воровъ и другихъ людей. — Не видитъ ли онъ тамъ и быковъ, ословъ, козловъ и другихъ животныхъ? — Онъ видитъ сихъ и тѣхъ, а трудолюбивый его сосѣдъ не видитъ ни тѣхъ ни другихъ.

Задача 43.

Какіе цвѣты видите вы въ саду? — Я вижу тамъ розаны да блики. — Гдѣ нашли вы э и пеньки? — Я нашёлъ ихъ у гнѣзда стараго орла. — У кого мои Святцы? — Ваши Святцы или у инока или у попа. — Гдѣ ваши счёты? — Я продалъ свои счёты купцамъ. — Купили ли вы щипцы́? — Нѣтъ, щипцо́въ я не купи́лъ. — Идёте ли вы домой? — Нѣтъ, я уже дома. — Довольно ли у васъ рублей? — Нѣтъ, у меня ихъ слишкомъ мало. — Сколько времени вы уже въ Парижѣ? — Въ Парижѣ я уже три года. — Море, говорятъ моряки, земля. — Но они любятъ море? — Да, они его любятъ. — Какія семена у этого крестьянина? — У него очень хорошія семена. — Съ кѣмъ идёте вы въ садъ? — Съ нѣсколькими пріятелями. — Обѣдали ли уже ваши пріятели? — Да, они давно уже обѣдали. — Какое молоко у васъ? — У меня парное молоко. — Какой ковёръ купили вы? — Я купилъ турецкій ковёръ. — Глубоко ли дно у моря? — У моря очень глубокое дно. — Сколько ушей у человѣка? — У человѣка два уха, два глаза, одинъ ротъ, одинъ носъ и одинъ лобъ. — Какія окна у этого дома? — У этого дома высокія окна. — Сколько ведёръ пива у васъ? — У меня два ведра пива. — Кто купилъ это прекрасное помѣстье? — Мой двоюродный братъ купилъ его. — Богатый ли у васъ двоюродный братъ? — У меня очень богатый двоюродный братъ. — Много ли телятъ у мясника́? — У мясника́ шесть телятъ и двадцать быковъ.

Зада́ча 44.

За чѣмъ идётъ мужъ въ сарай? — Онъ идётъ за нѣсколькими полѣньями дровъ. — Въ чей сарай идётъ онъ за дровами? — Онъ идётъ въ сарай своего господина, который хозяинъ тѣхъ прекрасныхъ строеній. — У Андрея ли мои чернила и мои перья? — Онъ говоритъ, что у него ни этихъ ни тѣхъ нѣтъ. — О какомъ сынѣ учителя говорите вы? — Я говорю о томъ, къ которому я иду. — Есть ли у васъ такія кресла, какія у моего отца? — У насъ такихъ нѣтъ, но есть другія. — У насъ очень хорошіе новые столы и стулья, да очень прекрасныя кресла. — Идёте ли вы на балъ со многими или только съ немногими пріятелями? — Я иду только со двумя друзьями, съ учителемъ своимъ и со скромнымъ его сыномъ. — Нѣтъ ли у сего купца также хорошихъ серебряныхъ перстней и серебряныхъ шандаловъ? — У него ихъ нѣтъ, но ихъ даётъ ему двоюродный братъ богатаго крестьянина. — Гдѣ вашъ братъ видитъ молодыхъ нѣмѣцкихъ художниковъ? — Онъ ихъ видитъ на гуляніяхъ въ нашемъ городѣ и въ лѣсу. — Гдѣ прекрасныя гулянія, на которые (куда) идутъ тѣ живописцы? — Они на тѣхъ цвѣтущихъ лугахъ и на поляхъ, на которыхъ мы видимъ тѣ хлѣба, свѣжій овёсъ и большой ячмень. — Чьи поля видите вы тамъ? — Я вижу поля великихъ бояръ и тѣ ихъ сосѣдовъ, храбрыхъ болгаръ. — Нѣтъ ли у богатаго англичанина нѣсколько покоевъ со многими окнами? — У него только два покоя съ двумя окнами и одинъ покой съ четырьмя окнами. — Не видите ли вы тѣхъ ведёръ съ пивомъ или съ виномъ? — Я не вижу ни ведёръ, ни пива, ни вина; я только вижу повара, который идётъ во дворъ того строенія съ нѣсколькими гусями, пѣтухами и голубятами.

Задача 45.

Чей сосѣдъ былъ нѣсколько времени въ дому трудолюбиваго купца? — У купца былъ не сосѣдъ, но сынъ моего добраго пріятеля. — Говорили ли вы съ игрокомъ и съ инокомъ? — Я не говорилъ ни съ тѣмъ ни съ другимъ, но солдатъ говорилъ съ инокомъ. — О чёмъ говорилъ солдатъ съ инокомъ? — Онъ говорилъ со старымъ инокомъ о его бѣдномъ отцѣ. — Видѣли ли вы трёхъ бояръ, которые были у друзей князя? — Я видѣлъ бояръ, но зятей князя не видѣлъ. — Видите ли вы также кумовей императора? — Какого императора? — Россійскаго императора. — У васъ слишкомъ мало блиновъ! — У меня столько же, сколько у васъ. — Сколько блиновъ у васъ? — У меня пять блиновъ. — Кто видитъ прекрасный замокъ богатаго князя? — Одинъ видитъ замокъ, другіе не видятъ его.

Задача 46.

Больны ли вы? — Да, у меня распухли железа. — Давно ли они у васъ? — Они у меня съ вчерашняго дня. — Какія это высокія ворота? — Это ворота великолѣпнаго замка князя. — Много ли у васъ дровъ? — У меня ихъ очень мало. — Какія у васъ чернила? — У меня чёрныя и красныя чернила. — Какой платокъ купили вы у богатаго купца? — Я купилъ у него такой платокъ, какой вы купили. — Сколько полѣнъ дровъ у васъ на дворѣ? — Я не знаю, я ихъ не считалъ. — Кто ихъ считалъ? — Никто ихъ не считалъ. — Сколько времени вы здѣсь? — Я здѣсь уже три часа, уже пять часовъ. — Гдѣ молодой офицеръ? — Онъ или на балу у короля, или въ театрѣ. — Кто это говоритъ? — Многіе говорятъ это. — Всѣ ли это говорятъ? — Нѣтъ, не всѣ. — Какіе товары получилъ купецъ? — Онъ получилъ разные товары. — Гдѣ маленькія ослята? — Они или на дворѣ или на полѣ. — Какіе зеркала въ дворцѣ короля? — Въ дворцѣ короля большія и великолѣпныя зеркала. — Голодны ли вы? — Да, я очень голоденъ. — Что хотите вы кушать? — Я хочу жаркое. — Какое вамъ угодно жаркое? — Дайте мнѣ жаренаго гуся. — Хотите ли вы кусокъ окороку? — Да, дайте мнѣ его, пожалуйста. — Что будете вы имѣть къ завтраку? — Мы будемъ имѣть къ завтраку чаю, кофею, молока, сыру и масла. — Играютъ ли дѣти? — Да, они играютъ. — Во что они играютъ? — Они играютъ на дворѣ въ снѣжки.

Задача 47.

Кого видишь ты въ томъ большомъ лѣсу? — Я вижу пастуха съ нѣсколькими рѣзвыми жеребятами, съ однимъ карымъ ослёнкомъ и съ двумя щенками. — Чьи цыплята долженъ ты имѣть? — Я хочу имѣть нашихъ, а не тѣхъ другихъ людей. — Что новаго у купца? — У него хорошее свѣжее мыло, прекрасное синее сукно, дешёвыя голландскія сукна, стулья и столы изъ краснаго дерева, красивые стаканы изъ краснаго стекла; да у него шёлковыя платья, бумажные чулки и другіе товары. — Есть ли въ дому вашего отца котята и мышёнки?—Въ нашемъ дому ихъ нѣтъ, но въ нашемъ гумнѣ ихъ много. — Видите ли вы высокія дерева въ томъ лѣсу?—Я вижу высокія и низкія дерева.—Есть ли у мясника что-нибудь свѣжаго?—У него ничего свѣжаго нѣтъ. — Есть ли у столяра что новаго или стараго? — У него ничего новаго, ни стараго нѣтъ; у него только стулья, которые вы видите въ томъ покоѣ. — Хочетъ ли дитя видѣть хорошенькихъ котятъ? — Нѣтъ, сударь, дитя не хочетъ видѣть ни котятъ ни мышатъ. — Къ кому идётъ отецъ съ прилѣжными отроками?—Идётъ ли тотъ старецъ со своими внучатами въ театръ или на балъ? — Онъ съ ними ни въ театръ, ни на балъ не идётъ, но идётъ на берегъ моря или въ свѣжій лѣсъ. — Что чёрнаго мы видимъ тамъ на деревьяхъ? — Мы видимъ нѣсколько галчатъ. — О какихъ галчатахъ хотите вы говорить? — Я говорю о галчатахъ, которыхъ я видѣлъ въ саду на деревахъ.—Есть ли у кого нибудь нѣсколько табаку и мыла? — У хозяина табакъ, но ни у кого мыла нѣтъ. — Есть ли у кого нибудь что нибудь великолѣпнаго?—Я хочу дать львёнку нѣсколько мяса и рѣзвому котёнку нѣсколько мышатъ. — Хотите ли вы идти къ доброму князю въ великолѣпный замокъ? — Нѣтъ, я не хочу идти къ князю въ высокій замокъ, но хочу идти къ старому нищему въ низкій сарай. — Видите ли вы тамъ бѣдныхъ жидятъ съ чёрными кафтанами и съ худыми штанами? — Мы ихъ видимъ, но мы не видимъ худыхъ ихъ платьевъ. — Видитъ ли тотъ земледѣлецъ на томъ полѣ что-нибудь? — Онъ ничего не видитъ, но его жнецы видятъ хлѣба въ большомъ новомъ гумнѣ его. — Какія очи у сихъ любопытныхъ дѣтей? — У одного сѣрыя очи, а у брата его голубыя очи.—Есть ли у булочниковъ свѣжій ржаной хлѣбъ? — У него только чёрствый бѣлый хлѣбъ.

Задача 48.

У кого кафтанъ бѣднаго портнаго? — Онъ у сына богатаго графа. — Много ли вамъ нужно хлѣба? — Мнѣ его не много нужно, дайте мнѣ его нѣсколько. — Довольно ли у васъ чаю? — У меня его довольно, но слишкомъ мало сахару. — Хотите ли вы ещё мяса? — Нѣтъ, мяса у меня довольно, но дайте мнѣ ещё кусокъ окорока. — Хорошій ли вкусъ у вашего портнаго? — Нѣтъ, у него очень дурной вкусъ. — Въ саду ли мальчикъ или на дворѣ? — Онъ ни въ саду ни на дворѣ, онъ въ лѣсу. — Кому хотите вы дать этого гуся? — Я хочу дать его своему повару, чтобъ онъ мнѣ его сжарилъ. — Сварилъ ли онъ мнѣ уже супъ? — Да, онъ вамъ его сварилъ. — Видѣли ли вы на лугу стадо быковъ? — Нѣтъ, я тамъ не видѣлъ стада быковъ, но видѣлъ табунъ лошадей. — У кого мои ключи? — Они у слѣсаря. — Много ли у слѣсаря желѣза? — У него его много, но не столько, сколько у кузнеца. — У кого много золота? — Много золота у золотыхъ дѣлъ мастера. — Съ кѣмъ игралъ прилѣжный сынъ вашъ? — Онъ игралъ съ трусливымъ мальчикомъ, его товарищемъ. — Гдѣ бываете вы обыкновенно, здѣсь въ Петербургѣ, или въ Парижѣ? — Я бываю здѣсь и тамъ. — Кушаете ли вы мясо оленя? — Я его очень люблю. — Предпочитаете ли вы оленя зайцу? — Я предпочитаю оленя зайцу. — Какіе хлѣбы у вашего булочника? — У него всякіе. — Хорошіе ли у него ржаные хлѣбы? — У него очень хорошіе ржаные хлѣбы.

Задача 49.

За чѣмъ старый нашъ слуга идетъ? — Онъ идетъ въ переднюю за шляпою судьи. — Съ кѣмъ говоритъ онъ въ передней? — Онъ говоритъ съ зятемъ добраго князя. — Что хочетъ жена лѣниваго повара? — Она хочетъ говорить съ матерью богатаго купца. — Зачѣмъ? — Мать купца хочетъ имѣть пять тетеревовъ, три зайца, и одну куропатку; а поваръ говоритъ, что егерь не хочетъ дать ихъ. — Гдѣ старый добрый инокъ? — Онъ въ малой келліи. — Гдѣ лѣнивое дитя? — Оно ещё въ постелѣ. — Въ церкви ли ещё твоя мать? — Ея тамъ уже нѣтъ. — Съ кѣмъ нашъ сосѣдъ идётъ въ церковь? — Онъ идётъ въ церковь со скромною своею дочерью. — Видѣли ли вы красивую дочь стараго учителя? — Да, сударь, я долженъ идти съ нею въ великолѣпный садъ князя Николая. — А я говорилъ съ нею въ домишкѣ сторожа большаго лѣса. — Въ которой кладовой такая прекрасная шляпа? — Въ большой кладовой нѣмца. — Видишь ли ты ту курицу? — Я вижу курицу и цыплятъ. — Видишь ли ты и пѣтуха? — Я его не вижу, но я хочу видѣть пѣтуха съ бѣлою курицею. — Видишь ли ты мудраго судью на томъ мѣстѣ? — Я вижу его и брата его, великаго витію, въ замкѣ короля. — Нѣтъ ли у васъ хорошей сельди? — У меня сельдь, но не хорошая. — Нѣтъ ли у слуги моей печати и перочиннаго моего ножика? — У него ни сего, ни той нѣтъ. — Не идётъ ли онъ за моей печатью и за моими перьями? — Онъ идётъ за тою, а не за сими. — Кто идётъ за моимъ слугою? — Я иду за нимъ въ нашу дѣтскую.

Задача 50.

Я хочу кушать! — Что хочешь ты кушать? — Я хочу немного ржанаго хлѣба, нѣсколько масла и кусокъ окороку. — Поваръ Николая далъ мнѣ большой кусокъ сыру и бѣлый хлѣбъ. — Хотите ли вы кушать хорошую сельдь? — Да, вы должны дать мнѣ её. — Хочешь ли ты кушать чай? — Нѣтъ, я хочу пить кофей. — На дворѣ много снѣгу. — Сынъ стараго нищаго хочетъ купить шляпу. — Онъ не хочетъ купить шляпу, но взять её. — Дайте мнѣ шляпу! — Были ли вы въ церкви? — Я не былъ въ церкви, но былъ на конной. — Что видѣли вы на конной? — Я видѣлъ на конной молодыхъ коней. — Сколько? — Четыре или пять. — Я хочу идти домой съ англичаниномъ. — Это не англичанинъ, но русскій. — Гдѣ дѣти вдовы слуги? — Я ихъ не вижу.

Задача 51.

Что просить у васъ нищій? — Онъ просить у меня немного денегъ. — Съ кѣмъ говоритъ эта нянька? — Она говоритъ съ своимъ ребёнкомъ. — Получили ли вы уже хлѣбъ съ масломъ, да стаканъ пива? — Покорно благодарю, я всё это получилъ, но пива я не хочу, дайте мнѣ, пожалуйста, стаканъ вина. — Хотите ли вы чашку чаю или кофею? — Нѣтъ, благодарю васъ, я не пью ни чаю ни кофею. — Какая птица летитъ тамъ? — Это дроздъ. — Какой это рой? — Это рой пчёлъ. — Кѣмъ данъ вамъ этотъ ключъ? — Онъ данъ мнѣ храбрымъ матросомъ. — Чей это голосъ? — Это голосъ толстаго датчанина. — Гдѣ датчанинъ? — Онъ съ англичаниномъ. — Давно ли вы завтракали? — Я завтракалъ тому уже часъ назадъ. — Скоро ли вы будете обѣдать? — Я буду обѣдать часа черезъ два или три. — Съ кѣмъ идётъ братъ вашъ Осипъ? — Онъ идётъ съ двоюроднымъ братомъ вашимъ Александромъ. — Откуда идутъ они? — Они идутъ изъ замка нашего короля. — Сколько жерновъ въ этой мельницѣ? — Въ этой мельницѣ четыре жернова. — Чей это стогъ? — Это стогъ богатаго крестьянина. — Какую дичь убилъ сегодня вашъ егерь? — Онъ убилъ пять тетеревовъ, шесть куропатокъ, три рябчика, два зайца и оленя. — Убилъ онъ также нѣсколько дроздовъ? — Нѣтъ, дроздовъ онъ не убилъ. — Въ какомъ краю живёте вы? — Я живу въ прекрасномъ краю, на берегахъ Майна. — Кто далъ вамъ это ружьё? — Мой оружейникъ. — Давно ли вы здѣсь? — Очень давно.

Задача 52.

Которую жену видитъ тотъ злодѣй? — Онъ видитъ молодую жену въ чёрномъ платьѣ. — Гдѣ видитъ онъ её? — Онъ её видитъ въ церкви. — Гдѣ новая ваша англійская карета? — Она въ большомъ сараѣ на дворѣ того зданія, которое мы тамъ видимъ. — Можете ли вы мнѣ сказать гдѣ красивыя жеребята? — Могу. — Я долженъ идти въ конюшню вѣжливаго купца. — Съ кѣмъ хотите вы идти къ купцу?—Со стройнымъ юношею.—Съ которымъ юношею?— Съ тѣмъ, котораго вы можете видѣть на чистомъ дворѣ прекраснаго дома.—Я вижу въ этомъ дворѣ дѣвицу, но не вижу ни юноши, ни высокаго дерева.—У кого мои перья, мои чернила и моя печать? — У меня ихъ нѣтъ.— У вашего слуги ваши перья и у вашихъ сыновей чернила и печать. — У нихъ ли она? — Она у нихъ. — За чѣмъ лекарь идетъ въ кухню? — Онъ идетъ за свѣжею водою. — Есть ли тамъ свѣжая вода?—Да, тамъ есть она.—Какая свѣча у той скромной дѣвицы?—У ней серебряный шандалъ и восковая свѣча. — Нѣтъ ли у ней и сальной свѣчи? — У ней ни одной сальной свѣчи нѣтъ. — Чьи перстни у дѣвицы? — У неё свои.—Чьи кольца у того юноши въ жёлтой комнатѣ судьи? — У него свои кольца. — Чья собака у женщины со многими дѣтьми тамъ на мосту въ лѣсу? — У ней нѣтъ своей, а есть ваша.—Есть ли у меня шляпа жены?—У васъ своя, а не ея шляпа. — Нѣтъ ли у тебя ведра воды? — У меня ни стакана воды нѣтъ.

Задача 53.

Можетъ ли любезная дѣвица взять восковую свѣчу? — Она не можетъ взять восковой свѣчи, но можетъ купить её. — Хотите вы кушать или пить? — Я хочу кушать и пить. — Что хотите вы кушать? — Я хочу кушать немного ржанаго хлѣба, нѣсколько сыру, новую сельдь и немного окороку. — Я долженъ имѣть пять рублей. — Это слишкомъ много, мнѣ нельзя дать тебѣ столько, я могу дать тебѣ только два рубля.—Зачѣмъ хочетъ идти трудолюбивый крестьянинъ на своё поле? — Онъ хочетъ сѣять хлѣба. — Какіе? — Овёсъ, ячмень и другіе хлѣба.—Гдѣ хочетъ онъ ихъ сѣять? — Тамъ на полѣ, а не здѣсь въ саду. — Хочетъ кто нибудь писать скромному русскому и хитрому англичанину?—Полякъ Константинъ хочетъ купить чернила и писать молодому датчанину. — Богатые купцы хотятъ купить якоря, паруса и жёрнова.

— Гдѣ купцы? — Они на рынкѣ и говорятъ съ мѣщанами о векселяхъ. — Жена этого боярина хочетъ идти къ купцу и мяснику. — За чѣмъ? — Она хочетъ купить у купца кофею, чаю, сыру, нѣсколько перцу и много сахару и у мясника хорошаго мяса. — Съ кѣмъ идётъ она? — Съ своимъ слугою.

Задача 54.

Здравствуйте, милостивый государь! Каково ваше здоровье? — Покорно благодарю, я здоровъ. — Не были ли вы больны вчера? — Нѣтъ, я былъ только немного нездоровъ. — Были вы сегодня въ гостинницѣ? — Да, я тамъ обѣдалъ. — Что было у васъ за обѣдомъ? — У насъ былъ супъ, варёная говядина съ зеленью, пуддингъ, жареный гусь съ салатомъ и пирожное. — Такіе ли у васъ перстни, какъ у меня? — Да, у меня точно такіе. — Гдѣ вы живёте? — Я живу на той же улицѣ какъ и вы. — Что хотите вы кушать? — Я хочу кушать кусокъ лосося. — Хотите вы также раковъ? — Да, я очень люблю раки. — Что вы думаете? — Я думаю, что вы очень долго не-были у насъ. — Чувствуете ли вы жажду? — Да, я чувствую сильную жажду, дайте мнѣ стаканъ вина или чашку кофею! — Какія теперь времена? — Теперь очень дурныя времена. — Что дороже, олово или серебро? — Серебро, но золото ещё дороже. — Много ли яицъ вы купили? — Я ихъ купилъ десять. — Какой цвѣтъ у неба? — У неба голубой цвѣтъ. — Какія вёдры у водовоза? — У водовоза дубовыя вёдры. — Какое ремесло у этого человѣка? — Онъ, по своему ремеслу, сапожникъ или башмачникъ. — Сколько зайцевъ было сегодня на рынку? — Я ихъ видѣлъ двадцать одного. — Прощайте, добрый другъ мой! — Вы уже идёте? — Да, я иду къ своему брату. — Давно ли вы его не видѣли? — Я его очень давно не видѣлъ. — Какія перила у этой лѣстницѣ? — У неё желѣзныя перила.

Задача 55.

Сколько сестёръ у прилежнаго мальчика столяра нашего? — У него ни одной сестры нѣтъ, но у него пять братьевъ.

— Есть ли сёстры у тѣхъ убійцъ? — У нихъ двѣ сестры. — Не видитъ ли тотъ внимательный матросъ на новой яхтѣ бездиъ моря? — Куда трудолюбивая мать идётъ со своими стройными дочерьми? — Онѣ идутъ во храмъ Юпитера. — Есть ли въ этомъ храмѣ прекрасные образа? — Въ этомъ храмѣ нѣтъ образовъ, но идолы. — Видите ли вы много звѣздъ на небѣ? — Я не вижу тамъ ни одной звѣзды. — Хочешь ли и ты видѣть звѣзды? — Нѣтъ, но обѣ женщины, которыя тамъ на берегу хотятъ ихъ видѣть. — Не можете ли вы говорить съ нашими добрыми дядями тамъ въ церкви? — Мы можемъ говорить съ ними, но матери тѣхъ любезныхъ дѣвицъ и этихъ маленькихъ дѣтей не могутъ. — Какія карты у стараго инока въ чёрномъ платьѣ въ той тёплой избѣ? — У него нѣтъ картъ; но у земледѣльца суть кресты. — Сколько пчёлъ въ вашихъ ульяхъ? — У насъ ни ульевъ, ни пчёлъ нѣтъ; у насъ только голуби и нѣсколько гусей. — Есть ли у купца нѣсколько хорошей ржи и хорошаго ячменя? — У него нѣтъ ячменя, но есть довольно ржи. — Много ли икры у сельдей? — У нихъ только мало икры. — Какіе зады у старой кареты вашего дяди? — У нея еще очень хорошіе зады, но у новой моей кареты задовъ нѣтъ. — Есть ли у васъ хорошія чёрныя сукна, сударь? — У меня нѣтъ чёрныхъ суконъ; у меня только синія сукна и чёрные шёлковые товары. — Чьи куклы хотятъ купить дочери моей жены? — Онѣ не хотятъ купить куколъ, но хотятъ купить бархатные плащи. — Мнѣ нельзя купить дочерямъ бархатные плащи, но я хочу дать сёстрамъ ихъ матери десять рублей. — У котораго купца такія хорошія сельди, какъ у вашей матери? — У купцовъ въ нашемъ городѣ нѣтъ хорошихъ сельдей. — Въ которыхъ церквахъ господа Н. Н.? — Они въ обѣихъ церквахъ, которыя ты тамъ видишь. — Есть ли у князя много конюшенъ? — У него только двѣ конюшни, а много лошадей. — Есть ли у него также много солдатъ и казармъ? — У него очень много солдатъ въ одной казармѣ. — Есть ли у него много земель? — У него столькоже земель, сколько у великаго его сосѣда, мудраго и добраго короля. — Есть ли у него вѣрные и храбрые по́дданные? — У до́брыхъ короле́й и госуда́рей суть и ве́рные по́дданные и хра́брые солда́ты.

Зада́ча 56.

Что ви́дятъ тѣ рѣ́звые ма́льчики? — Они́ ви́дятъ шесть векше́й на э́тихъ со́снахъ. — О каки́хъ со́снахъ говори́те вы? — Мы говори́мъ о мно́гихъ со́снахъ и други́хъ дере́вьяхъ въ лѣсу́ на́шего господи́на. — У ва́шего господи́на то́лько оди́нъ лѣсъ? — У него́ два больши́е лѣса со мно́гими дере́вьями, оле́нями, и за́йцами. — И мно́го ли у него́ соба́къ? — У него́ соба́къ нѣтъ; но у его́ сынове́й де́сять больши́хъ соба́къ. — Каки́я ко́мнаты у васъ? — У насъ о́чень больши́я и о́чень тёплыя ко́мнаты; но у на́шихъ сосѣ́дей, бѣ́дныхъ пѣ́вчихъ, то́лько одна́ ма́лая и холо́дная ко́мната. — Хоти́те ли вы купи́ть я́блоки? — Нѣтъ, у насъ мно́го я́блоковъ въ своёмъ саду́. — Что хоро́шаго у нихъ? — У нихъ хоро́шія зда́нія, прекра́сныя поля́, хоро́шія доро́ги, рѣ́звыя жеребя́та, опря́тныя ку́хни и погреба́ съ кра́сными и бѣ́лыми ви́нами, нѣ́сколько бо́чекъ ста́раго пи́ва, двѣ но́выя англі́йскія каре́ты, хоро́шіе хлѣба́, хоро́шіе хлѣбы, цвѣты́, дово́льно дровъ, мно́го ржи, ячменя́, овса́, льна, мно́го прекра́сныхъ пла́тьевъ, кафта́новъ, шляпъ, ша́покъ, три но́вые зо́нтика изъ чёрнаго шёлку, дово́льно сапо́гъ изъ жёлтой ру́сской ко́жи и мно́го чёрныхъ шёлковыхъ чуло́къ. — Краси́вый ма́льчикъ говори́тъ, что его́ оте́цъ хо́четъ взять дрова́, кото́рыя на дворѣ́ той избы́. — Вы мо́жете дать ему́ дрова́; оте́цъ ма́льчика бѣ́дный ни́щій. — Я хочу́ идти́ домо́й. — Заче́мъ? — Я до́лженъ говори́ть съ мои́мъ отцёмъ о своёмъ дѣ́лѣ.

Зада́ча 57.

Купи́ли ли вы пилу́? — Мнѣ пилы́ не ну́жно, у меня́ мно́го пилъ. — Кому́ нужна́ пила́? — Она́ нужна́ садо́внику и столяру́. — Мно́го ли книгъ купи́ли вы на аукціо́нѣ? — Я ихъ тамъ купи́лъ о́чень мно́го. — Для чего́ ну́жно вамъ столько книгъ? — Я хочу́ подари́ть ихъ своему́ до́брому учи́телю, кото́рый о́чень лю́битъ кни́ги. — Вдѣ́ли ли вы обѣ́ихъ сестёръ на́шего прія́теля Константи́на? — Я ви́дѣлъ двухъ дѣ́вицъ, но не зна́ю сёстры ли э́то на́шего прія́теля. — Высо́кія ли бы́ли во́лны мо́ря? — Да, онѣ́ бы́ли о́чень высо́кія. — Отчего́ вражда́ скро́мнаго Алекса́ндра къ бога́тому купцу́ Алексе́ю? — Алекса́ндръ не лю́битъ Алексе́я, потому́ что э́тотъ берётъ за свои́ де́ньги мно́го ли́хвы. — Ско́лько са́женъ дровъ купи́ли вы? — Я купи́лъ о́коло семи́ саже́нъ хоро́шихъ берёзовыхъ и ело́выхъ дровъ. — Какія дрова́ лу́чше, берёзовыя и́ли ело́выя? — Берёзовыя мно́го лу́чше ело́выхъ. — Зажгли́ ли вы свѣчу́? — Да, я её зажёгъ. — Зачѣ́мъ зажгли́ вы её? — Я её зажёгъ, потому́ что я хочу́ писа́ть. — Лю́бите ли вы икру́? — Я её о́чень люблю́, но здѣсь она́ не хороша́. — Гдѣ вы ку́шали икру́ лу́чше здѣшней? — Я ку́шалъ въ Астраха́ни икру́, кото́рая была́ мно́го лу́чше здѣшней. — Да́йте мнѣ линейку. — Для чего́ она́ вамъ? — Она́ мнѣ нужна́, я хочу́ графи́ть. — На чёмъ игра́етъ э́та прекра́сная дѣви́ца? — Она́ игра́етъ на а́рфѣ. — Какія ры́бы пойма́ли на то́нѣ? — На то́нѣ пойма́ли лососе́й, саза́новъ, леще́й, и мно́го други́хъ ры́бъ. — Что вы ви́дите предъ собо́ю? — Я предъ собо́ю ви́жу бе́здну.

Зада́ча 58.

Ви́дите ли вы тѣ великолѣ́пныя по́хороны? — Я ихъ ви́жу. — Говори́ли ли вы съ пра́чкою? — Да, я говори́лъ съ ней. — О чёмъ говори́ли вы съ ней? — Мать матро́са хо́четъ дать пра́чкѣ мыть бѣльё молода́го сы́на. — Нѣтъ ли у васъ хоро́шихъ но́жницъ? — У меня́ двѣ но́жницы, но не хоро́шія. — Что у на́шего ста́раго сапо́жника въ его́ больши́хъ карма́нахъ? — У него́ голо́вы ста́рыхъ мои́хъ сапо́гъ. — Немно́го ли дрожже́й въ э́томъ хлѣ́бѣ? — У меня́ сли́шкомъ мно́го дрожже́й, а у на́шего бу́лочника сли́шкомъ ма́ло дрожже́й. — Дово́льно ли у него́ ма́сла? — У него́ то́лько о́чень ма́ло ма́сла, а дово́льно. — Дово́льно ли дровъ ещё въ ку́хнѣ у по́вара?

— У него ихъ не довольно.—Хочетъ ли онъ жарить тетерева или куропатку? — Не того ни сію, онъ хочетъ варить мёдъ. — Въ ясляхъ ли сѣно? — Нѣтъ, оно въ стогу. — Кто идётъ за моимъ чаемъ и за сливками? — Служанка идётъ за однимъ а за другими слуга. — Что у тѣхъ двухъ иноковъ въ рукахъ? — У нихъ нѣсколько мощей и двое чётокъ. — Какіе хлѣба у земледѣльца на большихъ его санахъ, которыя мы видимъ на той дорогѣ? — У нихъ нѣсколко ржи и очень много овса. — Куда идётъ жнецъ? — Это не жнецъ, но крестьянинъ и онъ идётъ на-поле сѣять ячмень. — Есть ли у него также лёнъ и конопель? — У него и тотъ и другой. — Куда идётъ пастухъ? — Онъ идётъ на-поле съ своими быками и своими лошадьми. — Поваръ въ кухни; что онъ долженъ вамъ варить или жарить къ обѣду? — Ничего, я хочу только два яйца, немного хлѣба и нѣсколько молока. — Есть ли у героя панцырь? — Нѣтъ, онъ у юноши. — Какая карта у васъ? — У меня черви. — Гдѣ мой ножъ и мои серебряныя вилки? — Сіи на столѣ, а тотъ подъ столомъ. — Не видишь ли ты прачку съ моимъ бѣльёмъ? — Я вижу её и двухъ молодыхъ ея дочерей съ вашими брыжжами и портками. — Есть ли у нашихъ лошадей нѣсколько ржаныхъ отрубей? — У нихъ не много отрубей, а очень много овса и довольно хорошаго сѣна и свѣжей воды изъ новаго колодца, который вы видите въ томъ саду подъ большею сосною. — Что у служанки, которую ты видишь на тѣхъ дровняхъ? — У ней трое желѣзныхъ граблей и четверо вилъ. — Есть ли у твоихъ сапоговъ ещё хорошіе зады? — У нихъ ни задовъ, ни головъ нѣтъ. — Сколько штановъ у твоего сосѣда? — У него трое штановъ, а только двѣ помочи и у сихъ бѣдныхъ жидятъ ни штановъ, ни сапогъ, ни кафтановъ нѣтъ; у нихъ только худые носки, старые башмаки и чёрное бѣльё. — Чьи эти шёлковыя перчатки? — Онѣ кожаныя, а не шёлковыя. — Съ кѣмъ вы говорите? — Ни съ кѣмъ. — Хотите ли вы пойти въ прекрасный театръ съ любезнымъ княземъ? — Съ кѣмъ? — Съ любезнымъ молодымъ княземъ, который двоюродный братъ нашего короля. — Имѣетъ ли кухарка мѣхи? — Нѣтъ, но у ней прекрасные мѣха. — Какой цвѣтъ у этихъ цвѣтовъ? — У нихъ многіе цвѣта. — Сколько гренадеръ видѣлъ ты? — Ни одного, но я видѣлъ десять драгунъ. — Гдѣ ты говорилъ съ опытнымъ инокомъ? — Въ его кельѣ. — У кого мои ноты? — У вашихъ учениковъ.

Задача 59.

Не нуждаетесь ли вы въ чёмъ? — Да, я очень нуждаюсь въ деньгахъ. — Гдѣ же ваши деньги? — Я ихъ проигралъ въ картахъ. — Развѣ вы много проиграли денегъ въ картахъ? — Да, я ихъ очень много проигралъ. — Какая у васъ карта? — У меня червонный король. — Нѣтъ ли у васъ бубновой двойки? — Бубновой двойки у меня нѣтъ, но у меня трефовая двойка и пиковая тройка. — Гдѣ вы провели своё время? — Я былъ цѣлую недѣлю въ Яссахъ. — Что сварилъ намъ поваръ сегодня къ обѣду? — Онъ намъ сварилъ отличныя щи. — Надѣли ли вы уже шоры на вашу лошадь? — Нѣтъ, я ещё шоръ на неё не надѣлъ. — Можно ли вамъ идти сегодня къ вашему двоюродному брату? — Нѣтъ, мнѣ къ нему нельзя идти, у меня нѣтъ времени. — Хорошъ ли былъ въ трактирѣ поросёнокъ подъ хрѣномъ? — Онъ былъ очень хорошъ, я онаго взялъ два куска. — Стараются ли ваши ученики? — Да, они очень стараются. — Много ли вы имъ даёте уроковъ? — Я имъ даю много уроковъ. — Что у этого рака? — У него огромныя клешни. — Сколько лошадей велѣли вы запрячь своему кучеру? — Я велѣлъ ему запрячь шестерню для короля, четверню для князя, тройку для курьера и пару для меня. — Думаютъ ли ваши ученики, когда работаютъ? — Нѣтъ, они не всегда думаютъ, когда работаютъ. — Сколько рублей получили вы отъ своего стряпчаго? — Я получилъ отъ него двадцать два рубля и пятьдесятъ копеекъ. — Сколько подмастерій у этого мастера? — У него ихъ шесть.

Задача 60.

Что я вижу тамъ въ улочкѣ?—Ты видишь милую жёночку со двумя премилыми дитятками, у которыхъ прекрасный пёстрый мячикъ. — Съ кѣмъ говоришь ты на томъ цвѣтущемъ лужкѣ подъ деревцомъ? — Я говорю съ пятью весёлыми молодцами и тремя любезными дѣвочками въ бѣлыхъ кафтанцахъ, у которыхъ опрятныя ведёрочки. — Гдѣ рѣзвая лошадка съ новымъ сѣдѣльцемъ доброй моей сестрицы? — Она въ конюшнѣ, которую вы видите на томъ мѣстечкѣ. — Чей ножичекъ дали вы лѣнивымъ моимъ ученикамъ на той бѣлой скамейкѣ? — Я имъ не далъ никакаго ножичка, у нихъ свои ножички да пёрышки прилежныхъ своихъ товарищей.— Нѣтъ ли у нихъ новыхъ ихъ книжечекъ и пёстрыхъ мячекъ? — У нихъ ни сихъ, ни тѣхъ нѣтъ. — Видѣли ли вы нашихъ милыхъ голубковъ?—Я видѣлъ ихъ и далъ имъ много зёрнышекъ. — Видите ли вы тотъ городокъ и рощицу нашего князя? — Я не вижу ни того, ни другой; я только вижу сіи низкіе домики и пёстрыя оконца и сучки и свѣжія вѣточки тѣхъ яблонекъ въ садикѣ богатаго его сосѣда.

Задача 61.

Какаго башмачника видѣлъ ты съ его маленькимъ башмачкомъ? — Вашего. — Есть ли у васъ деревянный голубокъ?—Нѣтъ, сударь, но у меня серебряный гусёкъ.—Есть ли у васъ красивый столикъ? — Да, у меня красивый столикъ, но у моего отца гадкій. — Я хочу купить этого пѣтушка. — Зачѣмъ? — Я хочу кушать его. — Хочешь ли ты также окорока? — Нѣтъ, я хочу только сыру и нѣсколько хлѣба. — Видѣлъ ли ты соловья? — Да, и я долженъ купить его у хорошаго учителя. — Зачѣмъ? — Я хочу дать его своей сестрицѣ. — Можешь ли ты видѣть лѣсъ? — Это не лѣсъ, а лѣсокъ. — Портной хочетъ имѣть мой кафтанъ. — Зачѣмъ? — Мнѣ нельзя дать ему денегъ. — Говорилъ ли ты съ опытнымъ стряпчимъ? — Я не говорилъ со сряпчимъ, по съ пѣвчимъ. — Съ какимъ пѣвчимъ? — Съ тѣмъ. — Говорилъ ли учитель съ внимательными учениками о медвѣжатахъ? — Нѣтъ. — Что хочетъ сказать вѣрный поваръ? — Онъ хочетъ говорить съ своимъ хозяиномъ о зайчикѣ, о голубкахъ и о гусятахъ, которыя онъ долженъ кушать. — Хочешь ли ты взять козлика? — Да, ежели ты мнѣ можешь дать его.

Задача 62.

Гдѣ вашъ батюшка и ваша матуша? — Они оба дома. — Давно ли вы были въ С. Петербургѣ? — Мы были тамъ очень давно. — Сжарилъ ли вамъ поваръ тетерева или утку? — Нѣтъ, онъ мнѣ только сварилъ щи. — Какія деньги у васъ? — У меня рубли и талеры. — Откуда вы ѣдете теперь? — Я ѣду изъ Боровичей. — Играете ли вы въ карты? — Нѣтъ, я не охотникъ до картъ. — Какія у васъ карты въ рукѣ? — У меня въ рукѣ только бубны да черви. — Заплатили ли вы за свой обѣдъ? — Да, я всегда плачу за свой обѣдъ. — Какъ скачетъ ваша лошадь? — Она хорошо скачетъ, но еще лучше идётъ рысью. — Какъ поживаетъ вашъ батюшка? — Покорно благодарю, теперь онъ здоровъ, но онъ былъ боленъ вчера и третьяго дня. — Хотите ли вы купить хорошій бархатъ? — Я хотѣлъ купить его, но теперь не хочу. — Получили ли вы большаго угря, котораго вамъ послалъ рыбакъ? — Я его получилъ, это былъ прекрасный угрь. — Какія это строенія на дворѣ? — Это конюшни богатаго дворянина. — Куда хотите вы идти? — Я хочу идти домой. — Откуда идёте вы? — Я иду изъ дому. — Были ли вы уже на рѣчкѣ? — Нѣтъ, я тамъ еще не былъ. — Хороши ли шпалеры въ этой комнатѣ? — Въ этой комнатѣ очень хорошіе шпалеры. — Когда будете вы дома? — Я дома буду около Святокъ. — Стирала ли вамъ прачка ваше бѣльё? — Да, она бѣльё мнѣ стирала и мыла полъ въ моей комнатѣ. — Сколько платковъ купили вы? — Я купилъ ихъ полдюжину.

Задача 63.

Куда идутъ ваши батюшка и матушка?—Батюшка идётъ въ лѣсъ, а матушка въ церковь.—Идётъ ли мужичина со своею лошадёнкою въ лѣсъ или въ городъ?—Онъ не идётъ въ лѣсъ, но въ городъ. — Чьи домищи съ окнищами мы видимъ тутъ на томъ бережёчкѣ? — Мы видимъ замки великаго государя. — Голубчикъ мой, не видишь ли ты возлюбленной нашей тётушки съ ея сестрицею? — Я ни той, ни другой не вижу. — Кого видишь ты, сердеченко? — Я здѣсь вижу дѣдушку и тамъ бѣднаго старичёнка съ шелудивою его собачёнкою. — Какое зеркало у вашего братца? — У него зеркалишко. — Есть ли у него и сани? — У него трое санищъ, по только двѣ лошадёнки. — Довольно ли у васъ сливокъ, сударь? — У меня только сливчёнки и не довольно. — Довольно ли денегъ у васъ? — У меня очень мало денегъ, но довольно. — Кого вижу я въ той комнатѣ? — Вы видите бѣдную дѣвочку съ блѣднымъ личишкомъ, у которой ни батюшки, ни матушки, ни сестрицы, ни братца, ниже одного друга нѣтъ; да и ни денегъ, ни хлѣба, ни дровъ нѣтъ, у ней только худыя платья, башмачёнки и старые бумажные чулки.

Задача 64.

Гдѣ мужичище? — Онъ на своёмъ полищѣ. — Что хочетъ онъ дѣлать тамъ? — Онъ долженъ пахать своё поле и сѣять лёнъ, конопель, овёсъ и ячмень.—Видѣли ли вы купчишку? — Гдѣ онъ? — Онъ тамъ на рыночкѣ и хочетъ купить мёдъ, воскъ, перецъ и уксусъ. — Могу ли я видѣть ея глазокъ?—Да, сударь. — Чего не хотятъ дѣлать ученишки? — Они не хотятъ ни читать ни писать. — Но что хотятъ они дѣлать? — Они хотятъ только кушать и пить. — Что хотятъ они пить? — Немного хорошаго винца и пивца. — Я не могу работать. — Отчего? — Я долженъ купить у купца карандашъ и хорошій перочинный ножичекъ. — Что хочетъ дѣлать невнимательный ученикъ съ внимательнымъ сы́номъ бѣ́днаго учи́теля? — Они́ хотя́тъ идти́ къ францу́зу и къ ру́сскому. — Съ кѣмъ говори́тъ Алекса́ндръ? — Съ матро́зищемъ Константи́номъ.

Зада́ча 65.

До́лго ли вы бы́ли въ Пру́ссіи. — Да, я въ Пру́ссіи былъ о́чень до́лго. — Получи́ли ли вы свои́ но́выя са́ни отъ ма́стера? — Да, я ихъ получи́лъ вчера́. — Что въ рука́хъ у мона́ха? — У него́ чётки. — Купи́лъ ли онъ ихъ? — Нѣтъ, ихъ ему́ подари́лъ другъ его́, свяще́нникъ. — Мно́го ли хлопо́тъ у э́того бѣдняка́? — Да, у него́ мно́го хлопо́тъ, по о́чень ма́ло де́негъ. — Гдѣ его́ де́ньги? — Они́ у ростовщика́. — Кто тамъ въ сѣня́хъ? — Въ сѣня́хъ другъ мой Константи́нъ. — Го́лоденъ ли вашъ другъ? — Нѣтъ, онъ не го́лоденъ, онъ то́лько что обѣ́далъ. — Что въ коню́шнѣ? — Въ коню́шнѣ я́сли для коро́вы. — Хоти́те ли вы знать но́вость? — Нѣтъ, я её уже́ зна́ю. — Да́йте мнѣ уголёкъ, я хочу́ закури́ть тру́бку! — Не хоти́те ли вы сига́рку? — У меня́ о́чень хоро́шіе. — Нѣтъ, благодарю́, я предпочита́ю тру́бку. — Получи́ли ли вы письмецо́ отъ свое́й сестри́цы? — Да, я его́ получи́лъ вчера́ и́ли тре́тьяго дня. — Гдѣ стои́тъ берёза? — Она́ стои́тъ на берегу́ руче́йка. — Что въ рука́хъ у ва́шей куха́рки? — У неё въ рука́хъ метла́. — Како́й это неуклю́жій ма́льчикъ? — Я не ви́жу неуклю́жаго, я ви́жу то́лько премѣ́лаго ма́льчика. — Съ кѣмъ говори́лъ вашъ дя́дюшка? — Онъ говори́лъ съ свое́й любе́зной ку́мушкою. — Чья э́та соба́чёнка? — Это соба́чёнка мое́й сестри́цы. — Да́йте мнѣ, голу́бчикъ, ча́шку ча́ю со сли́вками и два и́ли три сухаря́, я хочу́ за́втракать. — Не уго́дно ли вамъ и хлѣ́ба съ ма́сломъ и ветчины́? — Нѣтъ, поко́рно благодарю́, я ветчины́ не ѣмъ.

Зада́ча 66.

Не идёте ли вы къ рижа́нину за шёлковыми свои́ми платка́ми? — Я не къ нему́ иду́, а къ молодо́му поляку́, у котораго столько уже пріятелей, сколько денегъ. — Кого вы видите на этомъ гульбищѣ въ лѣсу? — Я вижу много людей: пять русскихъ, трёхъ французовъ, много англичанъ, но ни одного нѣмца. — Съ кѣмъ говорятъ молодые богатые нѣмцы? — Они говорятъ съ сибирякомъ, съ которымъ они на балу богатаго голландца, у котораго прекрасныя дочери. — У кого долженъ работать молодой кузнецъ съ тяжёлымъ желѣзнымъ молотищемъ? — Онъ хочетъ идти съ парижанину, у котораго то домище. — Есть ли у литвянъ яхты? — Нѣтъ, у нихъ только немного челноковъ и другихъ судовъ; но у ихъ сосѣдей, эстляндцевъ и рижанъ, много прекрасныхъ и большихъ кораблей. — Какіе товары у турокъ и у грековъ? — У тѣхъ хорошіе мѣха, а у сихъ прекрасные и дешёвые образа. — Чья карета и чьи лошади у живаго швейцарца? — У него карета и лошади своего господина, римлянина. — О какомъ римлянинѣ говорите вы? — О томъ, котораго я вижу съ испанцами. — Могутъ ли эти австрійцы любить черногорцевъ? — Мнѣ нельзя сказать вамъ это. — Отчего? — Потому что австрійцы не говорили со мною объ этомъ. — Кого видитъ португалецъ? — Онъ никого не видитъ, но ирландцы его видятъ. — У чьего слуги мои сани? — У слуги добраго берлинца. — Чьи платья у вашего батюшки? — У него свои и платья бѣдныхъ миланцевъ.

Задача 67.

Какъ провели вы своё время съ тѣхъ поръ, какъ я васъ не видѣлъ? — Я путешествовалъ за границею. — Гдѣ были вы тамъ? — Я былъ во Франціи, въ Англіи, Даніи и Швеціи. — Когда вы возвратились оттуда? — Вотъ будетъ уже три недѣли. — Хорошо ли вы теперь проводите время? — Благодарю васъ, довольно хорошо. — Гдѣ теперь крестьяне? — Они всѣ въ полѣ. — Что они тамъ дѣлаютъ? — Они пашутъ и орутъ. — Развѣ они ещё не сѣяли свой хлѣба? — Нѣтъ, они ихъ ещё не сѣяли. — Чья эта ветхая изба? — Эта ветхая изба бѣднаго крестьянина, котораго вы тамъ видите. — Кто этотъ почтенный старецъ, который идётъ тамъ на улицѣ? — Это братъ моего благодѣтеля. — Читали ли вы уже новую книгу? — Нѣтъ, я ещё её не читалъ. — Такъ читайте её, это очень хорошая книга. — Какая у васъ тамъ лошадь? — Это рысакъ. — А я думалъ, что это скакунъ. — Во что играютъ эти милыя дѣти? — Они играютъ въ мячъ. — Кого ведётъ мясникъ по улицѣ? — Онъ ведётъ очень жирную свинью. — Гдѣ деревянное масло, которое вы купили у купца? — Оно теперь въ лампадкѣ, которая въ углу передъ образомъ. — Что у васъ на пальцѣ? — У меня перстень покойнаго моего дяди. — Что ползётъ тамъ на землѣ? — На землѣ ползётъ червячёкъ. — Сколько звѣздъ и звѣздочекъ на небѣ? — Я не могу знать, я ихъ не считалъ и никто ихъ считать не можетъ. — Какой это городочекъ тамъ у дороги? — Это не городочекъ, а деревня. — Съ чѣмъ эта бутылка? — Эта бутылка съ виномъ.

Задача 68.

Не видите ли вы въ комнатѣ вашего батюшки госпожи, у которой прекрасная книжка? — Я её вижу; она родственница полковницы Н. — Кто въ комнатѣ вашей сестрицы? — Нѣтъ ли у вашей сестрицы подруги? — У ней двѣ очень любезныя подруги. — Чья шляпа у доброй нашей знакомки? — У нея своя шляпа. — Что хочетъ кушать эта блѣдная монахиня? — Она не хочетъ кушать, но хочетъ пить немного водицы. — Что дала вамъ молодая, любезная княгиня? — Она дала мнѣ такіе лютни, какіе у васъ. — Куда идётъ булочница со своими дѣтьми? — Она идётъ съ ними ко своей свекрови, упорной грѣшницѣ. — Есть ли у старой торговки хорошіе товары? — У ней мало товаровъ, но хорошіе и дешёвые. — Какіе у ней товары? — У ней хорошіе ножи, вилки, острые перочинные ножики, ножницы, очки и другіе товары изъ желѣза и стекла. — У кого обѣ свирѣпыя львицы? — У поляка; у него и чёрная медвѣдица и трое молодыхъ медвѣжатъ. — Можете ли вы мнѣ сказать гдѣ вѣрная собака? — Она тамъ въ лѣсу съ прожо́рливою волчи́цею. — Кого́ вы ви́дите? — Я ви́жу ка́рлу и ка́рлицу, а тѣ внима́тельныя зри́тельницы, кото́рыхъ ты ви́дишь на той скамѣ́йкѣ, ви́дятъ великолѣ́пнаго па́влина и его́ па́ву. — Идётъ ли прилѣ́жная учени́ца къ свое́й до́брой учи́тельницѣ? — Нѣтъ, но она́ идётъ къ лѣни́вымъ учени́цамъ, у кото́рыхъ ни книгъ, ни черни́лъ, ни перьевъ нѣтъ. — Къ кому́ дья́коницы иду́тъ съ хозя́йкою этого до́ма? — Онѣ иду́тъ въ ту ко́мнату къ бѣ́дной вдовѣ́. — Съ кѣмъ бароне́сса идётъ въ це́рковь? — Съ сокрушённой грѣ́шницею. — Не иду́тъ ли онѣ́ къ до́брой дьячи́хѣ? — Онѣ не иду́тъ къ дьячи́хѣ, но къ попадьѣ́. — Идётъ ли генера́льша со свои́ми дочерьми́ на балъ? — Она́ не идётъ на балъ, но въ теа́тръ.

Зада́ча 69.

Кто до́лженъ быть съ голла́ндкою на кораблѣ́? — Бога́тыя англича́нки и счастли́выя францу́женки. — Что у той ду́ры? — У ней бѣ́лая коза́ и прекра́сный голубо́чикъ. — Съ кѣмъ шве́дки иду́тъ на томъ гуля́ньи? — Я ихъ ви́жу съ одно́й нѣ́мкою, съ одно́й по́лькою и со двумя́ италия́нками. — Кому́ хо́четъ писа́ть игу́менъ? — Игу́меньѣ. — Что хо́четъ описа́ть францу́зъ? — Ту́рцію. — Съ кѣмъ мо́жетъ говори́ть прилѣ́жный учени́къ? — Съ молодо́й учени́цею. — Не ви́дишь ли ты та́кже прекра́сной греча́нки, кото́рая идётъ къ ста́рой болтли́вой сосѣ́дкѣ на́шей? — Я ея́ не ви́жу, но я ви́жу бѣ́дную ара́пку съ ми́лымъ ея́ чёрнымъ о́трокомъ. — Есть ли ещё у ста́рой мото́вки золоты́е ея́ пе́рстни и но́выя ея́ золоты́е часы́? — У ней ихъ уже́ нѣтъ. — У кого́ они́? — Они́ у ста́рой обма́нчивой жидо́вки. — Каки́е башмаки́ у кита́екъ? — У нихъ о́чень ма́лые башмаки́, но у нихъ ни ша́покъ, ни чуло́къ нѣтъ. — Есть ли у пасту́шекъ сто́лько дѣте́й, ско́лько у крестья́нокъ? — У тѣхъ нѣтъ дѣте́й, а у сихъ тро́е дѣте́й. — Хотя́тъ ли дѣ́ти раби́ни ку́шать хлѣбъ и сыръ? — Они́ хотя́тъ ку́шать то́лько немно́го хлѣ́ба, но ни ма́сла, ни сы́ру. — Хо́четъ ли ме́льничиха пить нѣмно́го пивца́? — Нѣтъ, она́ мо́жетъ пить то́лько немно́го вина́. — Ви́дите ли вы ту крестья́-

янку, у которой одна ослица, одна гусыня и пять *молодыхъ гусей* (ober гусятъ)? — Я её не вижу, но я вижу старую, вѣрную служанку нашей хлѣбосолки, живой черкешенки, съ чёрнымъ котомъ и съ бѣлою кошкою. — Въ чью комнату идётъ храбрая героиня? — Она идётъ въ комнату императрицы. — Идётъ ли она съ королевою или съ великой княгинею? — Она идётъ съ обѣими и ея подруга, графиня, идётъ съ ними.

Задача 70.

Чьи это похороны? — Это похороны богатаго жида, перваго банкира въ нашемъ городѣ. — Кто купилъ румяны? — Румяны купила служанка знаменитой пѣвицы. — Высоки ли хоры въ этой церкви? — Они очень высоки. — Кто потерялъ эту иголочку. — Бѣдная швея потеряла её. — Для кого купили вы это сѣдельцо? — Я купилъ его для лошадки моего маленькаго сынка. — Сколько лѣтъ вашему сыну? — Ему теперь будетъ десять лѣтъ. — Кто подарилъ золотой гребешокъ премиленькой дѣвицѣ? — Ей его подарилъ ея двоюродный братъ. — Хотите ли вы идти въ садъ? — Нѣтъ, теперь я не хочу идти въ садъ, я люблю ходить туда послѣ обѣда. — Получили ли вы свою трубку? — Нѣтъ, я её ещё не получилъ. — Когда получите вы её? — Я того не знаю. — Кто заплатилъ за вашъ обѣдъ? — Я за него заплатилъ самъ. — Были ли вы когда нибудь въ Аббиссиніи? — Нѣтъ, въ Аббиссиніи я не былъ, но былъ долго въ Египтѣ. — Кто купилъ прекрасную кошку, которая была у васъ? — Богатая купчиха купила её. — Проводили ли вы уже своего брата въ Парижъ? — Нѣтъ, я его туда ещё не проводилъ. — Поймали ли уже бѣглеца? — Нѣтъ, бѣглеца не поймали, но поймали бѣглянку. — Каково здоровье вашей сосѣдки? — Благодарю васъ, она здорова. — Кого видите вы тамъ на лугу? — Я вижу тамъ молодую пастушку. — Съ кѣмъ она тамъ? — Съ молодыми тёлочками. — Берегите свои деньги! — Я ихъ берегу. — Но вашъ братъ худо ихъ бережётъ. — Ваша правда, онъ ихъ вовсе не бережётъ. — Берегитесь! — Я берегусь.

Задача 71.

Съ кѣмъ Юлій въ нашемъ саду? — Я вижу Юлія, Лауру и Катиньку. — Чьи часы у Михаила? — У него часы пріятеля его, Павла. — Есть ли у Вани новое платье? — Нѣтъ, у него старое своё платье, но у него новая шляпа и новые штаны. — Видишь ли ты бѣднаго Лазаря? — Я вижу его и богатаго Крёза. — Какія брыжжи у Лизаньки? — Свои. — Нѣтъ ли у ней также перчатокъ Даши? — У ней ихъ нѣтъ. — Гдѣ Эней и его братъ Амадей? — Ихъ здѣсь нѣтъ. — Есть ли у Маши овощи своей матери или овощи своей сестры? — У ней нѣтъ овощей ни той, ни другой; у ней овощи своей подруги Ольги. — Много ли хлопотъ у Саши? — У него очень много хлопотъ, а очень мало денегъ. — Видите ли вы тутъ на скамейкѣ Вариньку и ея Мишу? — Я вижу её и его; я вижу и Сашу съ Яшею. — Видите ли вы ту прекрасную Венеру и сего храбраго Сципіона? — Я вижу сего, но не той. — У васъ ли мой журналы? — У меня ихъ нѣтъ, они у Лаврентія. — Развѣ Никодимъ уже въ университетѣ? — Онъ уже тамъ. — Куда Лука идётъ съ Никитою? — Они идутъ въ коллегію.

Задача 72.

Что хочетъ купить Павлуша? — Немного перцу и много хлѣба. — Чей сынъ Илюша? — Онъ сынъ бѣднаго мѣщанина. — Съ кѣмъ говорилъ вѣрный поваръ о гусяхъ и объ окорокѣ? — Съ богатымъ отцомъ Августа. — Что хочетъ варить поваръ Петръ? — Онъ не хочетъ варить, но жарить семь куропатокъ и два тетерева. — Хотѣлъ ли книгопродавецъ купить хорошенькую кошку? — Не книгопродавецъ хотѣлъ купить кошку, но ткачиха. — Хочетъ ли крестьянинъ пахать свое поле? — Нѣтъ, онъ не хочетъ пахать, а сѣять конопель. — Есть ли барышъ у портнаго отъ кафтанца, который онъ далъ бѣдному дворянину? — Нѣтъ, у него нѣтъ барыша отъ него. — Гдѣ Лизанька? — Она съ своею матерью Варварою. — Хочет ли Дарьюшка купить чётки? — Нѣт, она не хочет купить их, но хочет взять чётки своей матери.

Задача 73.

Кто тот дурак, который там на углу улицы? — Это не дурак, это бѣдный юродивый. — Видѣли ли вы слугу богатой банкирши? — Я видѣл ея слугу и его служанку. — Какія деревья в лѣсу? — В лѣсу разныя деревья, там сосны, ели, берёзы, вязы и дубы. — Были ли вы в темницѣ? — Я был там и видѣл упорнаго злодѣя. — Что у него на руках и на ногах? — У него на руках и на ногах кандалы. — С кѣм эта молодая барыня? — Она со своею свекровью. — Кто эта болтливая старушка? — Это кумушка всѣх, кто её знает. — Кто этот печальный господин? — Это несчастный принц, изгнанный из своего отечества. — Кто вам солгал это? — Мнѣ это солгала моя кухарка Тереза. — Кто был бог хлѣбов и жатв у Римлян? — Это был не бог, а богиня, и имя ей было Церера. — Говорили ли вы с моим сыном Ванюшею? — Да, я с ним говорил. — Был ли он один? — Нѣт, он был с своею двоюродною сестрицею Оличкою. — Что дѣлали они? — Они играли в саду в снѣжки. — Дай мнѣ, Машурочка, стакан воды, я чувствую сильную жажду. — Вот вам стакан воды. — Кого наказывал учитель? — Он наказывал своего ученика Петрушу и свою ученицу Сонюшку. — Кормят ли ямщики своих лошадей? — Они их хорошо кормят. — Чѣм кормят они их? — Они их кормят свѣжим сѣном и тяжёлым овсом. — Каких птиц ловите вы? — Я ловлю соловьёв, дроздов и воробьёв. — Ловите ли вы также орлов? — Нѣт, орлов мы не ловим, у нас их нѣт. — Кто кормит нашу канарейку? — Я сам кормлю её.

Задача 74.

Чьи платья у портнаго? — У него Егоровы платья. — Нѣт ли у тебя Августова пера? — Нѣт, сударь, у меня

Августино перо. — Какія книги хочетъ читать сосѣдова дочь? — Нѣмецкія или англійскія книги.—Есть ли у ней Лукины или Андреевы книги? — У ней ни сихъ ни тѣхъ нѣтъ; у ней свои книги. — Кого вы видите на томъ мосту, и кого подъ сими деревьями? — Здѣсь я вижу сёстриныхъ дочерей, а тутъ братнина сына. — Куда идётъ вашъ внимательный мальчикъ?—Онъ идётъ въ дѣдову комнату за отцёвою шляпою и за матерними перчатками. — Въ чей домъ могу я идти?—Ты можешъ идти въ домъ господина Мамаева.—Въ которомъ городѣ вашъ братецъ?—Онъ въ городѣ Дмитровѣ. — Съ кѣмъ онъ ѣдетъ въ Кіевъ? — Съ Иваномъ Ивановичемъ Дмитріевымъ. — Къ кому идутъ ваши братцы? — Они идутъ къ Ивану Андреевичу Крылову. — Нѣтъ ли у васъ учителевыхъ чернилъ? — Ихъ у меня нѣтъ; у меня товарищевы. — У кого дѣдовы кресла? — У Ильина брата. — Говорите ли вы съ Елизаветою Валеріевною и съ ея братомъ Эдуардомъ Валеріевичемъ?—Я не говорю ни съ тою ни другимъ, но съ Пашею Рязановою и съ Алексѣемъ Алексѣевичемъ Алексѣевымъ. — Что хотите вы имъ сказать? — Я говорю имъ, что я хочу купить икону цѣломудрой Елизаветы. — Куда вы должны идти? — Я долженъ идти въ царевъ замокъ къ царевичамъ и царевнамъ, чтобъ говорить съ ними о царѣ и о царицѣ. — Кого вы видите въ церкви святаго Михаила? — Я вижу прелестную молодую княжну Марію Іоанновну Б. съ ея благочестивою подругою, баронессою Александрою Николаевною В. — Видите ли вы тамъ и Марѳина брата и Александрину цѣломудренную дочь? — Я вижу сію, а не вижу того. — Видите ли вы добродѣтельную дочь той благочестивой матери? — Я вижу обѣихъ. — У кого зятнина лошадь? — У Ѳёдора Ѳёдоровича Баранова.

Задача 75.

На кого вы надѣетесь? — Я надѣюсь на Бога и на святую Богородицу. — Вы не должны смѣяться, это весьма неприлично. — Я смѣюсь только потому что то, что вы говорите весьма смѣшно. — Это неправда, вы смѣётесь потому, что любите шалить. — Вы ошибаетесь, я никогда не шалю. — Хорошо ли учитъ вашихъ дѣтей учитель? — Онъ очень хорошо учитъ, но и мои дѣти не дурно учатся. — Кто эта прелестная дѣвица? — Это Пашенька, дочь того богатаго золотыхъ дѣлъ мастера, котораго вы знаете. — Русскій ли онъ? — Нѣтъ, онъ сибирякъ. — Чья это карета? — Это дядина карета. — Братнинъ ли это зонтикъ? — Нѣтъ, это не братнинъ, а учителевъ зонтикъ. — Берегите своихъ дѣтей, они много шалятъ. — Это ничего, это пройдётъ съ годами. — Съ кѣмъ пошёлъ вашъ братъ на рынокъ? — Онъ пошёлъ туда съ своимъ своякомъ и своею свояченицею. — Много ли у васъ родственниковъ? — У меня много родственниковъ, а ещё болѣе родственницъ. — Кого видѣли вы вчера въ лѣсу? — Я видѣлъ волка и волчицу. — Видѣли вы также льва или львицу? — Нѣтъ, я льва не видѣлъ, ибо у насъ въ Европѣ нѣтъ ни львовъ ни львицъ, они только въ Азіи и въ Африкѣ. — Любите ли вы путешествовать? — Я путешествовать весьма люблю, и потому путешествую почти цѣлый годъ. — Гдѣ путешествовали вы въ прошлый годъ? — Я былъ въ Римѣ. — Были вы тоже въ Швейцаріи? — Нѣтъ, въ Швейцаріи я никогда не былъ, но знаю много швейцарцевъ. — Кто пашетъ тамъ въ полѣ. — Это мой сосѣдъ, трудолюбивый крестьянинъ. — Оралъ ли онъ уже своё поле? — Нѣтъ, онъ не оралъ ещё своего поля, ибо прежде онъ пашетъ, потомъ оретъ, и наконецъ сѣетъ.

Задача 76.

Хотите ли вы купить тотъ домъ съ садомъ? — Нѣтъ, домъ прекрасенъ и высокъ, но садъ малъ. — Хотите ли вы ѣхать верхомъ въ тотъ бѣлый замокъ въ лѣсу? — Я не хочу ѣхать туда верхомъ, но хочу ѣхать въ каретѣ, и замокъ не бѣлъ, а жёлтъ; это замокъ графа. — Каковы комнаты въ томъ замкѣ? — Онѣ велики и опрятны, столы и стулья изъ краснаго дерева, которое очень хорошо, но и очень дорого.

— Ковы́ здáнія его сосе́да, князя Андрея Апдреевича?— Они́ только мáлы, ни́зки и худы́ стекло́ въ окнáхъ ни бѣ́ло, ни чи́сто, и конюшни не такъ опря́тны, какъ гра́фовы конюшни. — Можете ли вы идти́ на бли́зкое дя́дино по́ле? — По́ле не бли́зко, но далеко́. — Хо́четъ ли крестья́нинъ сѣя́ть на нёмъ овёсъ или ячме́нь? — Ни овёсъ ни ячме́нень, но лёнъ и конопель. — Счастли́ва ли княги́ня? — Она́ о́чень счастли́ва? — Князь о́чень любе́зенъ и у нея́ хра́брые сыновья́ и прекра́сныя до́чери. — Также у нея́ англійскія каре́ты, кото́рыя о́чень великолѣ́пны, шесть лошаде́й, кото́рыя о́чень рѣзвы́ и одна́ подру́га, кото́рая и́стина и вѣ́рна. — До́брый ли учи́тель у ва́шихъ сынове́й? — Учи́тель мои́хъ сынове́й до́бръ и приле́женъ, но онъ не о́чень стро́гъ и мои́ сыновья́ невнима́тельны и лѣни́вы. — Свѣ́жъ ли хлѣбъ, кото́рый у ста́раго на́шего бу́лочника? — Его́ хлѣбъ не свѣ́жъ и сли́шкомъ ки́селъ. — Бѣ́лый хлѣбъ не такъ бѣлъ, какъ хлѣбъ его́ сосѣ́да, и ржано́й хлѣбъ чёрствъ и сли́шкомъ чёрепъ. — Како́въ са́харъ у но́ваго ва́шего купца́? — Онъ хоро́шъ и дёшевъ; у него́ и голла́ндскій сыръ, кото́рый худъ и до́рогъ. — Мо́жетъ ли купе́цъ прода́ть намъ также пе́рецъ и молоко́? — Пе́рецъ мо́жете вы купи́ть у него́, но молока́ у него́ нѣтъ. — Чего у него́ нѣтъ? — У него́ нѣтъ ни молока́ ни сли́вокъ.

Зада́ча 77.

Теплы́ ли твои́ ко́мнаты? — Одна́ тепла́, а друга́я о́чень холодна́; но о́бѣ высо́ки и свѣ́тлы и въ обѣ́ихъ во́здухъ свѣ́жъ и хоро́шъ. — Бо́ленъ ли ещё вашъ бра́тецъ? — Нѣтъ, су́дарь, онъ уже́ здоро́въ и ве́селъ, но бѣ́дный мой другъ Ива́нъ Ива́повичъ о́чень бо́ленъ, да и его́ сестра́ ещё о́чень слаба́. — Кто его́ сестра́? — Молода́я и краси́вая Ка́тинька. — Что хо́четъ дѣ́лать Ка́тинька? — Хо́четъ ли она́ рабо́тать, чита́ть или писа́ть? — Нѣтъ, она́ хо́четъ только бѣ́гать, пры́гать и танцова́ть. — Каки́я кни́ги у ва́шего ученика́? — У него́ англійскія и францу́зскія кни́ги; тѣ хороши́ и поле́зны, а сіи худы и безполезны. — Видите ли вы мужа съ жеребятами на конной? — Я ихъ вижу; жеребята молоды и сильны, а не дёшевы. — Дёшевы ли быки? — Быки очень дёшевы, а мясо дорого. — Овёсъ каковъ? — Онъ великъ и дёшевъ, но сено дурно и у беднаго крестьянина нетъ другаго сена въ въ своёмъ сарае. — Опытенъ и прилеженъ ли крестьянинъ? — Да; онъ опытенъ, благочестивъ и прилеженъ; но онъ очень беденъ, его жена слаба и больна, сынъ его золъ и резовъ и дочь его ленива. — Тепла ли уже печь въ моей комнате? — Нетъ, сударь, печь ещё холодна. — Воздухъ каковъ? — Воздухъ ни чистъ, ни здоровъ. — Какова постель. — Постель бела и опрятна. — Есть ли у васъ немного хорошихъ сливокъ? — У меня довольно сливокъ, но оне не свежи и уже кислы. — Очень трудолюбивы ли мещане Новагорода? — Есть много прилежныхъ и богатыхъ мещанъ въ Новегороде. — Всё ли ещё вашъ братецъ въ Цареграде? — Нетъ; его тамъ ужъ нетъ.

Задача 78.

Куда идёте вы съ новымъ своимъ пріятелемъ? — Я иду съ нимъ въ тотъ великолепный храмъ; храмъ древенъ. — Древни ли и картины? — Нетъ, картины новы. — Искусенъ ли живописецъ? — Онъ очень искусенъ и очень скроменъ. — Каково лезвеё перочиннаго вашего ножика? — Оно остро, но лезвеё другаго моего ножа тупо. — Есть ли у тебя тёплая вода въ томъ горшке? — Вода, которая здесь у меня, не тепла; она ещё холодна. — Откровененъ ли ты? — Я откровененъ, но вы слишкомъ строги. — Мой чай горекъ. — Хотелъ ли ты сладкаго чаю? — Да, сударь. — Мне нельзя было дать тебе сладкаго чаю, у меня нетъ ни сахару ни мёду. — Какая тетрадь у тебя? — Тетрадь, которая у меня, опрятна и хороша, но тетрадь лениваго моего товарища ни опрятна ни полезна. — Есть ли у мальчика тамъ на лугу ворона или воронъ? — У него ни ворона, ни вороны нетъ; птица у него ни черна, ни сера, а голуба. — Что хотели вы сказать? — Я хотелъ сказать, что моя мать хочетъ кушать кусокъ тетерева. — Кто хочетъ кушать? — Моя добрая, старая мать Елизавета.—Новый твой мастеръ каковъ? —Мой новый мастеръ кротокъ и добръ; но мастерица дурна и зла.— Не бѣла ли бумага твоего сосѣда? — Нѣтъ, она голуба, а моя бѣла. — Остры ли ваши ножницы? — Онѣ тупы; но ножницы портнихи остры. — Нѣтъ ли у васъ другой вилки?—Сія тупа. — У меня нѣтъ другой вилки, которая остра. — Не новы ли серебряные ваши шандалы? — Нѣтъ, они уже стары; но дядины шандалы новы. — Изъ серебра ли или изъ олова они?—Они только изъ англійскаго олова. — Видите ли вы голландца съ его львомъ? — Я его вижу; этотъ человѣкъ очень дерзокъ, но и лукавъ и проворенъ. — Каковъ лёдъ? — Онъ ещё силёнъ на лугахъ, но наши сани худы. — Хороша ли ещё дорога? — Она ужъ не хороша; мало снѣгу и уже много воды подъ снѣгомъ; сани велики, лошади слабы и бремя на саняхъ слишкомъ тяжко. — Не сильны ли собаки? — У насъ только одна собака и она мала и слаба. — Сколько собакъ у вашего сосѣда? — У него ни одной собаки нѣтъ; но у него большой чёрный котъ и двѣ кошки, которыя очень хитры и очень полезны въ его погребы, гдѣ много мышей.

Задача 79.

Какіе цвѣты цвѣтутъ въ вашемъ саду? — Въ нашемъ саду цвѣты ещё не цвѣтутъ, но они скоро будутъ цвѣсти, — Какія цвѣта предпочитаете вы? — Я всѣмъ другимъ цвѣтамъ предпочитаю голубой. — Много ли цвѣтовъ въ саду губернатора? — Нѣтъ, не много, тамъ только розаны, незабудки, фіалки, астры, левкои, лиліи, гвоздики и нѣсколько другихъ цвѣтовъ. — Что несёте вы? — Я несу трость, которую мнѣ подарилъ мой пріятель. — Принесите мнѣ, половой, стаканъ вина! — Слушаю, какого вина прикажете вы? — Какія у васъ вины?—У насъ всякія есть вины. — Такъ принесите мнѣ стаканъ бургундскаго! — Несите этотъ цвѣтокъ въ садъ! — Слушаю, сударь. — Какія платья носятъ обыкнове́нно кита́йцы? — Они́ обыкнове́нно но́сятъ широ́кія пла́тья. — Хоро́шій ли у васъ сосѣ́дъ? — Нашъ сосѣ́дъ предо́брый человѣ́къ и большо́й хлѣбосо́лъ. — Съ кѣмъ говори́лъ молодо́й дворяни́нъ? — Онъ говори́лъ съ пріятельницею нашего до́браго баро́на. — Здра́вствуйте, су́дарь, гдѣ вы такъ до́лго бы́ли? — Я былъ до́ма, но мнѣ нельзя́ съ вами говори́ть, у меня́ нѣтъ вре́мени. — Проща́йте, до свида́нья! — До свида́нья, любе́зный другъ, до ско́раго свида́нья! — Хоти́те ли вы поку́шать ры́бы? — Поко́рно благодарю́, я не ѣмъ ры́бы. — У насъ есть и ра́ки. — Если у васъ есть ра́ки, такъ я попрошу́ ихъ нѣ́сколько, я большо́й охо́тникъ до нихъ. — Съ кѣмъ говори́ли вы? — Я говори́лъ съ свои́мъ зя́темъ и со свое́ю снохо́ю.

Зада́ча 80.

Ви́дѣли ли вы прекра́сную, великолѣ́пную Москву́? — Нѣтъ, я былъ не въ прекра́сномъ го́родѣ Москвѣ́, но былъ въ стари́нномъ го́родѣ Новѣгоро́дѣ. — Бы́ли ли дре́внія Аѳи́ны бога́ты? — Я могу́ сказа́ть, что дре́вній го́родъ Аѳи́ны былъ вели́къ и бога́тъ; но но́выя Аѳи́ны малы́ и бѣ́дны. — Гдѣ бы́ли Ли́занька и Да́шенька съ бѣ́дной, большо́й соба́чкой? — Онѣ́ бы́ли въ тёплой ко́мнатѣ. — Бы́ли ли у васъ моя́ чи́стая песо́чница и черни́льница? — У меня́ бы́ли о́бѣ, но ни та, ни друга́я не были́ чи́сты. — Были́ ли черни́ла въ черни́льницѣ? — Да, но черни́ла бы́ли сли́шкомъ блѣ́дны. — У кого́ бы́ли Петро́вы оловя́нныя ло́жка и таре́лка? — Ло́жка его́ была́ у Па́вла Па́вловича, но у него́ нé-было его́ таре́лки. — Ви́дишь ли ты на томъ столѣ́ но́вый стекля́нныя черни́льницу и песо́чницу, прекра́сную печа́ть, кра́сный и чёрный сургучи́, бѣлыя, жёлтыя и си́нія обла́тки полотня́ныя ска́терть и салфе́тку? — Кто хотѣ́лъ дать вамъ прекра́сную но́вую салфе́тку? — Вѣ́рный слуга́ моего́ до́браго пріятеля, Александра Ильича́. — Кто хотѣ́лъ имѣ́ть соль? — Ста́рый по́варъ молода́го купца́. — Заче́мъ? — Онъ хотѣ́лъ вари́ть мя́со. — Не хотѣ́лъ ли онъ та́кже жа́рить что нибу́дь? — Да, су́дарь, онъ хотѣ́лъ жа́рить три дрозда́, одного́ за́йца и кусо́къ козлика. — Ви́дишь ли ты столъ?—Да, сударь, но я не вижу ни хлѣба, ни соли, ни уксусу, ни перцу, ни ножа, ни вилки на столѣ. — Прилѣжная ученица любитъ читать и писать. — Кто любитъ читать и писать? — Прилѣжная ученица. — Любитъ ли она также играть? — Она любитъ или работать или танцовать, прыгать или играть.

Задача 81.

Что любишь ты, мой другъ? — Я люблю ѣздить верхомъ. — Кто боленъ въ этомъ дому? — Либо отецъ, либо сынъ боленъ. — Здоровы ли братъ и сестра? — Ни братъ, ни сестра не здоровы. — Было ли у васъ много братьевъ и сестёръ? — У меня были два брата, а только одна сестра. — Были ли у нашего сосѣда хорошіе глиняные горшки и тарѣлки? — У него были тѣ и другіе; у него же были хорошіе и дешёвые перчатки и чулки. — Чей этотъ серебряный шандалъ? — Это дочеринъ шандалъ. — Какой дочери? — Маленькой Лизаньки. — Были ли у моего слуги чёрная или бѣлая шляпа моя, и кожаныя или шёлковыя мои перчатки? — У него были чёрная и бѣлая твои шляпы, а кожаныя свои перчатки. — Куда идутъ мой слуга и невѣста его? — Они идутъ въ храмъ Господній. — Было ли у его невѣсты что новое? — У неё были новые платье и платокъ, а старые гребень и шапка, которая не была мыта. — Каково было ея бѣльё? — Оно было очень чисто и опрятно. — Кто хотѣлъ мыть бѣльё? — Болтливая прачка. — Что любятъ прачки? — Говорить, а не работать.—Какія прачки?— Не эти, а тѣ.

Задача 82.

Какой цвѣтъ у этого платья? — Это платье желто. — Люты ли львицы? — Онѣ очень люты, когда отнимаютъ у нихъ ихъ львятъ. — У кого совѣсть чиста, тотъ счастливъ. — Почему вашъ сынокъ такъ малъ? — Вася ещё малъ потому, что онъ очень молодъ. — Кто взялъ моё стальное перо? — Либо учитель взялъ его, либо его ученикъ. — Скоро ли будемъ обѣдать?—На столъ уже накрыто, вотъ скатерть, вотъ вилки, ножи салфётки, стаканы и рюмки. — Но нѣтъ ещё ни перцу, ни соли, ни горчицы. — Лакей вѣроятно ещё не успѣлъ принести ихъ, но вотъ идётъ онъ самъ и несётъ уксусъ и масло. — Принесите мнѣ чернильницу, я хочу писать! — Вотъ она, что вамъ ещё нужно? — Не нужны ли вамъ облатки?—Нѣтъ; облатокъ мнѣ не нужно, я всегда печатаю сургучёмъ, а онъ у меня съ собою, также и печать, но зажгите, пожалуйста, мнѣ этотъ восковой огарокъ. — Вотъ онъ, я его зажёгъ. — А! вы его зажгли? — Такъ покорно благодарю, мнѣ ничего болѣе не нужно. — Какова погода? —Погода не хороша, громъ гремитъ, молнія блещетъ и идётъ проливной дождь. — Развѣ сильная гроза на дворѣ? — Да; гроза очень сильна. — Теперь небо, кажется, ясно?—Нѣтъ, ещё ходятъ по нёмъ густыя облака. — Но дождь теперь болѣе не силёнъ? — Нѣтъ, онъ почти уже прошёлъ. — Гдѣ ваша служанка? — Она пошла въ поле за козою.

Задача 83.

Гдѣ были вы вчера? — Я былъ въ Кіевѣ. — Былъ ли вашъ братъ съ вами? — Нѣтъ, онъ былъ здѣсь съ батюшкою. — Танцовала ли твоя сестра вчера на балу прекрасной графини Августы Ивановны? — Нѣтъ, она не танцовала, но ея зять танцовалъ. — Много ли у ней зятей? — У ней ихъ пять. — Были ли эти зятья у почтенной графини? — Они были не у графини, но у графа. — Ваши ли перчатки я взялъ или свои?—Вы взяли свои, но мои взяла моя сестра. — Что вы видѣли въ Бреславлѣ? — Я видѣлъ тамъ много прекрасныхъ домовъ, но мало большихъ садовъ. — Какая погода тамъ была у васъ?—Третьяго дня тамъ было очень холодно, а вчера тепло.—Какова дорога?—Дорога очень дурна. —Очень ли жарко на дворѣ?—Нѣтъ, идётъ дождь, градъ и снѣгъ.—Сѣяли ли уже прилежные крестьяне овёсъ? — Нѣтъ, они только пахали свои поля. — Когда пахалъ этотъ крестьянинъ? — Вчера и сегодня. — Каковы ваши луга? — Они о́чень хоро́ши. — Жи́рны ли ва́ши стада́? — Они́ бы́ли о́чень жи́рны, но уже́ не жи́рны; быки́ о́чень худы́, и о́вцы не здоро́вы. — Бы́лъ ли пасту́хъ невнима́теленъ? — Онъ былъ вѣренъ и внима́теленъ, но у насъ была́ сли́шкомъ дурна́я пого́да. — Кто описа́лъ Алжи́ръ? — Тотъ францу́зъ и э́тотъ поля́къ, кото́рыхъ зналъ твой оте́цъ, описа́ли его́. — Куда́ они́ иду́тъ? — Они́ иду́тъ домо́й. — Чья кни́га была́ у твои́хъ това́рищей? — У нихъ была́ моя́ но́вая кни́га. — Кото́рое перо́ бы́ло у твоего́ сосѣ́да, и кото́рое у тебя́? — Мой сосѣ́дъ взялъ то перо́, кото́рое ты ви́дишь здѣсь, и я взялъ его́ перо́. — Кто писа́лъ его́ перо́мъ? — Его́ сестра́. — Кто стира́лъ моё бѣльё? — Никто́ не стира́лъ ни ва́шего ни моего́ бѣлья́. — Взяли́ ли слу́ги на́ши стака́ны? — Они́ не взя́ли ва́шихъ стака́новъ, но взя́ли стака́ны ва́шихъ кумовьёвъ. — Прилѣ́жно ли ты рабо́тала вчера́, дочь моя́? — Нѣтъ, любе́зный оте́цъ, вчера́ я не была́ прилѣ́жна, но сего́дня я бу́ду прилѣ́жною дѣ́вочкою. — Како́е гнѣздо́ бы́ло у злыхъ ма́льчиковъ? — У нихъ бы́ло гнѣздо́ съ тремя́ молоды́ми воробья́ми. — Что ви́дятъ егеря́ въ лѣсу́? — Они́ ви́дятъ тѣхъ де́рзкихъ борово́въ и е́геря подъ высо́кою со́сною. — Како́й вѣне́цъ былъ у преле́стной невѣ́сты въ це́ркви? — У нея́ былъ вѣне́цъ изъ свѣ́жихъ цвѣто́въ. — Была́ ли она́ о́чень весела́ и счастли́ва? — Она́ была́ о́чень блѣдна́ и о́чень несча́стна.

Зада́ча 84.

Какова́ пого́да на дворѣ́? — Идётъ снѣгъ и гололе́дица. — Вы сего́дня блѣдны́; ра́звѣ вы больны́? — Нѣтъ, я не бо́ленъ, но я не чу́вствую себя́ соверше́нно хорошо́. — Какъ вы чу́вствовали себя́ вчера́? — Я чу́вствовалъ себя́ мно́го лу́чше, не́жели сего́дня. — Си́льный ли сего́дня хо́лодъ? — Нѣтъ, хо́лодъ не силёнъ, идётъ и́зморозь. — Но пого́да о́чень непрія́тна. — Гдѣ ва́ша куха́рка? — Она́ пошла́ къ бу́лочнику за дрожжа́ми. — Идёте ли вы пѣшко́мъ на желѣ́зную доро́гу? — Нѣтъ, я не охо́тникъ ходи́ть пѣшко́мъ, я пое́ду и посла́лъ за дро́жками. — Вари́лъ ли вамъ по́варъ сего́дня ку́шанья?

— Да, онъ мнѣ сварилъ отличный супъ и превкусную говядину. — Но онъ вамъ не жарилъ никакого жаркаго? — Онъ мнѣ сжарилъ жирнаго индюка, котораго я у обѣда хочу кушать съ салатомъ. — Сколько у васъ лошадей? — У меня только пара, но лошади отличны и дороги. — Кто эта женщина? — Эта женщина стираетъ мнѣ бѣлье и моетъ мнѣ полы. — Чей это столикъ? — Это столикъ моего брата. — Кто это милое дитя, которое играетъ въ мячъ? — Это сынъ богатаго банкира. — Гдѣ вашъ дѣдушка? — Онъ въ Парижѣ.

Задача 85.

Гдѣ были вы вчера со своею сестрицею и съ ея прелестною пріятельницею, Луизою Васильевною Н.? — Мы были на балу баронессы Лукерьи (Лукреціи) Николаевны В. — Много ли гостей танцовало тамъ? — Только немного гостей танцовало на этомъ балу. — Былъ ли баронъ дома? — Его небыло дома; онъ въ далёкой Москвѣ у большой своей тёщи. — Говорили ли вы вчера вечеромъ съ многими зрителями? — Я не видѣлъ зрителей, а только зрительницъ. — Была ли почтенная ваша учительница съ вами въ театрѣ? — Ея тамъ небыло; но мужъ ея тамъ былъ со мною; ей было слишкомъ жарко, а мнѣ было холодно. — Ѣхали ли вы верхомъ по лѣтнему пути? — Я не ѣхалъ верхомъ, но ѣхалъ въ каретѣ, дорога была слишкомъ пыльна. — У насъ была прекрасная, лёгкая карета и быстрая четверня; но у кареты небыло оконъ. — Былъ ли зимній путь очень грязенъ? — Нѣтъ, онъ былъ чрезвычайно сухъ, но холодъ былъ несносенъ и наши мѣха не были довольно теплы. — Какова погода въ Царѣградѣ? — Тамъ лѣтомъ знойно и очень пыльно, а зимою холодно, но сухо, весною умѣрено, но грязно, осенью не холодно, но очень сыро. — Съ кѣмъ работали вы вчера? — Не вчера, а сегодня я работалъ съ своею милою родственницею. — Съ кѣмъ идётъ она вечеромъ домой? — Со мною и моей молодой и красивой сестрою. — Кто бѣжалъ въ садъ? — Мой братъ Александръ. — Сколько дѣтей было у твоей сосѣдки, мельничихи? — У нея было шесть детей. — Небыло ли у ней только три мальчика и три девочки? — У нея только было шесть девочек, а ни одного мальчика. — Кто читал новую немецкую книгу? — У ней не много читателей; но много читательниц говорили со мною об ней. — Не видите ли вы коварных мальчиков на зелёном лугу? — Я их вижу; что у них? — У них множество щенков и бедных птиц.

Задача 86.

Какова страна, в которой вы были это лето с остроумными французами и француженками? — Она прелестна. — Вы там видите большие леса с высокими старыми соснами, жирныя поля, великие зелёные луга со свежими травами и со многими цветами, там же видите вы только здоровых людей, мужчин и женщин, стариков и детей, а не одного бледнаго, больнаго лица. — Много ли кушали молодые греки которые были с нами на корабле? — Нет, сударь, они мало кушали, но много пили. — Пили ли красивыя гречанки также много? — Они ни кушали и ни пили, ни говорили. — Были ли море и погода тихи и приятны? — Днём воздух был зноен и неспосен; ночью было холодно и сыро — Море небыло тихо; было немного ветрено. — Летние дни в этих странах чрезвычайно знойны, а долгия зимния ночи столькоже холодны.

Задача 87.

Когда погиб корабль, на котором был ваш брат? — Тому уже несколько лет. — Здравствуйте, любезный друг, каково ваше здоровье? — А, здравствуйте, как поживаете вы? — Я чрезвычайно рад, что вижу вас, давно ли вы у нас в Вюрцбурге? — Вот уже три дня, что я здесь. — Какова сегодня погода? — Сегодня чрезвычайно знойно и душно. — Откуда идёт это милое дитя? — Оно идёт из школы: — Ветрено ли сегодня? — Нет, сегодня не ветрено, но вчера было чрезвычайно вѣтрено. — Кто потерялъ эту иголочку? — Вѣроятно швея потеряла её. — Посмотрите на́-поле, видите вы тамъ ми́лаго зайчика? — Да, я его вижу. — Какое это пёрышко? — Это пёрышко изъ пеньковъ орлика. — Какая лошадь скачетъ тамъ по дорогѣ? — Она не скачетъ, она идётъ рысью. — Пахалъ ли крестьянинъ уже своё поле? — Онъ его уже пахалъ и боронилъ, теперь онъ сѣетъ. — Какія хлѣба сѣетъ онъ? — Онъ сѣетъ рожь, пшеницу и овёсъ. — Съ кѣмъ говорили вы сегодня поутру? — Я говорилъ съ пріятелемъ своимъ, армяниномъ. — Были ли вы и въ Арменіи? — Да, я много путешествовалъ и во время своихъ путешествій былъ и въ Арменіи. — Куда ведёте вы своего сынка? — Я веду его въ школу, куда я его вожу каждый день. — Видѣли ли вы въ темницѣ упорнаго злодѣя, у котораго кандалы на рукахъ и на ногахъ? — Я видѣлъ его, но теперь онъ не упоренъ, но сокрушёнъ горемъ и несчастьемъ, теперь онъ болѣе не злодѣй, а только несчастный.

Задача 88.

Всѣ ли юноши скромны и всѣ старики мудры? — Не всѣ юноши такъ скромны, какъ молодые грекъ и русскій, которые были вчера у милой нашей сестры, а много юношей умнѣе старыхъ глупцовъ. — Гдѣ всѣ наши ученики и ученицы? — Наши ученицы всѣ въ саду, а одни наши ученики въ лѣсу и другіе на лугу. — Такъ ли тепло сегодня, какъ было вчера? — Вчера было теплѣе, нежели третьяго дня и сегодня. — Мы были вчера въ новомъ дому стараго своего дяди; онъ гораздо больше и великолѣпнѣе стараго его дома. — Чей домъ прекраснѣе всѣхъ? — Графовъ домъ, который вы видите въ той широкой улицѣ, прекраснѣе всѣхъ. — Ничего нѣтъ прекраснѣе высокихъ его оконъ, у которыхъ очень бѣлое и чистое стекло. — Такъ ли хорошо стекло этого зеркала? — Оно гораздо лучше и бѣлѣе. — Богаче ли своего сосѣда купецъ, у котораго прекрасныя фарфоровыя блюда и тарелки? — Онъ не такъ богатъ, какъ тотъ.

— Чья дочь прекраснѣе всѣхъ? — Дочь нашего учителя прекраснѣе всѣхъ. — Красивѣе ли она дочери русскаго графа? — Она не такъ красива, но она проще и прелестнѣе этой. — Всѣ ли дѣвицы такъ прелестны и любезны, какъ твоя сестра? — Моя сестра очень любезная дѣвочка; но ея подруга прелестнѣе, и любезнѣе, а ея учительница прелестнѣе всѣхъ. — Такъ ли великъ левъ какъ слонъ? — Всѣ слоны больше львовъ; а слонъ богатаго индѣйца, который на томъ кораблѣ, больше всѣхъ. — Которая лошадь больше, ваша или лошадь ревельца? — Моя больше, нежели его лошадь; она и красивѣе и дороже. — Не было ли у васъ сукна, которое было бы нѣсколько толще сего? — Это сукно гораздо толще другаго. — Такъ ли гориста Франція какъ Швейцарія? — Швейцарія гораздо гористѣе, но гораздо меньше Франціи. — Которая страна въ Европѣ гористѣе всѣхъ? — Швейцарія гористѣе всѣхъ. — Такъ ли велика Франція какъ Россія? — Франція гораздо меньше Россіи, ибо Россія гораздо больше всей Европы; Россія также гораздо богаче другихъ странъ, ибо въ гористой Сибири есть болѣе золота и серебра, нежели во всей Европѣ. — Которая улица шире, эта или та? — Та не такъ широка, но свѣтлѣе, ибо дома ниже. — Ближе ли лѣсъ или городъ? — Лѣсъ дальше города, но дорога не грязна и очень пріятна. — Были ли вы въ замкѣ позже шести гренадеръ съ дикимъ мальчикомъ? — Я тамъ былъ прежде ихъ. — Мальчикъ не дичѣе другихъ дѣтей, но онъ гораздо хитрѣе сыновей европейцевъ и азіятцевъ. — Кто нѣжнѣе матери и кто добрѣе отца? — Никто не такъ нѣженъ и не такъ добръ. — Гдѣ зима дольше и жесточе всѣхъ? — Въ нѣсколькихъ странахъ Сибири зимы дольше и жесточе, нежели у насъ. — Тамъ снѣгъ всѣхъ глубже и ледъ толще. — Краше ли эта дѣвица того юноши? — Лицѐ юноши красивѣе и цвѣтъ его свѣжѣе, но не такъ прекрасно какъ лицѐ блѣдной дѣвицы.

Задача 89.

Куда хочешь ты идти? — На-поле и въ лѣсъ. — Зачѣмъ не въ садъ? — Лѣсъ ближе. — Который учитель остроумнѣе, этотъ или тотъ? — Я того не знаю. — Любишь ты больше лѣто или весну? — Я люблю больше лѣто, нежели весну, ибо лѣтомъ теплѣе. — На дворѣ чрезвычайно душно. — Вы хотите сказать, что нестерпимо знойно и пыльно.—Давича шла жена трудолюбиваго мѣщанина къ богатому купцу. — Я видѣлъ не только жену мѣщанина, но и сестрицу князя. — Кто лучше, жена мѣщанина или сестрица князя? — Обѣ не только добры и милосерды, но и разумны и просты.—Кто прилѣженъ, кузнецъ или портной? — Ни тотъ ни другой не прилѣжны, но портной богаче кузнеца. — Онъ не только богаче, но и милосердѣе. — Хочешь ли ты кушать теперь или позже? — Я не хочу кушать теперь, ибо я кушалъ давича. — Кто злѣе, Боринька или Ваня? — Ни тотъ ни другой: они не злы, а только лѣнивы.

Задача 90.

Довольны ли вы учителемъ своихъ дѣтей?—Я имъ очень доволенъ, но находжу, что онъ слишкомъ кротокъ. — Глубока ли рѣка Волга? — Она не ровна, иныя мѣста глубоки, а другія глубже. — Кто ловчѣе: старшій вашъ сынъ или младшій? — Младшій сынъ много ловчѣе старшаго. — Погасла ли ваша свѣчь? — Да, она погасла. — Такъ ли высокъ куполъ Исакіевскаго Собора, какъ башня Страсбургскаго? — Башня Страсбургскаго Собора много выше.—Хотите ли вы осенью поѣхать въ С.-Петербургъ? — Нѣтъ, я дождусь зимы, чтобъ поѣхать по зимнему пути.—Какая погода вамъ болѣе всего нравится? — Мнѣ всего болѣе нравится весенняя погода. — Чувствуете ли вы сегодня боль въ зубахъ? — Нѣтъ, я болѣе не чувствую боли. — Были ли вы вчера на балу? — Да, я былъ на балу и много тамъ танцовалъ.—Съ кѣмъ танцовали вы? — Я танцовалъ съ прелестною графинею О. — Что сказалъ вамъ молодой человѣкъ? — Онъ сказалъ мнѣ, что придётъ завтра ко мнѣ. — Читали ли вы уже новую книгу, которая вышла у вашего издателя? — Нѣтъ, я её ещё не читалъ. — Хорошо ли въ этой комнатѣ? — Нѣтъ, здѣсь сыро и па-

смурно. — Кушайте болѣе мяса и пейте болѣе пива; это вамъ
очень здорово. — Нѣтъ, я ни мяса ни пива не люблю. —
Мыта ли уже эта ложка? — Нѣтъ, ложка ещё по мыта, но
стаканъ и рюмка уже выполосканы.—Что каплетъ съ крыши?
— Это дождь. — Много ли льду ещё на рѣкѣ? — Его ещё
тамъ очень много. — Любите вы ѣздить по зимнему пути?
— Я очень люблю ѣздить по зимнему пути.

Задача 91.

Кто былъ всегда щедрѣе, богатый мужъ или бѣдный его
сосѣдъ? — Этотъ былъ всегда щедрѣе, ибо богатѣйшій человѣкъ часто скупѣе бѣднѣйшаго нищаго. — Что лучше, добродѣтель или красота?—Добродѣтель, драгоцѣннѣе калифорнскаго золота, высшее благо нежели красота, и благонравнѣйшій человѣкъ любезнѣе благообразнѣйшаго. — Которая страсть вреднѣе всѣхъ? — Вреднѣйшая страсть игра, и нижайшій порокъ зависть. — Куда идете вы? — Я иду къ искуснѣйшему и опытнѣйшему лѣкарю, ибо здоровье сокровище, дороже золота. — Да, другъ мой! Здоровье и покойная совѣсть самыя высшія блага. — Видите ли вы того юношу, котораго почитаютъ всѣ его друзья?—Кого почитаете вы?—Я почитаю того прилежнѣйшаго юношу, который всегда и вездѣ имѣетъ болѣе друзей, нежели его нескромнѣйшіе товарищи.—Всегда ли внимаютъ эти товарищи тому, что говоритъ имъ знаменитый и красивый учитель?—Нѣтъ, сударь, ибо они грубѣе тѣхъ мужичищъ. — Что коварнѣе и нечестивѣе всего? — Ничего нѣтъ коварнѣе и нечестивѣе клеветы.—Которые носовые платки дешевле? — Шёлковые платки дешевле бумажныхъ, но дешевѣйшіе товары не всегда лучшіе. — Нѣтъ ли у васъ шляпъ дешевле этихъ?—У насъ есть дешевле, но онѣ не только грубѣе, но и тоньше. — Нѣтъ ли у васъ сыру старше сего?
— У меня его нѣтъ, ибо я свѣжій сыръ, который такъ сладокъ, какъ парное молоко, предпочитаю старому, который хуже и горче. — Что вы предпочитаете? — Свѣжій сыръ старому. — Зачѣмъ? — Потому что онъ слаще и лучше. —

Которое время года пріятнѣе всѣхъ? — Весна самое пріятное, а лѣто самое жаркое время года. — Холоднѣе ли сегодня, нежели вчера? — Мнѣ вчера небыло холодно, а сегодня мнѣ теплѣе, нежели вчера и третьяго дня. — Выше ли это дерево нежели та церковъ? — Нѣтъ; самое высшее дерево не такъ высоко, какъ эта церковъ. — Самая ли старая эта церковъ въ нашемъ городѣ? — Нѣтъ, у насъ ещё церковь старше этой; но самое старѣйшее строеніе замокъ. — Какіе друзья полезнѣе всѣхъ? — Нѣтъ ничего полезнѣе хорошей книги; она лучшій, вѣрнѣйшій и искреннѣйшій нашъ другъ и остроумнѣйшій нашъ товарищъ. — Самый вѣрный другъ не такъ истиненъ, какъ моя библія и самые умные товарищи меньше остроумны и мудры басенъ славнаго нашего Крылова. — Кто знаменитѣе, Крыловъ или Крезъ? — Крыловъ знаменитѣе у насъ, но Крезъ былъ богаче. — Кто прекраснѣе, эта турчанка или та гречанка? — Ни та ни другая не прекрасны, но турчанка моложе гречанки.

Задача 92.

Кто клевалъ вишни въ вашемъ саду? — Воробьи ихъ клевали. — Много ли воробьёвъ въ вашемъ саду? — Ихъ въ нёмъ очень много. — Что вы мнѣ совѣтуете? — Я вамъ совѣтую чаще брать уроки, а то вы никогда не выучитесь по русски. — Кто куётъ желѣзо? — Кузнецъ, куётъ его. — Не плюйте въ комнату! — Это неприлично. — Гдѣ купили вы этотъ пёстрый платокъ? — Я купилъ его въ Гостинномъ Дворѣ. — Кого ведётъ молодой человѣкъ подъ рукою? — Онъ подъ рукою ведётъ свою двоюродную сестру. — Она прехорошенькая дѣвица. — Да, всѣ говорятъ это. — Кого бережётъ эта злая женщина? — Она бережётъ свою падчерицу. — Какая у васъ прожорливая собака! — Она не прожорлива, но только теперь голодна. — Гдѣ теперь вашъ лакей Фёдоръ? — Онъ на дворѣ. — Кого корите вы въ своёмъ несчастіи? — Въ своёмъ несчастіи я никого не корю, кромѣ своего брата. — Чей это кухонный ножъ? — Это поваровъ ножъ. — На кого надѣетесь вы?—Я теперь ни на кого не надѣюсь, но прежде я надѣялся на своего двоюроднаго брата.—Не шалите, дѣти! —Это очень неприлично!—Мы не шалимъ, а только играемъ. — Хорошо ли пахнетъ эта гвоздика? — Эта гвоздика вовсе не пахнетъ. — Кому несёте вы этотъ горшокъ съ розаномъ? — Я его несу своему двоюродному брату. — Несите, пожалуйста, эти деньги моему банкиру! — Слушаю, я ихъ тотчасъ ему понесу. — Но принесите мнѣ отъ него нѣсколько золота? — Долженъ ли я принести вамъ и серебра?—Нѣтъ, серебра мнѣ не нужно.

Задача 93.

Что новаго у васъ, другъ мой? — У меня красивые, новенькіе сапожки и новенькая чёрная шляпочка. — Что у вашей жёночки? — У ней шесть красненькихъ платочковъ, два бѣленькіе голубочка и красивенькія саночки, которые же узковаты. — Видите ли вы бѣленькихъ голубковъ, которые у той миленькой дѣвочки? — Я ихъ вижу; у ней и двѣ премиленькія бѣленькія мышки и одинъ живенькій козликъ. — Куда шёлъ вчера миленькій твой братецъ? — Онъ шёлъ въ нашъ садъ.—Вашъ садъ гораздо красивѣе нашего, но маловатъ.—Есть ли у вашего садовника хорошія овощи?—Нѣтъ, у него свѣжія сладенькія яблочки въ своёмъ садикѣ, да хорошія груши, которыя мягоньки, но горьконьки. — Каковъ хлѣбъ, который у вашего сыночка?—Онъ черствоватъ и кисловатъ.—Гдѣ старыя мои пожешки, душенька?—Тамъ подъ дѣдовыми красивенькими креслами изъ краснаго дерева. — Ходилъ ли слуга за моимъ бѣльёмъ? — Онъ ходилъ, но оно ещё мокровато и желтёшенько. — Каковъ новенькій домикъ, въ который вы вчера шли съ почтеннымъ своимъ батюшкою? — Весь домикъ не очень хорошъ; всѣ лѣстницы крутеньки, полы изъ мокрой глины, скольковаты и комнатки низеньки и тёмными темнёхоньки. — Былъ ли хозяинъ дома богатый человѣкъ?—Онъ небылъ бѣденъ, но былъ вѣтренъ и хозяйка была ещё вѣтренѣе его. — Они были самыми вѣтреными и лѣнивыми людьми въ нашемъ городѣ.—Здѣсь ли они ещё? — Нѣтъ, они уѣхали въ Санктъ-Петербургъ къ богатенькому своему куманьку, который добрѣе и щедрѣе всѣхъ богатыхъ людей въ этомъ мѣстѣ. — Есть ли у васъ другая лошадь? — У меня другая лошадь, которая хромовата и слѣпѣе той, которая была у меня.

Задача 94.

Куда шли вы, когда я говорилъ съ вами? — Я шёлъ домой. — Что сказалъ вамъ вашъ отецъ? — Онъ сказалъ мнѣ, что мёдъ слаще нежели сахаръ. — Этотъ крестьянинъ грубѣе того. — Видѣли ли вы новый шандалъ моего брата? — Который, оловянный или стеклянный? — Ни тотъ ни другой, но фарфоровый.—Много ли у васъ сургучу?—Нѣтъ, сударь, у меня не много сургучу, у меня менѣе нежели у васъ.—У меня также его не очень много.—Куда шла добрая женщина съ ея меньшимъ дитятею? — Она шла въ великолѣпный театръ, гдѣ она танцовала вчера. — Любите ли вы прыгать? — Я люблю болѣе бѣгать, нежели прыгать.—Кто любитъ прыгать? — Не только я, но и мой большой братъ. — Кто взялъ сургучъ? — Или молодой внимательный учитель, или молодой ученикъ. — Что ближе, великолѣпный замокъ князя Андрея или большой садъ разумнаго купца Александра Александровича Петрова? — Замокъ дальше сада. — Когда были вы въ саду? — Я былъ тамъ намедни. — Прилѣжно ли это дитя? — Прежде оно было прилѣжное дитя, но теперь оно очень лѣниво.

Задача 95.

Что кушали вы сегодня?—У насъ былъ отличный обѣдъ. — Что же имѣли вы къ обѣду? — У насъ былъ рачій супъ, говядина съ капустою и морковью, лещь, жареная дичина съ салатомъ, и пирожное. — Сыты ли вы теперь? — Да, я теперь очень сытъ.—Много ли у васъ братьевъ? — У меня три брата и двѣ сестры.—Такъ и васъ большое семейство?

— Да, довольно большое. — Дружны ли вы между собою? — Да, мы между собою очень дружны. — Много ли у васъ крыжовнику въ нынѣшнее лѣто? — Въ нынѣшнемъ году у насъ не столько крыжовнику, сколько въ прошломъ, но у насъ гораздо болѣе малины. — Кто торгуетъ здѣсь сукномъ? — Сукномъ торгуетъ богатый купецъ, который въ Гостинномъ Дворѣ. — Хорошія ли у него сукна? — Очень хорошія. — Кто самый знаменитый изъ писателей и стихотворцевъ Германіи? — Самые знаменитые поэты и писатели Германіи Гёте и Шиллеръ. — Глухъ ли этотъ господинъ? — Нѣтъ, онъ не глухъ, а только немного крѣпонекъ на-ухо. — Мягокъ ли этотъ хлѣбъ? — Да, онъ мягонькій. — Кто далъ намъ эту прекрасную незабудку? — Мнѣ дала её моя сестрица. — Смѣешь ли ты идти къ своему учителю? — Зачѣмъ мнѣ не смѣть идти къ нему? — Я не дѣлалъ ему никакого зла. — Любите ли вы ѣхать верхомъ? — Я болѣе люблю ѣхать верхомъ, нежели ѣхать въ каретѣ. — Здоровъ ли вашъ батюшка? — Нѣтъ, онъ не здоровъ, онъ весьма боленъ. — Гдѣ тетрадь ваша? — Моя тетрадь на столѣ. — Любитъ ли ваша сестрица танцовать? — Она очень любитъ танцовать.

Задача 96.

Которые пороки всѣхъ достойнѣе презрѣнія? — Зависть и надмѣнность. — Знакомъ ли съ вами тотъ человѣкъ, съ которымъ вы говорили? — Да, онъ знакомъ со мною. — Каковъ этотъ человѣкъ? — Сердце его полно смиренности и вѣрности, онъ чуждъ всякой гордости и поведеніе его достойно высочайшаго почтенія. — Были ли вѣрность и храбрость его извѣстны королю? — Очень, и король и принцъ ему всегда были весьма милостивы. — Были ли братья и родственники его тоже вѣрны и покорны монарху? — Они не-были подобны сему вѣрному слугѣ; ихъ наказаніе было соразмѣрно измѣнѣ и трусливости ихъ. — Былъ ли русскій радъ англичанамъ? — Онъ имъ былъ радъ, ибо поведеніе ихъ скромно и прилично дворянамъ. — Было ли у нихъ приличное платье? — Платья ихъ не были приличны такимъ богатымъ купцамъ; сюртуки ихъ были староваты и сапоги ихъ были пыльнёхоньки. — Пошёлъ ли русскій съ ними въ театръ? — Нѣтъ, ибо театръ былъ полонъ зрителей и болѣе небыло мѣста тамъ. — Какія книги у вашихъ ученицъ?—У нихъ только такія книги, которыя полезны молодымъ читательницамъ. — Послушны ли онѣ вамъ?—Онѣ мнѣ послушны, да ихъ прилежаніе достойно хвалы.

Задача 97.

Холодно ли сегодня?—Да, сударь, сегодня холоднѣе нежели было вчера. — О комъ говорили вы?—О старомъ, вѣрномъ слугѣ. — Что онъ дѣлалъ? — Онъ хорошо сжарилъ тетерева и кусокъ окорока, которые я кушалъ. — Вашъ поваръ лучше жаритъ, нежели нашъ; но нашъ лучше варитъ. —Бѣдному человѣку деньги, которыя онъ нашёлъ на улицѣ, очень полезны. — О которомъ бѣдномъ человѣкѣ говорите вы?—О томъ старикѣ, который идётъ тамъ безъ шляпы.— Отчего у него нѣтъ шляпы? — Шляпа для него слишкомъ дорога. — Откуда идётъ онъ? — Онъ идётъ съ рынку городка. — Кому вѣрны солдаты? — Своему милостивому государю. — Послушны ли они также ему?—Они ему также послушны, какъ и преданы.—Что взяла Соня?—Я не могу сказать этого. — Отчего? — Я не видалъ того, что она взяла.— Знаете ли вы, дома ли вашъ отецъ? — Да, онъ дома, ибо онъ только что шёлъ домой. — Сколько пудъ перцу у слѣпаго купца? — У него пять пудъ перцу и два пуда воску.

Задача 98.

Кто купилъ этотъ сыръ? — Моя кухарка купила много сыру, но я не знаю этотъ ли то сыръ или другой. — Кто ещё купилъ сыру? — Мой поваръ также купилъ сыру. — Хотите ли вы стаканъ мста?—Прошу васъ, дайте мнѣ стаканъ, если мстъ хорошъ.—Вы можете пить его; этотъ мстъ о́чень хоро́шъ. — Кто нахо́дится въ углу́? — Лѣни́вый учени́къ та́мъ нахо́дится. — Кѣ́мъ сдѣ́лана э́та рабо́та? — Она́ сдѣ́лана мно́ю. — Како́й вѣне́цъ сдѣ́лалъ золоты́хъ дѣ́лъ ма́стеръ? — Онъ сдѣ́лалъ золото́й вѣне́цъ для геро́я. — Кто былъ въ го́родѣ? — Мой двою́родный бра́тъ былъ та́мъ. — Мужья́ э́тихъ да́мъ вели́кіе мужи́ въ свое́мъ оте́чествѣ. — Вы бы́ли въ мечта́ньѣ. — Нѣтъ, э́то не мечта́нье, но тоска́ по ро́динѣ и по семе́йствѣ. — Хоро́шее ли сѣ́но у васъ? — У меня́ хоро́шее сѣ́но въ стога́хъ и хоро́шіе хлѣ́ба въ гумнѣ́. — Мно́го ли зо́лота у э́того человѣ́ка? — У него́ его́ бо́лѣе не́жели у тебя́. — У кого́ всѣ́хъ бо́лѣе де́негъ? — У того́ ста́раго ростовщика́, кото́раго вы ви́дите та́мъ на углу́ у́лицы. — Поле́зны ли францу́зскія кни́ги молоды́мъ чита́тельницамъ? — Нѣтъ, онѣ́ имъ во́все неполе́зны. — Тепло́ ли сего́дня на дворѣ́? — Нѣтъ, сего́дня не тепло́, вчера́ бы́ло мно́го теплѣ́е. — Внима́ете ли вы тому́, что говори́тъ вамъ учи́тель? — Я внима́ю тому́, и не теря́ю ни одного́ сло́ва. — Что вы́сшая добродѣ́тель? — Люби́тъ своего́ бли́жняго, да́же врага́ своего́, какъ самого́ себя́. — Кто э́тотъ нескро́мный ма́льчикъ? — Это другъ моего́ сы́на, и я о томъ весьма́ жалѣ́ю. — Всѣ ли мои́ слова́ вы по́няли? — Я ихъ всѣ по́нялъ.

Зада́ча 99.

Мла́дшій вашъ братъ такъ блѣ́денъ лицо́мъ; бо́ленъ ли онъ? — Да, су́дарь, у него́ боля́тъ зу́бы. — Я ду́маю, онъ сли́шкомъ па́докъ на са́харъ и на други́я сла́дости. — На кого́ онъ похо́жъ? — Онъ ни на отца́, ни на мать не похо́жъ, и́бо о́ба о́чень умѣ́рены въ пи́щѣ и въ питьѣ́, а мой братъ вообще́ скло́ненъ ко всему́ тому́, что ему́ не поле́зно. — Дово́льны ли имъ его́ учи́тели? — Я ду́маю, что они́ имъ о́чень дово́льны, и́бо онъ имъ послу́шенъ и весьма́ испра́венъ въ свои́хъ уро́кахъ, опря́тенъ въ свои́хъ рабо́тахъ и приле́женъ къ о́нымъ. — Твёрдъ ли онъ въ нау́кахъ? — Онъ о́чень сла́бъ въ математи́кѣ, и́бо онъ скудёнокъ умо́мъ; но онъ силёнъ въ му́зыкѣ, въ рисова́ніи и о́чень свѣ́дущъ въ геогра́фіи. —

Знакомъ ли вамъ учитель сихъ госпожъ? — Онъ мнѣ извѣстенъ своими сочиненіями, но я не знакомъ съ нимъ. — Молодой человѣкъ, который шёлъ въ тотъ чужой домъ, старшій его сынъ. — Онъ юноша, который очень веселъ правомъ и чистъ душею, но только слабъ здоровьемъ. — Поведеніе его каково? — Оно всегда достойно хвалы, и я ему всегда радъ; всегда онъ же любезенъ и пріятенъ всѣмъ своимъ знакомымъ. — Похожъ ли на него братъ его? — Братъ его на него не похожъ; тотъ малъ ростомъ и всегда блѣденъ лицёмъ и боленъ; этотъ высокъ ростомъ, дюжъ тѣломъ, свѣжъ и крассенъ щеками и всегда здоровъ. — Такъ ли онъ искусенъ въ искуствахъ и звѣдущъ въ древнихъ языкахъ, какъ его товарищи? — Онъ искуснѣе ихъ; но чѣмъ онъ искуснѣе, тѣмъ онъ лѣнивѣе. — Онъ такъ скупъ и такъ алченъ къ деньгамъ, какъ его мастеръ. — Была ли прежняя твоя компата больше сей? — Она была окномъ шире да двумя футами выше сей; но чѣмъ больше, тѣмъ холоднѣе комнаты зимою. — Мы очень бережливы на дрова, ибо край нашъ не изобиленъ лѣсами и бѣденъ угольями. — Годны ли къ охотѣ собаки вашихъ егерей? — Онѣ всѣ очень годны и очень легки на-ноги; мой егерь такой охотникъ до собакъ, какъ я до хорошихъ лошадей; но я сердитъ на него, ибо онъ нечистъ на-руку, золъ нравомъ и всегда готовъ ко всѣмъ худымъ дѣламъ. — Какой лѣкарь теперь у васъ? — Нашъ докторъ человѣкъ, пріятенъ Богу и людямъ; онъ обштенъ въ своей наукѣ, сострадателенъ къ бѣднымъ и пристрастенъ къ своей наукѣ. — Богатъ ли онъ деньгами? — Онъ не богатъ, но онъ доволенъ своимъ жребіемъ. — Сердце его каково? — Онъ очень добръ сердцемъ; сердце его полно смиренности и скромности и чуждо всякой надмѣнности и всякаго хвастовства.

Задача 100.

Гдѣ были вы вчера? — Я былъ вчера дома. — Что вы тамъ дѣлали? — Я читалъ сочиненіе знаменитаго отца моего любезнаго друга. — Свѣдущъ ли онъ въ математикѣ и географіи? — Онъ учёнъ во всѣхъ наукахъ и умѣренъ въ своей пищи. — Сколько денегъ получили вы? — Я получилъ столько же сколько вы. — Я думалъ, что вы получили болѣе. — Нѣтъ, сударь, но я могу получить отъ своего двоюроднаго брата много денегъ. — Щедеръ ли этотъ богатый купецъ? — Да, сударь, онъ щедеръ и столько же милосердъ къ бѣднымъ. — Тотъ купецъ столько же глухъ къ страданіямъ людей. — Онъ очень падокъ на деньги. — Тѣ красивыя дѣвочки кидки на чтеніе. — Кто тотъ добрый нонъ? — Не знаю, я не видѣлъ его. — Чѣмъ знаменитъ тотъ герой? — Онъ знаменитъ своей храбростію, своей преданностію царю и своимъ умомъ. — Этотъ бѣдный мальчикъ слабъ здоровіемъ, но онъ силёнъ своимъ прилежаніемъ и своей скромностію. — Любитель ли онъ музыки? — Не думаю, но онъ большой любитель всѣхъ наукъ.

Задача 101.

У васъ, кажется, теперь много хлопотъ. — Да, у меня ихъ очень много по случаю праздниковъ. — Чьи эти прекрасныя сани? — Мой двоюродный братъ купилъ ихъ. — Хорошіе ли у него лошади? — У него очень хорошіе, изъ Орловскаго завода. — Хороша ли его верховая лошадь? — Теперь у него нѣтъ хорошей верховой лошади, ибо онъ продалъ свою лошадь королю; это былъ отличный конь арабской породы. — Какую карту сыграли вы теперь? — Я билъ вашего червоннаго короля козырною двойкою. — Что козыри? — Бубны козыри. — А я полагалъ что козыри черви. — Нѣтъ, вы ошибаетесь. — Мыли ли вы уже свои руки? — Да, я ихъ вымылъ. — Купили ли вы голубя? — Нѣтъ, я его не купилъ, мнѣ его подарила моя двоюродная сестра. — Подайте мнѣ, половой, трубку! — Извините, сударь, у насъ трубокъ нѣтъ, у насъ только сигарки. — Такъ дайте мнѣ сигарку, но принесите и свѣчь, чтобъ я могъ закурить её. — Сколько заплатили вы за своего рысака? — Я за него заплатилъ около семи тысячъ трехсотъ пятидесяти рублей серебромъ. — А я полагалъ, что онъ стоилъ дешевле. — Нѣтъ, продавѐцъ дешѐвле брать не хотѣлъ. — Давно ли вы были у своей кумушки? — Я давно у ней не былъ. — Чья это лошадёнька? — Эта лошадёнька того бѣднаго крестьянина, котораго вы часто встрѣчаете на улицѣ. — Пахалъ ли онъ уже своё поле? — Да, онъ уже пахалъ, боронилъ, да сѣялъ. — Которая страна гористѣе, Черногорія или Швейцарія? — Черногорія менѣе Швейцаріи, но я полагаю она гористѣе. — Вы говорите очень хорошо по-англійски, развѣ вы были въ Англіи? — Нѣтъ, я небылъ въ Англіи, но я знаю много англичанъ. — Гдѣ вы путешествовали въ прошломъ году? — Я путешествовалъ по аравійскимъ пустынямъ.

Задача 102.

Видите ли вы человѣка съ лисьею шубою? — Я не понимаю о какомъ человѣкѣ вы говорите. — О томъ! — Я его вижу, но у него нѣтъ лисьей шубы, а очень прекрасная волчья шуба. — Какую шапку купилъ матросъ на томъ русскомъ кораблѣ? — Онъ купилъ соболью шапку. — Что у той дѣвочки на глиняномъ блюдѣ? — У ней гусиная печень и два свиныя уха. — У какого животнаго мозгъ всѣхъ больше и тяжелѣ? — Я не могу знать этого. — Кто знаетъ это? — Учитель. — Что онъ говоритъ? — Онъ говоритъ, что слоновый мозгъ всѣхъ больше и тяжелѣ; ибо онъ немного меньше и легче человѣчьяго мозга, а сей тяжелѣе и больше всѣхъ. — Острѣе ли всѣхъ и человѣчій глазъ? — Я не нахожу этого, ибо орлиный глазъ острѣе днёмъ, кошечій и совиный глаза ночью. — Есть ли у васъ свѣжій говяжій отваръ? — Я не знаю этого, но могу узнать отъ нашего повара. — Что сказалъ вамъ вашъ поваръ? — Онъ говоритъ, что у него нѣтъ говяжьяго отвара, но онъ думаетъ, онъ можетъ получить нѣсколько отъ слуги графа. — Что же у него? — У него хорошіе куриный и телячій отвары. — Нѣтъ ли у васъ серебряныхъ ножей и вилокъ легче сихъ? — У насъ нѣтъ такихъ, которые легче сихъ. — Я нахожу, что они уже гораздо легче маленькихъ золотыхъ чайныхъ ложечекъ. — Какія дрова на сосѣдовомъ дворѣ? — Я вижу только еловыя и сосновыя дрова. — У кого хорошія берёзовыя и ясенныя дрова? — У купца изъ Риги въ Песчаной улицѣ самыя твёрдыя, сухія и дешёвыя дрова. — Есть ли у всѣхъ людей въ Астрахани такія хорошія медвѣжьи мѣха, какъ мѣхъ вашего дядюшки? — У всѣхъ тамошнихъ мѣщанъ хорошія медвѣжьи, куньи, соболіи или лисьи мѣха. — Какіе мѣха предпочитаютъ крестьяне въ здѣшнемъ краю? — Они предпочитаютъ овечьи и ягнячьи шубы. — Зачѣмъ? — Потому что онѣ дешевле. — Было ли сегодня у васъ рыбное или мясное кушанье? — У насъ небыло ни того ни другаго; у насъ былъ только простой молочный супъ. — Что у дитяти въ устахъ? — У него въ гортани большая рыбья кость. — Какова рыбная торговля вообще въ здѣшнемъ городѣ? — Она весьма маловажна, ибо у насъ нѣтъ водянаго сообщенія съ Нѣмецкимъ Моремъ и съ большими рѣками. — Зачѣмъ вы хотите уйти? — Я хочу уйти домой, ибо думаю найти тамъ своего добраго друга. — Кого вы предпочитаете, вашего брата или вашего друга? — Я люблю обоихъ, но я предпочитаю своего брата.

Задача 103.

Какія перья продаётъ этотъ купецъ? — Онъ продаётъ гусиныя перья и лебяжій пухъ. — Что несётъ столяръ? — Онъ несётъ еловыя доски и сосновыя брусья. — Что это у него въ рукахъ, топоръ или пила? — У него нѣтъ ни топора ни пилы, у него въ рукахъ долото. — Кто этотъ господинъ? — Я слыхалъ, что онъ строитель. — Вы ошибаетесь, онъ не строитель но сочинитель; онъ строитъ только воздушныя замки. — Нынѣшнее ли это вино? — Нѣтъ, это лѣтошное. — Вѣрите ли вы словамъ этого лгуна? — Нѣтъ, я имъ весьма мало вѣрю. — Кто имъ вѣритъ? — Я полагаю, что имъ никто не вѣритъ. — Гдѣ теперь матросъ? — Онъ стоитъ у насоса. — Видѣли ли вы сегодня Фёдора? — Нѣтъ, я видѣлъ его вчера, но сегодня я видѣлъ его сестру Терезу. — Сколько пудъ мёду купили вы? — Я мёду не покупалъ, но я купилъ воску и табаку. — Говорпли ли вы съ Никитою? — Съ нимъ я давно не говорилъ, но я часто вижу его тётушку Терезу. — Чей это великолѣпный домъ? — Это дядинъ домъ. — Давно ли онъ его купилъ? — Нѣтъ, онъ его недавно купилъ. — Что несётъ тотъ богатый купецъ, котораго вы знаете? — Онъ несётъ дочернно приданое. — Божій перстъ хранитъ её. — Знакомы ли вы съ Петромъ Петровичемъ Рязановымъ? — Да, я съ нимъ хорошо знакомъ, но знаю ещё лучше брата его Игнатья Петровича. — Надѣетесь ли вы получить деньги? — Да, я надѣюсь, но не знаю получу ли я ихъ, или нѣтъ.

Задача 104.

Откуда ты идёшь, другъ мой? — Я иду отъ милаго своего товарища Алексѣя Андреевича. — Былъ ли онъ дома? — Онъ былъ дома и у него было нѣсколько юношей, которые мнѣ уже были знакомы, и которые вообще прилежаніемъ и похвалы достойнымъ поведеніемъ своимъ извѣстны всѣмъ добрымъ людямъ. — Куда шли вы? — Хотите ли вы идти къ обѣднѣ въ церковь Святаго Павла? — Да, я хочу идти въ церковь, ибо сегодня тамъ прекрасная музыка. — Любите вы музыку? — Я её очень люблю. — Были вы долго при музыкѣ? — Я поздно ушёлъ изъ церкви. — Съ клироса шли двѣ молодыя дамы, одна въ платьѣ изъ чёрной французской тафты, а другая въ платьѣ изъ голубаго бархату; обѣ же были весьма прекрасны. — Что вы кушаете? — Я ѣмъ лососину, немного дичины и кусокъ сыру. — Хотите вы также перцу? — Я не знаю, долженъ ли я взять перцу. — О чёмъ думаете вы? — Я думаю о прелестныхъ личикахъ, которыя я видѣлъ въ церкви.

Задача 105.

Куда идёте вы сегодня? — Я иду въ королевскій садъ, гдѣ прекрасныя, тѣнистыя мѣста подъ цвѣтистыми деревьями. — Изъ мѣщанъ ли новый вашъ сосѣдъ? — Нѣтъ, я думаю онъ изъ дворянъ; я знаю что онъ младшій братъ генерала и былъ офицеромъ въ прусскомъ войскѣ. — Какія тарелки купила ваша тётушка? — Опа купила красивыя новыя тарелки изъ берлинскаго фарфора. — Есть ли у ней и фарфоровыя картины? — Есть; но картины, которыя у ней, изъ мейссенскаго фарфора, который не такъ бѣлъ, какъ берлинскій. — Который фарфоръ краше, крѣпче и лучше всего? — Французскій фарфоръ изъ Севра. — Кто шёлъ съ лѣстницы? — Духовный отецъ генеральши со своею духовною дочерью. — Какое у ней было платье? — У ней было простое домашнее платье. — Есть ли у генерала домовая церковь? — Въ генеральскомъ дому есть домовая церковь, но въ генераловомъ дому ея нѣтъ. — Были ли вы въ Сибири? — Я тамъ былъ. — Какова эта страна? — Въ краяхъ, изъ которыхъ я ѣду, она гориста и лѣсиста, но и изобильна хлѣбомъ. — Хорошиı ли дороги? — Многія дурны, песчаны и каменисты, но есть болѣе хорошихъ, нежели дурныхъ дорогъ. — Болѣнъ ли ногою вашъ батюшка? — У него болятъ мозоли.

Задача 106.

Съ кѣмъ говорилъ ты о домѣ дѣда? — Я говорилъ объ нёмъ съ Эрнестомъ Фёдоровичемъ Фёдоровымъ и говорю теперь съ зятемъ моего брата. — Что дѣлаетъ крестьянинъ на полѣ? — Онъ пашетъ поле, ибо онъ хочетъ сѣять тамъ ячмень и овёсъ. — Куда ты шёлъ? — Я шёлъ въ маленькій домъ къ бѣдной вдовѣ и къ доброму слѣпому нищему. — Кого взялъ мужичище домой съ собою? — Онъ нашёлъ въ лѣсу трёхъ медвѣжатъ и взялъ ихъ съ собою домой. — Предпочитаете ли вы свинину или дичину? — Я люблю ту и другую и не знаю, что я предпочитаю. — Танцовали ли вы вчера въ домашнемъ или въ бальномъ платьѣ? — Вчера былъ только маленькій балъ и я танцовалъ въ домашнемъ платьѣ. — Кто описалъ Сибирь? — Знаменитый нѣмецъ описалъ её. — Былъ ли онъ тамъ? — Онъ былъ тамъ лѣтомъ. — Какая страна это? — Она гориста и лѣсиста, но богата хлѣбами.

Задача 107.

Любите ли вы гусятину?—Да, я гусятину ѣмъ, но предпочитаю ей дичину. — Какую рыбу предпочитаете вы всѣмъ другимъ? — Я всякой рыбѣ предпочитаю лососину. — Кто тотъ толстый господинъ, который идётъ по улицѣ? — Это богатый пивоваръ изъ сосѣдняго городка.—Дали ли вы своему брату деньги, которыя онъ у васъ просилъ? — Я ему ихъ часто давалъ, по ему ихъ никогда не довольно. -- Кто такъ тяжело дышетъ? — Я тяжело дышу, у меня сильный насморкъ. — Какая это башня тамъ на серединѣ рынка? — Это колокольня городской церкви.—Изъ какой матеріи платье у этой дамы? — У нея платье изъ жёлтой тафты. — Хорошо ли освѣщеніе улицъ въ вашемъ городѣ? — Нѣтъ, оно очень дурно. — Каменистая ли страна ваше отечество? — Она очень камениста и лѣсиста. — Хорошъ ли виноградъ въ нынѣшнемъ году? — Онъ очень хорошъ: онъ зернистъ и сочёнъ. — Откуда идёте вы? — Я иду со двора. — Добръ ли вашъ учитель? — Онъ очень добръ, но его жена ещё добрѣе. — Этотъ принцъ, кажется, очень гордъ и строгъ. — Вы ошибаетесь; онъ не гордъ, а напротивъ очень ласковъ и кротокъ.—Смѣете ли вы говорить съ нимъ?—Да, я смѣю. — Любитесь, говорилъ Спаситель, какъ братья и сёстры!

Задача 108.

Были ли вы когда-нибудь въ Парижѣ? — Я часто видѣлъ Парижъ. — Сколько разъ видѣли вы Парижъ? — Я немогу сказать вамъ этого. — Какой городъ предпочитаете вы, Парижъ или Лондонъ? — Я не видѣлъ Лондона, но я предпочитаю Парижъ всѣмъ городамъ. — Видѣли ли вы новаго французскаго императора? — Я никогда его не видѣлъ; но молодую французскую императрицу я иногда видѣлъ въ театрѣ и на гуляніяхъ, или въ церкви. — Какъ вы находите императора и императрицу? — Я нахожу императора красивымъ, а императрицу ещё красивѣе. — Съ кѣмъ говорили вы о Ри́мѣ? — Я говори́лъ о Ри́мѣ, прекра́сномъ го́родѣ, съ мои́мъ ста́рымъ дру́гомъ и учи́телемъ, Кузьмо́ю Ильичёмъ, человѣ́комъ свѣ́дущимъ во всѣхъ нау́кахъ и искуствахъ, бога́тымъ дарова́ніями не́ба, твёрдымъ въ любви́ и въ дру́жбѣ и ко мнѣ бо́лѣе скло́ннымъ, не́жели ко всѣмъ его́ мла́дшимъ ученика́мъ. — Что онъ говори́лъ вамъ о Ри́мѣ? — Онъ мнѣ описа́лъ извѣстнѣ́йшія дре́внія и но́выя зда́нія, Рафаэ́ловы карти́ны въ Ватика́нѣ, удивле́нія досто́йныя Мике́ль-Анджеловы творе́нія, вообще́ всё то, что прекра́снаго и любопы́тнаго въ вѣ́чномъ, сокро́вищами дре́вняго и но́ваго вре́мени бога́томъ го́родѣ. — Куда́ хо́четъ идти́ твой това́рищъ? — Онъ идётъ туда́ въ ла́вку купца́, у кото́раго хоро́шія суко́нныя ша́пки и чёрные ба́рхатные кафта́ны. — Хо́четъ ли онъ себѣ́ купи́ть суко́нную ша́пку? — Да, су́дарь. — Что дѣ́лаютъ тамъ твои́ сёстры и твои́ двою́родные бра́тья? — Они́ ска́чутъ, танцу́ютъ и говоря́тъ. — Лю́бятъ ли они́ та́кже чита́ть? — Они́ зна́ютъ о́чень мно́го и лю́бятъ чита́ть хоро́шія кни́ги. — Нездоро́ва ли невѣ́ста кня́зя? — Я ду́маю; она́ о́чень блѣ́дна лицёмъ. — Лице́ ея́ бѣ́ло какъ молоко́, нравъ ея́ чистъ какъ а́нгеловъ (нравъ), и се́рдце ея́ полно́ всѣхъ добродѣ́телей и всегда́ жа́лостливо къ бѣ́днымъ. — Я говори́лъ съ прекра́сною и благодѣ́тельною госпожёю, кото́рая шла съ пи́щею и лека́рствами къ бѣ́днымъ больны́мъ, кото́рые на дворѣ́ того́ доми́шка. — О́чень бога́та ли она́? — Оте́цъ ея́ пребога́тъ, онъ са́мый богатѣ́йшій человѣ́къ всего́ кра́я, но онъ ещё скупѣ́е, не́жели онъ бога́тъ, и се́рдце его́ чу́ждо всѣхъ добродѣ́телей и несклонно ко всѣмъ до́брымъ дѣла́мъ.

Зада́ча 109.

Заколо́лъ ли уже́ вашъ по́варъ пѣтуха́? — Нѣтъ, онъ его́ ещё не заколо́лъ. — Онъ хо́четъ заколо́ть его́ по́слѣ. — Что это былъ за крикъ? — Мой сосѣ́дъ о́чень вспы́льчивъ, онъ разсерди́лся на своего́ сы́на, и крича́лъ: я его́ убью́! я его́ убью́! — Хоро́шъ ли нравъ у э́того ма́льчика? — Да, его́ нравъ о́чень хоро́шъ, но его́ позна́нія о́чень слабы́. — До́брый ли у негó братъ? — Нѣтъ, братъ егó не добръ, у негó сéрдце крѣпкó какъ кáмень. — Остръ ли вашъ ножъ? — Нѣтъ, онъ óчень тупъ. — Вéсело ли провели́ вы ны́нѣшнее лѣ́то? — Да, óчень вéсело, я мнóго путешéствовалъ. — Гдѣ вы бы́ли? — Я былъ въ Итáліи и въ Эги́птѣ. — Холоднá ли погóда сегóдня? — Нѣтъ, погóда не холоднá, но пáсмурно и идётъ мáленькій дождь. — Свѣжá ли свини́на, котóрую купи́лъ вашъ пóваръ у мясникá? — Да, онá óчень свѣжá и сочнá. — Кто вамъ мáшетъ тамъ на ýлицѣ? — Это мáшетъ мой двою́родный братъ. — Что желáетъ онъ отъ васъ? — Онъ хóчетъ говори́ть со мнóю. — Богáтъ ли э́тотъ пѣвéцъ? — Нѣтъ, онъ не богáтъ, но óчень трудолюби́въ. — Богáта ли дочь егó? — Нѣтъ, егó дочь тáкже не богáта, но онá лѣни́ва. — Подáйте мнѣ, пожáлуйста, тарéлку, у меня́ нѣтъ чи́стой. — Вотъ вамъ чи́стый прибóръ. — Покóрно васъ благодарю́. — Я хочу́ писáть, принеси́те мнѣ сургýчъ, черни́льницу, стальны́я пéрья, и хорóшей почтовóй бумáги. — Вотъ вамъ всё, что вамъ нýжно. — Спаси́бо; мнѣ кáжется, въ черни́льницѣ не довóльно черни́лъ. — Вáша прáвда, но мнѣ ея́ нельзя́ дать бóлѣе, у меня́ самогó нѣтъ ея́ бóлѣе.

Задáча 110.

Темнó ли на дворѣ́? — Нѣтъ, óчень свѣтлó. — Когдá бýдетъ у насъ полнолýніе? — Бýдетъ у насъ полнолýніе ужé зáвтра или послѣ́ зáвтра. — Каковá погóда? — Не óчень холоднó, а нéсколько вѣ́трено. — Бýдетъ ли у насъ снѣгъ? — У насъ бýдетъ не снѣгъ а дождь, и́бо чрезъ чуръ жáрко. — Когдá вáша сестри́ца бýдетъ писáть своемý двою́родному брáту? — Во вся́кій слýчай, зáвтра. — Пойдёте ли вы въ садъ послѣ́ обѣ́да? — Нѣтъ, я пойдý послѣ́ обѣ́да въ лѣсъ, и́бо онъ дáлѣе отъ-гóроду; тамъ вóздухъ холоднѣ́е и свѣжѣ́е нéжели въ садý, и я нездорóвъ. — Что у васъ (ober что съ вáми)? — Я болéнъ печéнью. — Что бýдете вы дѣ́лать зáвтра? — Я бýду читáть отли́чную кни́гу моегó благорóднаго дрýга. — Когдá пойдёте вы въ прекрáсный садъ великолѣ́пнаго дворца? — Сегодня послѣ обѣда я пойду туда. — Зачѣмъ вашъ молодой братецъ такъ скоро ушёлъ? — Онъ хотѣлъ идти поскорѣе въ школу. — Трудна ли его задача? — Да, сударь, но впредъ задачи будутъ легче. — Куда онъ шёлъ послѣ урока?—Онъ идётъ послѣ всякаго урока съ нѣсколькими товарищами въ лѣсъ за птичьими яицами. — Вчера было у злыхъ мальчиковъ цѣлое гнѣздо съ соловьиными яицами. — Кто вамъ это сказалъ? — Всѣ люди сказали это.—Знаютъ ли объ этомъ также отцы злыхъ мальчиковъ?—Я не могу вамъ сказать, ибо я того не знаю.—Куда шли они съ яицами? — Они шли домой. — Были ли яица ещё цѣлы, когда вы ихъ видѣли? — Всѣ уже не-были цѣлы, когда я ихъ видѣлъ. — Которая наука была вамъ труднѣе всѣхъ, когда вы были ещё ученикомъ? — Начало всякой науки мнѣ было трудно; ибо начало всего трудно; но всѣхъ труднѣе мнѣ была географія, ибо учитель нашъ въ оной не былъ весьма знающимъ и поведеніе его не-было соотвѣтственно учителю такихъ юношей, каковы мы всѣ были. — Онъ былъ вспыльчиваго нрава, падокъ на деньги, нищъ умомъ и всякій изъ лучшихъ и прилежнѣйшихъ его учениковъ былъ способнѣе его къ ученію.

Задача 111.

Увидите ли вы на своей дорогѣ много знаменитыхъ городовъ?—Я не знаю, но я думаю что въ каждомъ изъ большихъ городовъ, которые увижу, великолѣпныя строенія и прекрасныя картины знаменитыхъ художниковъ всѣхъ народовъ. — Были ли у всѣхъ народовъ великіе художники? — Я не думаю этого, ибо есть цѣлые народы, которые никогда не видѣли ни одного художника, ни одного произведенія искуства. — Вообще только древніе греческіе художники были великими художниками. — Будете ли вы впредъ моимъ пріятелемъ?—Да, сударь, я думаю, что буду впредъ вашимъ другомъ, ибо я васъ очень люблю.—Будутъ ли купцы имѣть товары дешевле и лучше? — Я не знаю этого, я не могу сказа́ть вамъ э́то. — Они́ всегда́ бы́ли хоро́ши и дешевы́, но вы ужъ не та́къ ще́дры, какъ вы бы́ли пре́жде. — Въ кото́рую це́рковь пойдёте вы за́втра? — Мы пойдёмъ въ це́рковь Свята́го Петра́, гдѣ бу́детъ за́втра панихи́да. — Уви́димъ ли мы тамъ царе́вичей и царе́венъ? — Мы всѣхъ ихъ уви́димъ, та́кже генера́ловъ всѣхъ полко́въ, кото́рые тепе́рь здѣсь. — Не ско́ро ли пойду́тъ нѣ́сколько полко́въ отсю́да въ Москву́? — Они́ туда́ пойду́тъ не пре́жде, не́жели бу́детъ тепле́е, и́бо тепе́рь гора́здо холодне́е, не́жели зимо́ю.

Зада́ча 112.

Тру́денъ путь къ добродѣ́тели, но прекра́сная награ́да ожида́етъ того́, кто идётъ по э́тому пути́. — Давно́ ли вы зна́ете э́того господи́на? — Нѣтъ, насъ неда́вно свёлъ слу́чай. — Что у васъ тепе́рь, полнолу́ніе или новолу́ніе? — У насъ тепе́рь новолу́ніе. — Кѣмъ пи́сана э́та карти́на? — Эта карти́на лу́чшее произведе́ніе знамени́таго живопи́сца Гора́съ Верне́. — Что вы бу́дете дѣ́лать? — Я бу́ду писа́ть. — Кому́ хоти́те вы писа́ть? — Свое́й двою́родной сестри́цѣ Цезари́нѣ. — Ча́сто ли вы ей пи́шете? — Да, я ей пишу́ весьма́ ча́сто. — Всё ли ещё вы страда́ете отъ зубо́въ. — Да, у меня́ всё ещё зубна́я боль. — Глухъ ли э́тотъ стари́къ? — Нѣтъ, онъ не глухъ, а крѣ́покъ на́-ухо. — Отчего́ вода́ Эльбы желта́? — Она́ не желта́, но желтѣ́етъ когда́ иду́тъ дожди́. — Хоти́те ли вы поку́шать кусо́къ ветчины́? — Нѣтъ, ветчины́ я не хочу́, да́йте мнѣ нѣ́сколько ра́ковъ! — Всё ли вы чу́вствуете себя́ ду́рно? — Нѣтъ, тепе́рь я чу́вствую себя́ нѣ́сколько лу́чше. — Ти́хо ли сего́дня на дворѣ́? — Не то́лько ти́хо, но да́же зно́йно. — Какъ пожива́етъ тепе́рь Ива́нъ Серге́ичъ? — Тепе́рь его́ дѣла́ попра́вились, но они́ шли о́чень ду́рно; онъ ги́бъ, но вы его́ спасли́. — Погаси́те ого́нь! — Его́ гаси́ть нену́жно, онъ уже́ га́снетъ. — Этотъ крестья́нинъ, ка́жется мнѣ, весьма́ грубъ. — Да, онъ грубъ, но его́ братъ ещё грубѣ́е. — У васъ, ка́жется, хлѣбъ черёнъ. — Вы ошиба́етесь, онъ бѣлѣ́е ва́шего хлѣ́ба. — Бога́тъ ли этотъ банкиръ? — Онъ очень богатъ, у него, говорятъ, до двадцати милліоновъ рублей.

Задача 113.

Сколько пальцевъ у человѣка на каждой рукѣ? — У него на каждой рукѣ пять пальцевъ. — А сколько рукъ у каждаго человѣка? — У каждаго человѣка двѣ руки. — Сколько яблоковъ у крестьянина въ томъ кораблѣ? — У него шестьдесятъ яблоковъ безъ одного. — Сколько денегъ въ вашемъ кошелькѣ? — Съ двадцать два рубля серебромъ. — Есть ли въ каждой комнатѣ болѣе ста пятидесяти книгъ? — Въ каждой изъ сихъ комнатъ вы видите болѣе двухъ тысячъ трёхъ сотъ пятидесяти книгъ изо всѣхъ наукъ. — Сколько листовъ въ этой книгѣ? — Въ этой книгѣ сто восемьдесятъ восемь листовъ. — Сколько нѣмецкихъ миль отъ Берлина до Санктпетербурга? — Около двухъ сотъ нѣмецкихъ миль. — А сколько верстъ отъ Санктпетербуга до Москвы? — Семь сотъ двадцать восемь верстъ. — Сколько жителей въ Москвѣ? — Въ Москвѣ отъ трёхъ сотъ тысячъ до четырёхъ сотъ тысячъ душъ. — Есть ли въ Санктпетербургѣ болѣе жителей, нежели въ Берлинѣ? — Въ Санктпетербургѣ гораздо болѣе жителей, нежели въ Берлинѣ, ибо въ Берлинѣ душъ четыре ста двадцать одна тысяча, а въ Санктпетербургѣ съ двадцатью тысячами иностранцами болѣе четырёхъ сотъ осьмидесяти тысячъ душъ. — Сколько заячьихъ шкуръ у жида? — У него три сорока. — Сколько шкуръ въ трёхъ сорокахъ? — Сто двадцать шкуръ. — Много ли дѣтей у вашего братца? — У него семь дѣтей; два сына и пять дочерей. — Моложе ли сыновья дочерей? — Одинъ сынъ старшее дитя моего брата, а другой моложе своихъ пяти сестёръ. — Сколько нянь у младшаго дитяти? — У него только одна няня. — У семи нянь дитя безъ глазъ. — Будетъ ли завтра у васъ много гостей? — Оба мои брата съ пятнадцатью своими дѣтьми будутъ одни у насъ. — Сколько человѣкъ солдатъ было у генерала, который третьяго дня былъ въ нашемъ городѣ? — Я только видѣлъ полковника съ девяноста шестью гренадёрами и сорока драгунами. — Со сколькими товарищами пойдёте вы изъ школы въ лѣсъ? — Мы пойдёмъ въ лѣсъ всѣ; наши три учителя съ пятью стами шестьюдесятью двумя учениками, и двѣ учительницы со двумя стами семидесятью шестью ученицами.

Задача 114.

Сколько перьевъ продалъ купецъ? — Вчера онъ продалъ шесь сотъ восемьдесять девять перьевъ и теперь у него нѣтъ болѣе ни одного пера. — Я думалъ, онъ не продаётъ перья. — Да, сударь, но кромѣ перьевъ онъ продаётъ ещё воскъ, мёдъ, перецъ и другіе товары. — Какія кушанья варилъ поваръ намъ сегодня? — Онъ сегодня ни варилъ ни жарилъ. — Отчего? — Егерь не далъ ему двухъ тетеревовъ и мясникъ мяса. — Но мы хотимъ кушать; что у него есть? — У него вчерашній говяжій отваръ и холодная лососина. — Что сказалъ опытный учитель прилежному ученику? — Онъ ему говоритъ что терпѣніе величайшая добротѣль. — Кто прилежнѣе, Ваня или Паша? — Паша несравненно прилежнѣе Вани. — Хорошо ли работала Лизанька? — Нѣтъ; но впредь она хочетъ хорошо работать.—Сколько солдатъ у этого короля? — У него теперь пятьдесятъ тысячъ солдатъ, но скоро у него будетъ много болѣе. — Отчего у него теперь менѣе? — Потому что у него не довольно денегъ. — Хорошъ ли король? — Нѣтъ ни кого лучше его; ибо онъ любитъ свой народъ, полонъ добродѣтели, и чуждъ всему, что дурно.

Задача 115.

Былъ ли кто сегодня у васъ въ гостяхъ? — Никого не было кромѣ васъ. — Со многими ли товарищами вашъ сынъ въ школѣ? — Онъ въ небольшой школѣ. — Онъ тамъ товарищами съ десятью или двѣнадцатью. — Отчего ты сегодни безъ твоего брата? — Его сегодня дома нѣтъ. — Гдѣ же онъ? — Онъ на дачѣ. — Сколько книгъ въ Дрезденской библіотекѣ? — Тамъ будетъ книгъ съ шестьсотъ тысячъ. — Какіе это затѣи? — Вы всё только шалите. — Гдѣ вашъ кучеръ? — Развѣ вы его не видите? Онъ сидитъ на козлахъ. — Оставьте эти каляки, пора говорить что нибудь умнаго. — Я не калякую; я говорю, но незнаю умно-ли или нѣтъ то, что я говорю. — Двойни ли этотъ братъ съ сестрою, которые такъ похожи между собою? — Нѣтъ, они тройни, есть ещё братъ, котораго вы ещё не знаете. — Не кушайте столько сластей, они портятъ зубы. — Мыли ли у васъ уже полы? — Да, моя кухарка вымыла у меня полы, и выстирала моё бѣльё. — Какъ пролѣзла мышь въ комнату? — Она пролѣзла сквозь щель. — Видѣли ли вы медвѣдицу, которую водилъ вожатый? — Да, я видѣлъ её и ея медвѣжатъ. — Сколько было ихъ? — Ихъ было пятокъ или около того. — Какъ высока эта башня? — Она около шестидесяти футъ вышиною. — Хочетъ ли вашъ братъ идти въ школу? — Онъ мнѣ этого не сказалъ.

Задача 116.

Гдѣ были вы вчера? — Мы были у моей младшей тётки. — Было ли тамъ много гостей? — Тамъ было болѣе трёхъ сотъ гостей мужчинъ, женщинъ, юношей и дѣвицъ. — Сколько у вашей тётки комнатъ? — У ней только шесть большихъ комнатъ; одна о пяти окнахъ, каждая изъ другихъ о трёхъ окнахъ. — Какъ длина и широка большая комната? — Она длиною шестьдесятъ три фута, а шириною сорокъ одинъ футъ. — Высока ли она? — Она вышиною футовъ шестнадцать. — А другія комнаты? — Онѣ отъ двадцати до тридцати футовъ длиною, и отъ восемнадцати до двадцати осьми футовъ шириною. — Сколько приборовъ было въ каждой комнатѣ? — Въ большей было девяносто четыре прибора и въ трёхъ меньшихъ по семидесяти пяти приборовъ. — Всѣ гости однихъ лѣтъ были въ одной комнатѣ.

— Были ли там и дѣти и старики? — Тамъ только были два мальчика четырёхъ и семи лѣтъ, и одинъ старикъ, которому близъ девяноста одного года отъ-роду. — Когда пойдётъ лѣнивый слуга за моими новыми штанами? — Онъ мнѣ не сказалъ этого, но я думаю, въ субботу. — А къ кузнецу за моею каретою? — Я знаю, что онъ пойдётъ туда въ четвертокъ чрезъ двѣ недѣли. — Будетъ ли тогда карета готова? — Будетъ, сударь. — Нѣтъ ли у васъ собольей шапки въ двѣнадцать рублей? — У меня одна въ сорокъ рублей, а не въ двѣнадцать рублей.

Задача 117.

Сколько лѣтъ старшему вашему двоюродному брату отъ роду? — Ему тридцать два года отъ-роду. — А младшей его сестрѣ? — Моей любезной двоюродной сестрицѣ близъ девятнадцати лѣтъ отъ-роду. — Холоднѣе ли эта зима прежней? — Нынѣшняя зима холоднѣе зимъ трёхъ послѣднихъ годовъ. — Сколькими годами Николай старше своего племянника? — Онъ только двумя годами старше. — Кто тебѣ мылъ твоё новое бѣльё? — Сёстрина прачка. — Была ли она также у Елизаветы Петровны? — Я не думаю этого, ибо когда я её видѣлъ, она шла домой. — Писали ли вы прелестной Лизанькѣ письмо? — Да, я пишу ей каждый день. — Нѣтъ ли у васъ нѣсколько трёхъ-рублёвыхъ ассигнацій (oder ассигнацій въ три рубля)? — У меня пять ассигнацій въ одинъ рубль. — Сколько въ году мѣсяцевъ о тридцати дняхъ, и сколько о тридцати одномъ днѣ? — Въ году семь мѣсяцевъ о тридцати одномъ днѣ, четыре мѣсяца о тридцати дняхъ, и одинъ мѣсяцъ о двадцати осьми или двадцати девяти дняхъ. — А сколько въ году недѣль? — Въ году пятьдесятъ двѣ недѣли и одинъ день или два дня. — Сколько недѣль въ каждомъ мѣсяцѣ? — Четыре недѣли и два или три дня. — Сколько часовъ въ каждомъ днѣ? — Въ суткахъ двадцать четыре часа, въ лѣтнемъ днѣ часовъ семнадцать, а въ зимнемъ днѣ часовъ семь. — Сколько пудъ воску купилъ богатый купецъ? — Я этого не знаю, но его меньшой сынъ сказалъ мнѣ, что онъ купилъ двадцать пять пудъ. — Продалъ ли онъ уже немного воску? — Онъ недавно продалъ много воску, а ещё болѣе перцу, соли и мёду.

Задача 118.

Гдѣ живёте вы въ С.-Петербургѣ? — Я тамъ живу близъ Исакіевскаго Собора. — Перейдёте ли вы рѣку въ бродъ, или черезъ мостъ? — Нѣтъ, въ бродъ я её не перейду, я перейду её черезъ мостъ. — Стары ли у этого учителя ученики? — Его ученики лѣтъ отъ одиннадцати до двадцати и болѣе. — Кто спасъ великодушнаго короля? — Его храбрый воевода спасъ его. — Какой день у насъ сегодня? — Завтра будетъ вторникъ, по этому сегодня понедѣльникъ. — Опорожните вашъ стаканъ, я хочу налить вамъ другаго мёду. — Хотите ли вы перчатокъ? — Да, принесите мнѣ ихъ дюжину. — Хорошій ли супъ сварилъ вамъ сегодня поваръ? — Онъ мнѣ супа не варилъ, онъ мнѣ сварилъ щи. — Гдѣ ваша служанка? — Она пошла на рынокъ. — Посмотрите на небо; какая тамъ прелестная звѣздочка! — Я не вижу звѣздочки, потому что солнце ещё не закатилось. — Дома ли мастеръ? — Нѣтъ, дома мастера нѣтъ, дома подмастерье. — Кто на дворѣ? — На дворѣ слѣсарь, онъ принёсъ замки. — Какіе замки? — Замки для замка великодушнаго князя. — Кто тамъ на бережку? — На бережку рыбакъ, который ловитъ рыбу. — Какую рыбу ловитъ онъ? — Разную; у него сазаны, лососи и щуки. — Что болитъ у васъ? — У меня болитъ грудь. — Скакунъ ли у васъ? — Нѣтъ, у меня рысакъ.

Задача 119.

Сколько будетъ сорокъ восемь да тринадцать? — $48 + 13$, шестьдесятъ одинъ. — А сколько будетъ шестьдесятъ девять безъ пятнадцати? — $69 - 15$, пятьдесятъ четыре. — Сколько будетъ семнадцатью сто девяносто два? — 17×192, три тысячи двѣсти шестьдесятъ четыре. — Сколько разъ ваши сестрицы были на балу генеральши? — Онѣ на ея балу были семь разъ. — Часто ли вашъ пріятель былъ съ вами въ Санктпетербургѣ? — Мы тамъ были только два раза. — Часто ли вы видѣли императора и императрицу? — Императрицу мы видѣли только одинъ разъ, но императора и великихъ князей мы чаще видѣли. — Видите ли вы иногда обѣихъ своихъ милыхъ двоюродныхъ сестрицъ и троихъ своихъ двоюродныхъ братьевъ? — Этихъ я часто вижу, а тѣхъ я видѣлъ только нѣсколько разъ, когда онѣ были у нашей тётки. — Знаете ли вы таблицу умноженія? — Я думаю, сударь, что её знаю. — Который мѣсяцъ у насъ теперь? — У насъ ноябрь. — Въ которомъ часу ты идёшь изъ школы? — Я иду изъ школы въ двѣнадцать часовъ. — Было ли уже девять? — Еще не было, но скоро ударитъ. — Былъ ли ты въ пятницу въ школѣ? — Нѣтъ, ибо я былъ болѣнъ. — Что ты знаешь лучше, вычитаніе или умноженіе? — Я думаю, что я лучше умножаю, нежели вычитаю. — Будешь ли также скоро знать дѣленіе? — Я долженъ знать дѣленіе въ Августѣ. — Прилѣжнѣе ли нежели ты шестеро твоихъ товарищей? — Я прилѣжнѣе и нашъ учитель всякій разъ болѣе доволенъ мною, нежели всѣми шестерыми. — Были ли вы въ императорскомъ замкѣ? — Мы всѣ тамъ были. — Было ли ваше поведеніе всегда прилично скромнымъ мальчикамъ? — Поведеніе обоихъ товарищей было прилично сыновьямъ такого благороднаго отца; но ихъ посрамленіе соотвѣтственно было худому ихъ поведенію.

Задача 120.

Гораздо ли твой другъ Пётръ старше благоправной своей сестры? — Онъ тремя годами и пятью мѣсяцами старше ея, но она въ наукахъ гораздо болѣе свѣдуща нежели лѣнивый, невнимательный и непослушный ея братъ, которому уже пятнадцать лѣтъ отъ-роду, а котораго познанія меньше познаній мальчика восьми лѣтъ (oder восьмилѣтняго мальчика). — Сколько пудъ мѣди и сколько пудъ олова будетъ въ колоколѣ сей церкви? — Каждаго не будетъ болѣе двухъ тысячъ пяти сотъ пудъ. —

Сколько у васъ часовъ? — У меня только трое часовъ; одни золотые, а двое серебряные. — Которые изъ троихъ часовъ идутъ лучше всѣхъ? — Сіи малые серебряные часы идутъ лучше другихъ серебряныхъ и гораздо лучше золотыхъ. — Купили ли вы также серебряныя ложки? — Нѣтъ, сударь, ибо я не нашелъ у купца серебряныхъ ложекъ, у него были только серебряные и золотые шандалы. — Были ли шандалы, которые имѣлъ купецъ, хорошій? — Они были чудесны и золотые были тяжеле серебряныхъ. — Видѣли ли вы карету съ шестернёю? — Чья эта карета? — Это была принцессина карета; никого не-было въ ней. — Дороже ли эта карета графининой кареты? — Она двумя стами пятьюдесятью восемью рублями дороже. — Уже ли пять часовъ? — Пять часовъ безъ десяти минутъ. — Теперь бьётъ шесть часовъ. —

Задача 121.

Умѣете ли вы слагать? — Я не только слагаю, но и умножаю. — Скажите мнѣ, сколько дважды два? — Дважды два четыре. — Часто ли вы были въ Парижѣ? — Я тамъ многократно бывалъ. — Знаете ли вы моего друга Ивана Андреевича? — Я знаю не только его, но и обоихъ его братьевъ. — Сколько часовъ? — Сейчасъ будетъ бить пять. — Сколько правилъ въ ариѳметикѣ? — Ихъ много, но главныя суть: сложеніе, вычитаніе, умноженіе и дѣленіе. — Хорошо, что я васъ встрѣтилъ, пойдёмте со мною гулять! — Нѣтъ, я гулять съ вами не пойду, сегодня большой праздникъ и я иду въ церковь. — Какой сегодня праздникъ? — Развѣ вы этого не знаете? — Сегодня Свѣтлое Воскресеніе. — Видѣли ли вы свою матушку? — Да, я её видѣлъ вчера, но она не была здорова. — Гдѣ вашъ дѣдушка? — Онъ на дачѣ. — Долго ли былъ крестьянинъ вчера на-полѣ? — Онъ пахалъ и боронилъ до глубокой ночи. — Долго ли вы путешествовали по Ирландіи? — Нѣтъ, по Ирландіи я не долго путешествовалъ, ибо я долго оставался въ Англіи. — Какъ провели вы вчерашній вечеръ? — Я игралъ въ карты. — Куда ведёте вы своего сы́на? — Я его́ веду́ въ шко́лу. — Кто лети́тъ на во́здухѣ? — На во́здухѣ летя́тъ огро́мный орёлъ и ма́ленькая голу́бица. — Что купи́лъ вашъ по́варъ на ры́нку? — Онъ купи́лъ индюка́ и индѣ́йку.

Зада́ча 122.

Кото́рая часть мое́й кни́ги у васъ, и кото́рая у ва́шего дя́ди? — У меня́ тре́тья часть, а у моего́ дя́ди седьма́я. — Кото́рый домъ отъ сего́ угла́ вашъ? — Мой домъ восемна́дцатый. — Знако́мы ли тебѣ имена́ са́мыхъ знамени́тыхъ папъ? — Да; Алекса́ндръ шесто́й, Григо́рій седьмо́й и Левъ деся́тый, флоренти́нецъ, изъ фами́лій Ме́дичи, бы́ли са́мыми знамени́тыми. — Въ кото́ромъ вѣку́ Левъ деся́тый былъ ри́мскимъ папо́ю? — Въ пятна́дцатомъ вѣку́. — Когда́ ви́дѣли вы австрі́йскаго импера́тора въ пе́рвый разъ? — Пятна́дцатаго апрѣ́ля ты́сяча восемьсо́тъ со́рокъ девя́таго го́да. — А саксо́нскаго короля́? — Уже́ въ январѣ́ мѣ́сяцѣ. — Когда́ мы бы́ли въ теа́трѣ въ послѣ́дній разъ? — Во вто́рникъ, два́дцать втора́го ма́рта. — Кото́рое у насъ сего́дня число́? — Пе́рвое число́ апрѣ́ля. — Кото́рое лѣ́то вы тепе́рь здѣсь? — Я тепе́рь здѣсь восьмо́е лѣ́то. — Кото́рый годъ вашъ племя́нникъ тепе́рь въ Аѳи́нахъ? — Уже́ двѣна́дцатый годъ. — Какъ ча́сто бы́ли вы въ за́мкѣ? — Ка́ждую недѣ́лю два ра́за, по понедѣ́льникамъ и по четверга́мъ. — Далеко́ ли отсю́да до втора́го села́? — Еще́ со́рокъ двѣ версты́. — Да́льше ли нежели до ближа́йшаго го́рода? — Восьмью́ верста́ми бли́же. — Изъ кото́раго вѣ́ка прекра́сная ста́рая карти́на, кото́рую мы вчера́ ви́дѣли въ дому́ ва́шей племя́нницы? — Ско́лько мнѣ изве́стно, изъ нача́ла пятна́дцатаго столѣ́тія, и и́менно одна́ изъ пе́рвыхъ и лу́чшихъ карти́нъ того́, въ произведе́ніяхъ иску́ства столь изоби́льнаго, вѣ́ка. — Каковы́ тепе́решніе поко́и ва́шего прія́теля? — Онъ всѣ́ми четырьмя́ недово́ленъ, и́бо дво́е сли́шкомъ ни́зки и темны́, тре́тій чрезъ чуръ большо́й и хо́лоденъ, и четвёртый сыръ. — Не ви́дишь ли ты отсю́да четвёртаго фонаря́? — Тамъ домъ ста́раго моего́ тѣ́стя. —

Я вижу фонарь и домъ. — Уже ли девять часовъ? — Уже десятый часъ.

Задача 123.

Кто служитъ сегодня въ соборѣ? — Развѣ вы того не знаете? — Въ соборѣ служитъ обѣдню самъ архіепископъ. — Долго ли царствуетъ нынѣшній императоръ? — Онъ царствуетъ уже семь лѣтъ. — А долго ли царствовалъ покойный? — Онъ царствовалъ тридцать одинъ годъ. — Кто летитъ тамъ на воздухѣ? — Это муха. — А я думалъ что ласточка. — Въ этомъ случаѣ, вы ошиблись. — Кто бѣжитъ тамъ по-полю? — Развѣ вы того не видите? — Это, неправда, разбойникъ? — Нѣтъ, очень мирный гражданинъ, вашъ пріятель Иванъ Андреевичъ Дурновъ. — Часто ли вы видѣли нашу королеву? — Нѣтъ, я её не часто видѣлъ, но её падчерицу я часто встрѣчалъ въ саду. — Что это за лѣсъ, еловый или сосновый? — Это ни еловый ни сосновый лѣсъ, это берёзовый. — Кто эта прожорливая дѣвочка? — Это, къ стыду, моя племянница Тереза. — Не слушайте этого болтуна, онъ не говоритъ ни одного слова правды, всё, что онъ говоритъ, лишь пошлая ложь. — Не корите его въ этомъ, онъ не такъ виноватъ, какъ кажется. — Чьи это серги? — Это сестрины серги. — Какое мясо желаете вы? — Дайте мнѣ кусочекъ свинины и хлѣба съ масломъ, я очень голоденъ. — Вотъ вамъ всё, что нужно. — Покорно благодарю васъ. — Какая это прекрасная картина, которую я вижу въ комнатѣ вашей? — Это оригинальная картина Рафаэля. — Не копія это? — Нѣтъ, это не копія. — Надѣетесь ли вы на своего дядю? — Нѣтъ, на него вовсе нѣтъ никакой надежды.

Задача 124.

Когда пахалъ смирный и трудолюбивый крестьянинъ своё прекрасное поле, которое теперь зелено? — Онъ пахалъ оное въ прошломъ году въ октябрѣ мѣсяцѣ и сѣялъ въ нынѣшнемъ году въ мартѣ на него ячмень. — Сколько аршинъ синяго ситцу купила бѣдная жена честнаго мѣщанина? — Она не купила синяго ситцу, по тринадцать аршинъ краснаго ситцу. — Что хотѣлъ тотъ весёлый матросъ на рынкѣ городка? — Онъ купилъ пятьдесятъ пудъ свѣжаго и два пуда чёрстваго хлѣба. — Сколько пальмъ въ томъ лѣсу въ Азіи? — Я не могу знать, я ихъ не считалъ. — Сколько лѣтъ этому старому судьѣ? — Почтенная жена судьи говоритъ, что ея мужу восемьдесятъ лѣтъ и два мѣсяца. — Куда идутъ эти усталые жнецы? — Они идутъ домой, они три недѣли небыли дома. — Съ кѣмъ идутъ они? — Съ многими мальчиками и нѣсколькими женщинами. — Тупы ли твои ножи? — У меня много ножей, одни остры, другіе тупы.

Задача 125.

Сколько фунтовъ масла въ этомъ бочёнкѣ? — Одиннадцать съ половиною. — И сколько воску на этомъ блюдѣ? — Восемь фунтовъ съ половиною. — Сколько хлѣба и сыру ѣстъ каждый жнецъ? — Каждый изъ моихъ жнецовъ ѣстъ по полутретью фунтовъ хлѣба и по полутору фунтовъ сыру, и по воскресеніямъ по одному фунту мяса. — Что у тебя въ этомъ коробѣ? — Сотня яицъ. — Сколько лошадей у новаго выборнаго нашего села? — У него прекрасная тройка. — Чья та великолѣпная шестерня, которую мы видимъ тамъ на новомъ мосту? — Это королевнина шестерня. — Сколько дюжинъ полотенцевъ и чулокъ купила богатая невѣста вашего пріятеля? — Она купила двадцать четыре дюжины тѣхъ и болѣе тридцати шести дюжинъ сихъ. — Какую прекрасную новую картину видѣлъ я вчера въ зелёной вашей комнатѣ? — Вы видѣли картину полубога Геркулеса; эта прекрасна, но полутёми нѣсколько темни (oder темноваты). — Зачѣмъ вы бросаете эти стальныя перья? — У меня ихъ много, вчера я купилъ себѣ двѣнадцать дюжинъ. — Вы говорите, что этотъ мальчикъ прилеженъ? — Да, сударь; онъ работаетъ съ утра до вечера, иногда онъ пишетъ и читаетъ поздно до полуночи. — Сколько лошадей купилъ тотъ полякъ отъ англичанина? — Десять или двѣнадцать. — Кто продалъ ту прекрасную картину знаменитаго живописца? — Или мой дядя или его легкомысленный сынъ, который мой двоюродный братъ. — Великодушенъ ли князь этого вѣрнаго подданнаго? — У него пять милліоновъ съ половиною подданыхъ и всѣ его любятъ. — Говорили ли вы съ нимъ? — Я хотѣлъ говорить съ нимъ, но не могъ. — Нѣтъ ли у купца нѣсколько полтинниковъ? — У него только два полтинника, но у него шесть четвертаковъ. — Который часъ теперь? — Двѣнадцатый, скоро будетъ полночь. — Когда пойдёмъ мы домой? — Мы идёмъ домой въ половинѣ или въ исходѣ втораго. — Развѣ уже три четверти одиннадцатаго? — Бьётъ одиннадцать. — Нѣтъ ли у васъ стакана полупива? — У меня его нѣтъ, ибо я не охотникъ до полупива. — Нѣтъ ли у васъ осмериковой восковой свѣчи? — У меня нѣтъ осмериковой, у меня только шестериковыя.

Задача 126.

Дайте мнѣ пятакъ? — У меня нѣтъ пятака, вотъ вамъ четвертакъ. — Мнѣ четвертака не нужно, мнѣ нуженъ пятакъ. — Такъ ли богатъ этотъ купецъ, какъ его сосѣдъ? — У него вдесятеро болѣе. — Долго ли вы были у моего портнаго? — Около получаса. — Куда идёте вы? — Я иду на рынокъ, мнѣ нужно купить полдесть бумаги. — Водили вы гулять своихъ дѣтей? — Нѣтъ ещё, но я ихъ поведу завтра. — Кто бѣжалъ? — Изъ тюрьмы бѣжали арестанты. — Что вы всё смѣётесь? — Для молодой дѣвицы очень неприлично безпрестанно скалить зубы. — Я не скалю зубовъ, но смѣюсь потому, что мнѣ смѣшно. — Каково сукно, которое вы купили? — Оно хорошо, но не такъ, какъ ваше. — Ѣдете ли вы въ Парижъ? — Нѣтъ, въ Парижъ я не ѣду, у меня нѣтъ денегъ на путешествія. — Довольно ли у васъ масла? — Нѣтъ, у меня его слишкомъ мало, дайте мнѣ, пожалуйста, ещё кусочекъ. — Что каплетъ съ крыши? — Развѣ вы не видите, что это дождь? — Гдѣ ваша ньюфундленская собака? — Она подъ столомъ и гложетъ кость. — Хороша ли сегодня погода? — Какъ мо́жете вы такъ спра́шивать, ра́звѣ вы не ви́дите, какъ бле́щетъ мо́лнія и не слы́шите, какъ греми́тъ громъ? — Не ку́шайте сто́лько ры́бы, э́то вамъ нездоро́во! — Я э́то зна́ю; мнѣ ры́бы ку́шать не должно́, и́бо у меня́ лихора́дка. — Но что же дѣ́лать? — Здѣсь кромѣ́ ры́бы ничего́ нѣтъ. — Были́ ли вы у своего́ банки́ра? — Я шёлъ къ нему́, но встрѣ́тилъ его́ на доро́гѣ.

Зада́ча 127.

Что э́то за лю́ди, кото́рые вчера́ по́слѣ обѣ́да были́ въ короле́вскомъ саду́ и отту́да пошли́ въ за́мокъ? — Это были́ пѣви́цы короле́вской о́перы и танцо́вщики и танцо́вщицы бале́та. — Что за человѣ́къ говори́лъ съ ни́ми? — Это былъ по́варъ моего́ до́браго сосѣ́да. — Былъ ли э́то тотъ са́мый, кото́раго я ви́дѣлъ вчера́ у васъ? — Да, су́дарь; э́то былъ оди́нъ и то́тже. — Кото́рой поро́ды соба́ки, кото́рыя бы́ли съ э́тими молоды́ми людьми́? — Одна́ была́ ньюфаундле́нская соба́ка, друга́я бульдо́гъ. — Не шёлъ ли кто къ весёлому дру́гу на́шего учи́теля? — Я никого́ не ви́дѣлъ; но нѣкто шёлъ къ купцу́ въ на́шей у́лицѣ. — Како́е ему́ тамъ дѣ́ло у него́? — У го́рдаго купца́ нѣ́сколько долго́въ, кото́рые не малы́, и кошелёкъ, кото́рый обыкнове́нно о́чень пустъ, а у того́, кото́рый шёлъ къ нему́, бы́ли векселя́, кото́рымъ сего́дня срокъ, и нѣ́кто вѣроя́тно пойдётъ сего́дня въ тюрьму́. — Нѣтъ ли у купца́ никаки́хъ де́негъ? — У него́ ихъ нѣ́сколько, но не дово́льно. — Нѣтъ ли у него́ никаки́хъ до́брыхъ друзе́й? — Кто во вре́мя сча́стія кичли́въ, у того́ рѣ́дко быва́ютъ друзья́ въ несча́стіи. — Не мо́жете ли вы мнѣ дать четверта́къ? — Нѣтъ, и́бо у меня́ въ са́момъ дѣ́лѣ то́лько пята́къ. — Ско́лько фу́нтовъ говя́дины до́лженъ купи́ть по́варъ? — Онъ до́лженъ купи́ть у мясника́ пять фу́нтовъ говя́дины, три фу́нта свини́ны, у е́геря нѣмно́го дичи́ны и у рыбака́ оди́ннадцать фу́нтовъ лососи́ны. — Кото́рый купе́цъ да́вича былъ такъ жестокосе́рденъ къ бѣ́дной вдовѣ́ съ тремя́ ма́ленькими полуна́гими дѣтьми́? — Это былъ тотъ са́мый, о кото́ромъ мы говори́ли; но часъ воздая́нія уже́ билъ, и никто́ не бу́детъ милосе́рдень къ такому человѣку, каковъ тотъ, который былъ чуждымъ всего милосердія и вообще всякаго чувства. — Изъ мѣщанъ ли онъ? — Да, его отецъ не былъ иное-что, какъ убогимъ садовникомъ у барона Ѳёдора Александровича; но онъ вездѣ былъ извѣстенъ своею честностью и дѣятельностью. — Былъ ли его отецъ благотворительнѣе его? — Гораздо благотворительнѣе; мы это довольно часто видѣли. — Сколько лѣтъ отъ-роду достойному сожалѣнія купцу? — Ему только тридцать шесть лѣтъ. — Сколько лѣтъ было отцу его? — Тому было болѣе семидесяти пяти лѣтъ отъ-роду. — Давно ли мы дома? — Нѣтъ, недавно; только полчаса. — Который часъ бьётъ теперь? — Бьётъ три часа пополудни. — Сколько разъ былъ ты въ Англіи? — Не часто, только одинъ разъ. — Будешь ли ты танцовать сегодня на балу графа Ѳёдора Петровича? — Я ещё не знаю, пойду ли я туда.

Задача 128.

Вамъ не должно такъ часто ходить въ театръ. — Что за дѣло вамъ, куда я хожу? — Что за дѣла у васъ съ моимъ сосѣдомъ? — Вашъ сосѣдъ сапожникъ и шьётъ мнѣ сапоги. — Что это за порода собакъ? — Это пьюфаундлендская собака. — Кто этотъ кичливый человѣкъ? — Это жестокосердый ростовщикъ. — Вѣроятно ли что вашъ братъ придётъ сегодня къ намъ? — Нѣтъ, оно не очень вѣроятно. — Кто поётъ тамъ въ сосѣдней комнатѣ? — Это поётъ знаменитая пѣвица изъ Лейпцига. — Молода ли она? — Да, она ещё очень молода. — Не зайдёте ли вы сегодня ко мнѣ?—Такъ какъ вы будете у себя, я зайду къ вамъ на часокъ или на два. — Есть ли горькія травы?—Горькихъ травъ много, но горчайшая изъ нихъ полынь.—Гладокъ ли лёдъ въ нынѣшнемъ году? — Въ нынѣшнемъ году онъ гладокъ, но въ прошломъ онъ былъ глаже.—Такъ ли прилеженъ этотъ мальчикъ, какъ его товарищъ?—Онъ не такъ прилеженъ, но гораздо лучше правомъ. — Хорошо ли танцуетъ танцовщица? — Она хорошо танцуетъ, но не такъ, какъ ея сестра. — Будете ли вы танцовать сегодня на балу́ у баронессы Клеопа́тры Петро́вны? — Я полага́ю, но ещё на вѣ́рное не зна́ю. — Мно́го ли де́негъ получи́лъ э́тотъ банки́ръ? — Онъ ихъ получи́лъ мно́го, но ме́нѣе нежели его́ братъ. — Хорошо́ ли э́то вино́? — Оно́ гора́здо лу́чше того́, кото́рое мы сейча́съ пи́ли.

Зада́ча 129.

Когда́ бу́детъ повсю́дный міръ въ мірѣ? — Кто мо́жетъ сказа́ть э́то? — Но я ду́маю, тогда́, когда́ всѣ лю́ди бу́дутъ таковы́, како́въ былъ наилу́чшій и пречистѣ́йшій изъ сыно́въ человѣ́ческихъ; когда́ всѣ сердца́ бу́дутъ чу́жды не́нависти и по́лны любви́ одно́ къ друго́му. — Бу́детъ ли э́то когда́-нибу́дь? — Я не зна́ю, но ду́маю, что никогда́; и́бо лю́ди никогда́ не бу́дутъ ина́че, какъ они́ тепе́рь. — Есть ли у васъ сто́лькоже непрія́телей, ско́лько у остроу́мнаго ва́шего това́рища? — У меня́ никако́го непрія́теля нѣтъ, и́бо я не такъ остроу́менъ, какъ онъ; онъ сто́лько у́ченъ, сколь остроу́менъ, и скромнѣ́е и учти́вѣе всѣхъ свои́хъ непрія́телей, вражды́ коихъ одна́ за́висть причи́ною. — Ско́лько де́негъ получа́ешь ты отъ своего́ ро́дственника? — Онъ мнѣ не даётъ мно́го де́негъ, и́бо у него́ самаго́ ихъ ма́ло, но онъ всегда́ добръ со мно́ю и по́лный любви́ ко всѣмъ. — Должёнъ ли я идти́ къ учёному, кото́раго уважа́етъ весь міръ? — Вы должны́ идти́ къ нему́, и́бо онъ бо́ленъ ра́ною ноги́. — Есть ли у васъ нѣ́сколько полти́нниковъ? — У меня́ ихъ сто́лькоже, ско́лько у васъ; но у меня́ ихъ не сто́лько, ско́лько четверта́ковъ. — Куда́ идётъ ста́рецъ? — Туда́, куда́ шёлъ бѣ́дный ста́рый кузне́цъ. — И куда́ шёлъ э́тотъ? — Онъ шёлъ туда́, гдѣ его́ по́мощь была́ нужна́ его́ сосѣ́ду, больно́му горя́чкою. — Шли ли ста́рицы туда́же? — Нѣтъ, онѣ шли въ друго́е мѣ́сто, и́бо есть и тамъ бѣ́дные стра́ждущіе, кои́ досто́йны (oder bloß досто́йные) помо́чи ихъ. — Всѣ ли ста́рцы и ста́рицы иску́сны въ хожде́ніи за больны́ми? — Бо́льшая часть. — И́ные свѣ́дущи въ по́льзованіи нѣ́которыхъ тѣле́сныхъ болѣ́зней, и́ные въ по́льзованіи душе́вныхъ болѣ́зней; и́ные весьма́ иску́сны въ нару́жныхъ вреда́хъ, ины́е во вну́треннихъ, но всѣ похо́жи оди́нъ на друга́го, и оди́нъ такъ рачи́теленъ въ хожде́нiи, какъ друго́й. — Мо́жете ли вы счита́ть солда́тъ э́того любе́знаго кня́зя? — Это мнѣ невозмо́жно, и́бо ихъ бо́лѣе полу́тора миллiо́на. — Кто вамъ сказа́лъ э́то? — Тотъ са́мый ма́льчикъ мнѣ говори́лъ объ э́томъ. — Былъ ли э́то са́мый ма́льчикъ, кото́рый ку́шалъ вчера́ у до́браго учи́теля? — Нѣтъ, э́то друго́й. — Ина́че ли тепе́рь вашъ учени́къ, какъ онъ былъ пре́жде? — Онъ ещё тако́йже вѣтренникъ, но и сто́лько любе́зенъ, какъ пре́жде, и я ему́ радъ вся́кiй ра́зъ, когда́ я его́ ви́жу. — Гдѣ онъ тепе́рь?— Тамъ и сямъ, вездѣ и нигдѣ; у него́ нѣтъ постоя́ннаго мѣ́ста.

Зада́ча 130.

Всѣ ли лю́ди равны́ пра́вомъ? — Нѣтъ, нра́вы у люде́й весьма́ разли́чны, ино́й добръ, а друго́й злой. — Кто э́ти два господи́на? — Это прiя́тели; никогда́ не ви́дно одного́ безъ друга́го. — Слы́шали ли вы, что непрiя́тель разби́тъ и предлага́етъ миръ? — Да, я объ э́томъ слыха́лъ, — Отчего́ я не ви́жу ва́шего бра́та? — Мой братъ большо́й домосѣ́дъ, онъ никуда́ не хо́дитъ. — Куда́ идёте вы? — Я иду́ въ це́рковь. —Такъ погоди́те немно́го, я туда́же пойду́ съ ва́ми.—Эта дѣви́ца о́чень хороша́ собо́й!—Это пра́вда, но она́ не совсѣ́мъ здоро́ва; а что красота́ безъ здоро́вья? — Хороша́ ли она́ нра́вомъ? — Я всегда́ предпочита́лъ ея нравъ пра́ву ея́ сестры́, и тепе́рь ви́жу, что она́ гора́здо добрѣ́е. — Чиста́ ли со́вѣсть у э́того человѣ́ка? — Я полага́ю, что у него́ со́вѣсть не чиста́. — Почему́ вы э́то полага́ете? — Потому́ что его́ взглядъ о́чень кова́ренъ. — Почему́ вы не сдѣ́лали того́, что я вамъ сказа́лъ? — Я васъ не по́нялъ. — Вы меня́ о́чень хорошо́ по́няли, но не хотѣ́ли внима́ть мои́мъ слова́мъ. — Это клевета́, я васъ слу́шаюсь всегда́ съ удово́льствiемъ. — Како́е зо́лото получи́ли вы отъ банки́ра? — Онъ мнѣ далъ настоя́щее калифо́рнское зо́лото. — Зна́ли ли вы знамени́таго живопи́сца, кото́рый ны́нѣ живётъ здѣсь, а жилъ въ Лейпцигѣ? — Да, я его очень хорошо зналъ, онъ мнѣ былъ прiятелемъ. — Что совѣтуете вы мнѣ дѣлать? — Я совѣтую вамъ быть бережливымъ и копить, дабы вы никогда не нуждались. — Какой порокъ самый губительный? — Самый губительный порокъ игра. — Игрокъ способенъ на всякую низость.

Задача 131.

Что я долженъ заплатить? — Вы должны заплатить свои долги, а не покупать ничего лишняго. — Довольно ли еще у васъ дровъ? — У меня ихъ уже очень мало; хорошо будетъ ихъ колоть. — Гдѣ служанка? — Она пошла на рынокъ за яицами и за мукою. — Не надобно ли ей было прежде кормить курицъ и гусей? — Ей было нельзя, потому что небыло ни ячменя ни овса. — Не хорошо ли будетъ запереть окна? — Да, ибо на дворѣ очень холодно и вѣтрено. — Можно ли ѣхать водою отсюда до Казани? — Можно; но лучше и удобнѣе туда ѣхать сухимъ путемъ. — Сколько верстъ отъ Санктпетербурга до Казани? — Не могу сказать; но мой кучеръ долженъ знать это. — Отчего можно знать, что земля кругла? — Можно это видѣть по ея тѣни на лунѣ во время луннаго затмѣнія. — Не лучше ли быть богатымъ, нежели быть бѣднымъ? — Этого сказать нельзя; ибо не всякій богатый счастливѣе бѣднѣйшаго своего сосѣда; потому только можно сказать, пріятнѣе быть богатымъ, нежели быть бѣднымъ. — Которыя добродѣтели у солдата похвальнѣе всѣхъ? — Быть храбрымъ и вѣрнымъ государю своему. — Намѣрены ли ваши сестрицы идти сегодня въ театръ? — Онѣ еще не намѣрены идти.

Задача 132.

Иные люди много говорятъ, по мало знаютъ. — Люди, которыхъ мы любимъ, говорятъ мало, но знаютъ много. — Я вижу что-то глупаго въ томъ, когда говорятъ слишкомъ много. — Какой лѣнтяй этотъ ученикъ, онъ никогда не работаетъ и всегда играетъ! — Никакой ученикъ не долженъ быть лѣнивымъ или нескромнымъ! — Что это за живопись? — Это копія съ знаменитаго Воскресенія Господня въ Дрезденской галлереи. — Точна ли копія? — Да, сударь, она очень верна, это отличная работа. — Писалъ ли её тотъ самый живописецъ, котораго знаемъ вы и я? — Тотъ самый. — Какая у васъ карта въ рукахъ? — Бубновая осмёрка. — Я думалъ, что тузъ. — Нѣтъ, сударь, вы видите, что не тузъ, но осмёрка. — Ваша карта одной масти съ моею. — Кто былъ послѣднимъ королемъ французскимъ? — Карлъ десятый. — А первымъ великимъ княземъ Россіи? — Первымъ великимъ княземъ Россіи былъ Рюрикъ. — Сколько фунтовъ чаю купили вы? — Я не знаю, но думаю фунта съ два. — Скоро ли вы будете говорить съ своею прекрасною двоюродною сестрою? — Можетъ быть завтра, можетъ быть послѣзавтра. — Когда вы её видѣли? — Третьяго дня въ половинѣ пятаго пополудни.

Задача 133.

Дайте мнѣ, пожалуйста, вашу книгу. — Мнѣ вамъ её дать нельзя, она нужна мнѣ самому. — Время ли вамъ пойти гулять со мною? — Нѣтъ, у меня нѣтъ времени, я долженъ идти къ своему портному. — Если вы мнѣ заплатите свой долгъ, я всегда готовъ быть вамъ полезнымъ. — Угодно ли вамъ обѣдать? — Нѣтъ, мнѣ обѣдать нельзя, у меня нѣтъ времени. — Почему у васъ нѣтъ времени? — Потому что мнѣ ещё надо писать. — Глупъ ли вашъ ученикъ? — Нѣтъ, онъ не глупъ, но весьма лѣнивъ. — Забавна ли книга, которую вы читаете? — Нѣтъ, она весьма скучна. — Хорошо ли моетъ ваша прачка бѣльё? — Нѣтъ, она его не хорошо моетъ, оно то желтовато, то синевато. — Любите ли вы запахъ фіалки? — Я очень люблю запахъ фіалки. — Хорошо ли пахнетъ этотъ розанъ? — Она пахнетъ отмѣнно хорошо, — Холодно ли вамъ? — Мнѣ не только холодно, но я совершенно замёрзъ. — Откуда прибылъ этотъ курьеръ? — Онъ прибылъ изъ С.-Петербурга и привёзъ извѣстіе о заключённомъ мирѣ. — Какъ находите вы этотъ сыръ? — Онъ не дурень, но я нахожу́, что онъ немно́го горькова́тъ. — Ва́ша пра́вда, онъ не сла́докъ. — Узна́ли вы моего́ прія́теля? — Нѣтъ, я его́ не узна́лъ, пре́жде онъ носи́лъ бо́роду, а тепе́рь онъ безъ бороды́. — Отчего́ ва́ша ко́мната такъ холодна́? — Потому́ что она́ не то́плена. — Такъ вели́те её затопи́ть! — Я бы э́то охо́тно сдѣ́лалъ, но у меня́ нѣтъ дровъ. — Такъ купи́те дрова́, вотъ вамъ де́ньги.

Зада́ча 134.

Что ты хо́чешь дѣ́лать тепе́рь? — Я хочу́ идти́ въ шко́лу, но мнѣ хо́чется пре́жде за́втракать. — Былъ ли ты и вчера́ въ шко́лѣ? — Нѣтъ, я писа́лъ своему́ учи́телю, что я бо́ленъ. — Былъ ли ты бо́ленъ? — Не о́чень бо́ленъ, но нездоро́въ. — Писа́ть ли мнѣ сего́дня и́ли лу́чше чита́ть сію́ прекра́сную францу́зскую кни́гу, кото́рую я до́лженъ за́втра уже́ возврати́ть свое́й тёткѣ? — Тебѣ́ писа́ть сего́дня ещё два письма́ къ на́шему варша́вскому купцу́; но е́сли ты хо́чешь чита́ть, мнѣ самому́ на́добно бу́детъ ихъ писа́ть. — За чѣмъ прика́щикъ хо́четъ идти́ въ мою́ конто́ру? — Онъ идётъ за печа́тью и за немно́гимъ сургучёмъ. — Ему́ идти́ бы́ло пря́мо въ ближа́йшую ла́вку; и́бо въ мое́й конто́рѣ ни той, ни друга́го нѣтъ. — Вамъ бы́ло ему́ э́то сказа́ть; и́бо у него́ не мно́го вре́мени, потому́ что ему́ ещё взыска́ть сего́дня нѣ́которые векселя́, кото́рымъ срокъ. — Зна́ешь ли ты Ура́лъ? — Да, я былъ тамъ; это лѣси́стая и камени́стая страна́. — Когда́ ты ви́дѣлъ Ура́лъ? — Когда́ я ѣ́халъ въ Сиби́рь, э́ту страну́ бога́тую камня́ми, мета́ллами и хлѣба́ми. — Когда́ намъ бу́детъ на́добно ѣ́хать за дрова́ми? — У насъ уже́ вчера́ не́-было дровъ. — Тогда́ вамъ должно́ бы́ло тре́тьяго дня уже́ ѣ́хать въ лѣсъ, и́бо сего́дня идётъ си́льный дождь, поэ́тому за́втра доро́ги въ лѣсу́ бу́дутъ чрезъ чуръ дурны́, и намъ на́добно бу́детъ ждать до послѣ-за́втра. — Когда́ уви́димъ мы васъ у себя́? — Мнѣ хо́чется ка́ждый день быть съ ва́ми; но у меня́ о́чень мно́го дѣлъ, и потому́ у меня́ нѣтъ вре́мени идти́ къ како́му бы то ни́было прія́телю. — Узна́лъ ли ты моего́ ста́-

раго прія́теля Па́вла Ильича́? — Я ви́далъ его́ вчера́, говори́лъ съ нимъ, а всётаки его́ не узна́лъ. — Въ са́момъ ли дѣлѣ у васъ пятьдеся́тъ пять рубле́й? — Я ихъ не счита́лъ, но ду́маю что бу́детъ такъ.—Како́е сукно́ хоти́те вы купи́ть? —Я хочу́ купи́ть разли́чныя су́кна, чёрное, сѣрое и зелёное, дорого́е и дешёвое. — Тогда́ вамъ бы́ло бы идти́ въ другу́ю ла́вку, и́бо у сего́ купца́ то́лько су́кна двухъ разбо́ровъ, кото́рымъ цѣна́ соразмѣ́рно весьма́ высо́ка. — Ско́лько я вамъ до́лженъ? — Вы мнѣ должны́ сто се́мьдесятъ три рубля́. — За что я вамъ ихъ до́лженъ? — Вы купи́ли у меня́ де́вять пудъ во́ску и дали́ мнѣ то́лько два́дцать де́вять рубле́й. — Зна́ете ли вы э́то то́чно?—Да, су́дарь, я зна́ю э́то о́чень то́чно. —Да, тепе́рь я зна́ю э́то и самъ, оно́ то́чно такъ.—Я былъ вчера́ въ прекра́сной це́ркви Свята́го Петра́; бы́ли ли вы та́кже тамъ? — Да, я былъ тамъ и хочу́ пойти́ сего́дня туда́же. —Ви́дите ли вы Петра́ и Лиза́ньку? — Да, никогда́ не мо́жно ви́дѣть одного́ безъ друго́й. — Что болѣ́знь? — Это поврежде́ніе здоро́вія. — Не хоти́те ли вы купи́ть хоро́шихъ шёлковыхъ чуло́къ и лѣ́тнихъ перча́токъ? — У меня́ есть прекра́сные и деше́вле, не́жели у како́го-либо купца́ въ на́шемъ го́родѣ. — У меня́ ещё дово́льно чуло́къ, но я хочу́ купи́ть перча́тки, да шёлковые и бума́жные платки́, если у васъ ихъ о́чень прекра́сные. — У меня́ тѣ изъ первѣ́йшихъ мануфакту́ръ на́шей земли́, а сіи́ изъ са́мыхъ лу́чшихъ и знамени́тѣйшихъ нѣ́мецкихъ и францу́зскихъ до́мовъ. — Не ра́ды ли вы ста́рому своему́ дру́гу и сосѣ́ду? — Не о́чень; и́бо вся́кій разъ, когда́ мы ви́димъ другъ дру́га, оди́нъ и́ли друго́й до́лженъ до́рого купи́ть э́то удово́льствіе; поэ́тому намъ никогда́ не хо́чется ви́дѣть другъ дру́га.

Зада́ча 135.

Коло́лъ ли вашъ дво́рникъ вамъ дрова́? — Нѣтъ, онъ ихъ ещё не коло́лъ. — Заколо́лъ ли по́варъ пѣтуха́? — Да, онъ его́ заколо́лъ, дабы́ свари́ть супъ.—По́ра вамъ встава́ть, ужъ вре́мя за́втракать.—Кто вамъ принёсъ зелёный ба́рхатъ, самъ хозя́инъ магази́на и́ли его́ прика́щикъ? — Нѣтъ, ни хозя́инъ, ни его́ ирпка́щикъ, но лакей. — Хо́чется ли вамъ пить? — Нѣтъ, мнѣ пить не хо́чется, я то́лько что пилъ. — Куда́ идётъ молодо́й живопи́сецъ? — Онъ идётъ къ знамени́тому профе́ссору, чтобы брать у него́ уро́ки. — Лу́чшее ли э́то у васъ сукно́? — Нѣтъ, э́то сукно́ втора́го разбо́ра. — Нашли́ ли вы де́ньги, кото́рые вы потеря́ли? — Нѣтъ, я ихъ не нашёлъ и не полага́ю, что я ихъ найду́ когда́-нибу́дь. — Когда́ посѣти́ли вы своего́ ба́тюшку? — Я посѣти́лъ его́ вчера́ ве́черомъ. — Мо́жно ли полага́ться на э́того человѣ́ка? — Нѣтъ, на него́ полага́ться нельзя́, онъ никогда́ не остаётся вѣ́ренъ своему́ сло́ву. — Поле́зно ли намъ учи́ться ру́сскому языку́? — Мнѣ о́чень поле́зно учи́ться ру́сскому языку́, и́бо я хочу́ ѣхать въ Росси́ю. — Присто́йно ли э́то мнѣ? — Вамъ э́то о́чень присто́йно. — Полно́ ли ведро́ воды́? — Да, оно́ полно́ воды́. — Какъ нра́вятся вамъ разгово́ры э́того господи́на? — Они́ мнѣ во́все не нра́вятся, онъ мнѣ расска́зываетъ то, что давно́ уже́ извѣ́стно. — Каково́ прилежа́ніе э́того ма́льчика? — Его́ прилежа́ніе хорошо́, но его́ спосо́бности весьма́ дурны́. — Что проси́лъ у васъ э́тотъ стари́къ? — Это ни́щій, и онъ проси́лъ у меня́ подая́ніе.

Зада́ча 136.

Мо́жно ли надѣ́яться, что за́втра бу́детъ хоро́шая пого́да? — Мнѣ надо́бно ѣхать въ Москву́ къ большо́й мое́й ма́тери. — До́лжно опаса́ться, что за́втра бу́детъ дождь, и́бо тума́нъ такъ густъ, что ничего́ нельзя́ ви́дѣть за де́сять шаго́въ передъ собо́ю. — Отку́да ты идёшь съ това́рищами? — Мы были́ са́ми тре́тьи въ ближа́йшемъ лѣсу́. — Како́е дѣ́ло бы́ло у васъ тамъ? — Мы шли за пти́чьими гнѣ́здами. — Вы должны́ стыди́ться, злы́е ма́льчики! — И такъ вы хоти́те красть дома́ и я́йца бѣ́дныхъ пти́чекъ? — Возмо́жно ли вамъ ра́доваться тоскѣ́ бѣ́дныхъ тваре́й? — Ма́льчикамъ надо́бно ходи́ть въ шко́лу, учи́ть свои́ уро́ки, быть прилѣ́жными и внима́тельными и слу́шаться до́брыхъ свои́хъ учителе́й. — Кто же пе хочетъ учиться, тотъ всегда будетъ неучъ и во многихъ случаяхъ долженъ будетъ стыдиться своего невѣжества. — Хотите ли вы слушаться впредь моего совѣта? — Хотимъ, батюшка, всегда тебя слушаться и стараться, всегда быть достойными твоей любви и любви всѣхъ добрыхъ людей. — Кому возможно сомнѣваться въ искренности вашего обѣщанія? — Я хочу надѣяться, что ваши сердца ещё чужды лжи и притворства и полны добрыхъ намѣреній.

Задача 137.

Должно беречься, чтобъ не быть больнымъ. — Я теперь бы не хотѣлъ пить, слишкомъ жарко и чѣмъ болѣе пьёшь тѣмъ болѣе хочется пить. — Зачѣмъ не были вы у меня вчера въ половинѣ третьяго? — Мнѣ было невозможно придти къ вамъ, я долженъ былъ идти въ городъ къ своему старшему брату. — Никто не можетъ сказать, что онъ счастливъ. — Отчего вы это думаете? — Потому что счастливѣйшій можетъ быть несчастливымъ въ чёмъ нибудь. — Да, я знаю это, одинъ и тотже человѣкъ можетъ быть счастливымъ и несчастливымъ. — У какого стола кушали вы вчера свой обѣдъ? — У того же самого стола, у котораго кушалъ вашъ братъ. — Позабылъ ли ты своего вѣрнаго слугу? — Котораго? — Илью. — Нѣтъ, я никогда не забываю того, кто мнѣ вѣренъ. — Дайте бѣдному нищему половину хлѣба, который у васъ въ рукахъ. — Зачѣмъ? — Потому что онъ голоденъ, а вы сыты. — Не сожалѣете ли вы о горькой судьбѣ того храбраго героя, котораго не любитъ его государь? — Почему мнѣ сожалѣть объ нёмъ? — Онъ богатъ и знатенъ. — Хотите ли вы купить сургучъ и чернильницу? — Мнѣ ни того ни другой не надобно, мнѣ надобны только облатки.

Задача 138.

Любите ли вы этого молодаго человѣка? — Нѣтъ, я его не люблю, онъ слишкомъ хвалится. — Надѣетесь ли вы видѣть своего молодаго брата? — Нѣтъ, я потерялъ надежду видѣть его, я полагаю, что онъ погибъ съ кораблёмъ, на которомъ онъ находился. — Кто этотъ неучъ? — Я того не знаю, но онъ мнѣ кажется полнымъ невѣжества. — Имѣете ли вы намѣреніе ѣхать въ нынѣшнемъ году въ Парижъ? — Нѣтъ, я этого намѣренія не имѣю. — Чему учитъ эта грамматика? — Она учитъ хорошо говорить, читать и писать. — Откровененъ ли вашъ слуга? — Нѣтъ, онъ не откровененъ, онъ полонъ притворства. — Гдѣ ваше ружьё? — Оно у оружейника, я ему отдалъ оное, чтобъ онъ его починилъ. — Слышали ли вы, что сраженіе потеряно? — Да, оно потеряно чрезъ измѣну полководца. — Просите у вашего учителя прощеніе! — Нѣтъ, я прощенія просить не буду, я ни въ чёмъ передъ нимъ не виноватъ. — Лучше терпѣть буду я несправедливое наказаніе. — Вы, мнѣ кажется, очень упрямы, это нехорошо, ибо упрямство не ведётъ къ добру. — Я не упрямъ, но только люблю справедливость. — Похожъ ли этотъ мальчикъ на своего брата? — Нѣтъ, онъ на него не похожъ. — Кто этотъ старикъ, которому вы сейчасъ кланялись? — Это знаменитый профессоръ, онъ свѣдущъ почти во всѣхъ наукахъ. — Увидите ли вы сегодня ростовщика? — Нѣтъ, я къ нему не хожу, онъ слишкомъ алченъ до денегъ. — Богатъ ли онъ? — Полагаютъ, что онъ очень богатъ. — Охотникъ ли вы до собакъ? — Нѣтъ, до собакъ я не большой охотникъ, но до лошадей я большой охотникъ.

Задача 139.

Крестьяне у него украли всѣхъ его овецъ, а онъ не знаетъ вора. — Ничто ему; ибо онъ теперь гнетётъ бѣдныхъ своихъ людей и имъ не даётъ достаточной платы. — Что вы здѣсь наблюдаете? — Здѣсь ползётъ червь, какого я никогда не видалъ. — Видѣлъ ли его уже вашъ батюшка? — Не знаю. — Онъ въ саду, сгрёбъ сухіе листья и метётъ теперь дорожки, а здѣсь его сегодня небыло. — Цвѣтутъ ли уже тюльпаны? — Я этого не могу сказать; я ещё не видалъ. — Солнце уже весьма грѣетъ; у насъ сегодня ясный, тёплый весенный день. — Весною очень приятно и весело работать въ садахъ и на-полѣ. — Кожа не столько потѣетъ, какъ во дни ржаной жатвы. — Поѣдетъ ли слуга завтра въ городъ съ пшеницею? — Ему не будетъ возможно, ибо быкъ его боднулъ.—Не могъ ли онъ остеречься того?—Ему было только полѣзть на ближайшее дерево. — Не поведёте ли вы сего опаснаго быка къ мяснику? — Нельзя. — Этотъ быкъ столько работаетъ, сколько двѣ лошади. — Не хотите ли вы положить сію книгу въ вашъ (oder свой) карманъ?—Нельзя, ибо я уже положилъ въ одинъ карманъ свои очки и въ другой зрительную трубку. — Кто тамъ прядётъ въ большой избѣ? — Наши служанки тамъ прядутъ шерсть, а моя дочь прядётъ лёнъ.—Она можетъ прясть очень тонкую и чистую нитку. — Могу ли я видѣть вашего батюшку?—Теперь его дома нѣтъ. — Онъ долженъ былъ идти къ дядюшкѣ, который боленъ горячкою.

Задача 140.

Видѣли ли вы крестьянина на-полѣ. — Да, сударь, онъ пахалъ и хотѣлъ сѣять. — Что онъ хотѣлъ сѣять? — Разные хлѣба. — Какіе? — Овёсъ, ячмень, пшеницу, лёнъ и конопель. — Каждый ли крестьянинъ прилеженъ? — Онъ долженъ быть имъ, но многіе крестьяне также лѣнивы. — Еловый ли это лѣсъ? — Нѣтъ, это сосновый лѣсъ. — Есть ли въ этомъ саду груши? — Да, сударь, и даже весьма многія. — Какія кушанья кушаютъ въ этомъ училищѣ? — У учениковъ каждый день хорошій супъ и отличное жаркое. — Какое жаркое у учениковъ? — То говядина, то гусятина, то дичина. — Довольны ли они своимъ учителемъ? — Не очень, они болѣ любятъ учителевыхъ сыновей. — Кто тамъ шёлъ на дворѣ замка къ богатому князю?—Это былъ князевъ младшій сынъ.—Дорогъ ли онъ князю? — Князь любитъ его соотвѣтственно его заслугамъ. — Легче ли рисованіе живописи? — Я не думаю; оба искуства прекрасны, но не легки. — Чьё сочиненіе эта географія? — Учёнаго учителя моего младшаго двоюроднаго брата. — Писалъ ли онъ также исторію? — Да, сударь, онъ много писалъ о наукахъ.

Задача 141.

Кто грызётъ подъ-поломъ? — Это крыса, здѣсь у насъ ихъ очень много. — Какой цвѣтокъ цвѣтётъ тамъ на окнѣ? — Это тюльпанъ, онъ прекрасно цвѣтётъ. — Какіе солдаты прибыли сегодня въ нашъ городъ? — Въ нашъ городъ прибыло около полутораста человѣкъ гренадёръ. — Очень ли опасна ли его рана? — Достаточно ли у васъ золота? — Да, теперь у меня его достаточно. — Извольте ли вы кусочекъ говядины? — Нѣтъ, говядины я не хочу, дайте мнѣ кусочекъ дичины. — Извольте. — Болятъ ли у васъ ещё зубы? — Нѣтъ, зубы у меня болѣе не болятъ, но весьма болитъ голова. — Какую пищу предпочитаете вы, мясную или рыбную? — Я ни мясной ни рыбной пищи не люблю, всего охотнѣе я ѣмъ зелень. — Кажется, что у васъ лѣвая щека опухла. — Да, это отъ зубной боли. — Гдѣ купили вы эту прекрасную шубу? — Я купилъ её у извѣстнаго Сорокоумскаго въ Москвѣ. — Дорого ли вы дали за неё? — Да, она мнѣ дорого стоитъ, я за неё заплатилъ слишкомъ восемь сотъ рублей. — Развѣ шубы дороги въ Россіи? — Да, въ Россіи онѣ дороже нежели въ Германіи. — Какую шубу купили вы своей женѣ? — Я ей купилъ прекрасную соболью шубу. — Проѣзжали ли вы чрезъ еловый лѣсъ? — Нѣтъ, чрезъ еловый лѣсъ я не проѣзжалъ, но проѣхалъ чрезъ сосновый. — Есть ли у васъ лѣтнія платья? — Нѣтъ, лѣтнихъ платьевъ я ещё себѣ не заказывалъ. — Принесите мнѣ клею, я хочу заклеить эту дыру.

Задача 142.

Знаете ли вы живописца, который живётъ въ замкѣ князя Н.? — Онъ вездѣ слыветъ искуснымъ художникомъ.

— Я видѣлъ нѣкоторыя изъ его картинъ и должно сказать, что онѣ были прекрасны. — На одной вы видите прелестную пастушку, дѣвочку лѣтъ шестнадцати до семнадцати, которая плетётъ самые искуснѣйшіе вѣнки изъ полевыхъ цвѣтовъ. — Младшая дѣвочка вьётъ ленточки изъ травъ. — Нѣкоторые овцы, которыхъ обѣ миленькія дѣвочки пасутъ, весело играютъ одна съ другою, другія пьютъ изъ деревянныхъ сосудовъ, въ которые дюжій парень льётъ свѣжую воду. — Что вы видите на другой картинѣ? — На другой картинѣ я вижу гондолу, которая тихонько плывётъ по тихой рѣкѣ. — Въ гондолу сѣли два воинственные юноша. — Въ паруса дуетъ только лёгкій вѣтерокъ, но тѣмъ прилежнѣе весёлые товарищи гребутъ къ одному старинному строенію. — Кто иной тамъ можетъ жить, какъ пріятельница одного изъ сихъ друзей? — Мнѣ хочется купить эти картины, если онѣ не слишкомъ дороги. — Видѣли ли вы погибель этого прекраснаго парахода? — Да, я видѣлъ её, она была ужасна; матросы бросали всё въ море, и потомъ бросились сами въ воду. — Рыдали ли они? — Нѣтъ, всѣ были храбры и чужды испугу. — Что убилъ егерь? — Двухъ куницъ, двухъ лисицъ и двадцать одного зайца. — Что ваши двоюродныя сёстры теперь работаютъ? — Онѣ шьютъ сорочки и перчатки. — Отчего вонь въ этой улицѣ? — Отъ канавъ, потому что онѣ не текутъ, люди ихъ не довольно часто чистятъ, и вода въ нихъ гніётъ. — Видѣли ли вы параходъ, который такъ скоро плылъ? — Я его видѣлъ. — Мы будемъ плыть на томъ же параходѣ въ Майнцъ. — Когда мы плыли отъ Гавра до Лондона была ужасная буря; корабль сѣлъ на камень, и только присутствіе духа нашего кормчаго насъ спасло отъ близкой погибели.

Задача 143.

Не слушайте этого господина; онъ всё только врётъ. — Правда ли, что онъ только врётъ? — Я думалъ, что онъ говоритъ правду. — Нѣтъ, всѣ его слова ни что иное какъ ложь. — Вставайте, вы довольно спали! — Я не спалъ, я только дремалъ. — Вы не дремали, а очень крѣпко спали. — Кого кличете вы? — Я кличу своего слугу. — Не кричите такъ, можно оглохнуть отъ вашего крику. — Я не кричу, я говорю очень тихо. — Какую лошадь вёлъ сегодня по улицѣ молодой кучеръ? — Онъ вёлъ верховую лошадь богатаго графа въ его великолѣпный замокъ. — Половой, принесите мнѣ списокъ кушаньямъ! — Онъ ещё не готовъ. — Такъ скажите мнѣ на изусть, что у васъ есть. — У насъ супъ съ раками, говядина съ зелёнымъ горохомъ, бараньи котлеты съ жаренымъ картофелемъ, жаркое и пирожное. — Какое у васъ пирожное? — Миндальное. — Такъ принесите мнѣ обѣдать. — Есть ли у васъ хорошее вино? — У насъ отличное вино, мы его покупаемъ въ англійскомъ магазинѣ. — Есть ли у васъ хорошее рейнское вино? — Какъ его не быть? — У насъ разные сорты рейнскаго вина. — Дайте мнѣ бутылку Либфрауэнмильхъ и къ пирожному бокалъ шампанскаго. — Мы шампанское бокалами не продаёмъ, оно продаётся только въ бутылкахъ и полбутылкахъ. — Такъ принесите мнѣ полбутылку. — Слушаюсь. — Разрѣжьте мнѣ, пожалуйста, жаркое, у меня болитъ рука. — Любите ли вы мелкіе или крупные куски? — Не слишкомъ мелкіе и не слишкомъ крупные, а среднie. — Можно ли получить стаканъ водки? — Нѣтъ, водки намъ нельзя продавать, это намъ запрещено.

Задача 144.

Чему вы смѣётесь, сударыня? — Я смѣюсь пѣвицѣ, которая столько хлопочетъ, чтобъ худо пѣть. — Смѣю ли я надѣяться, что скоро васъ увижу? — Мы надѣемся, завтра уже возвратиться. — Что за шумъ на дворѣ? — Вѣтръ воетъ въ трубѣ, собаки лаютъ на дворѣ, лошади ржутъ въ конюшнѣ и холопы и служанки хохочутъ. — Развѣ курицы не клевали овса? — Онѣ клевали, а пѣтухъ кокочетъ и не хочетъ клевать. — Гдѣ нашъ прикащикъ? — Онъ пошёлъ на то мѣсто, гдѣ наши работники и работницы треплютъ лёнъ и конопель. — Нашъ сосѣдъ на него клевещетъ и хочетъ знать, что онъ не чистъ на́-руку; но я зна́ю, что онъ лжётъ, и́бо онъ самъ э́того не ви́дѣлъ. — Ткутъ ли суко́нщики въ Силе́зіи такія хоро́шія сукна́, какъ суко́нщики въ Саксо́ніи? — Одни́ и другіе ткутъ хоро́шія сукна́, а нидерла́ндцы пре́жде тка́ли са́мыя лу́чшія сукна́. — Кого́ лю́ди ждутъ здѣсь? — Они́ ждутъ, что преле́стная принце́сса со свои́мъ короле́вскимъ женихо́мъ вы́йдетъ изъ це́ркви; но я не могу́ до́лѣе ждать. — Что вамъ дѣ́лать? — Мнѣ писа́ть до трёхъ часо́въ ещё шесь пи́семъ, а тепе́рь уже́ полови́на пе́рваго. — Кто тамъ въ бесѣ́дкѣ пря́чется? — Это нашъ другъ Па́велъ Петро́вичъ. — Я его́ кли́кну къ намъ и покажу́ прекра́сныя кни́ги и карти́ны, кото́рыя графи́ня пошлётъ въ Пари́жъ. — Куда́ ты шлёшь дитя́тю? — Я его́ шлю домо́й. — Что за мате́рію ва́ша ма́тушка берётъ на епанчу́? — Она́ взяла́ тёмнокра́сный объя́рь, а на подкла́дку она́ хо́четъ взять зеленова́тую та́фту. — Хо́чется ли вамъ купи́ть сію́ ляга́вую соба́ку? — Если она́ хорошо́ чу́етъ и не чрезъ чуръ дорога́, я хочу́ её купи́ть.

Зада́ча 145.

Отчего́ пѣту́хъ коко́талъ всю ночь? — Онъ чу́ялъ лиси́цу. — Куда́хтала ли та́кже ку́рица? — Да, су́дарь, я слы́шалъ э́то, то́чно и что соба́ка ля́яли. — Радъ ли оте́цъ своему́ до́брому сы́ну? — Да, и́бо прія́тно отцу́ имѣ́ть до́брыхъ дѣте́й. — Всѣ ли его́ дѣ́ти похо́жи на его́ сы́на Ка́рла? — Всѣ и́скупы, но ины́е па́дки на дурны́я дѣла́. — Кака́я пого́да у насъ сего́дня? — Ни хо́лодно ни жа́рко. — Какъ человѣ́къ сте́летъ себѣ́, такъ онъ и спитъ. — Кого́ пасъ ста́рый пасту́хъ на лугу́? — Онъ пасъ ста́до коро́въ, быко́въ, соро́къ, три овца́ и де́вять лошаде́й. — Бода́ютъ ли его́ коро́вы? — Нѣтъ, коро́вы не бода́ютъ, но быки́ бода́ютъ. — Бода́лъ ли тебя́ быкъ? — Да, вчера́ бода́лъ меня́ быкъ. — Ничто́ тебѣ́, зачѣ́мъ подхо́дишь ты сли́шкомъ бли́зко? — Далъ ли тебѣ́ портно́й доста́точно дли́нную ни́тку? — Да, ни́тка была́ доста́точно длинна́, но не сли́шкомъ. — Каки́е хлѣба́ сѣ́ялъ крестья́нинъ? — Онъ сѣ́ялъ пшени́цу. — Сѣ́ялъ ли онъ та́кже рожь и́ли овёсъ? — Нѣтъ, ни ржи ни овса́. — Увѣренъ ли ты въ томъ? — Я надѣюсь, что зна́ю, и́бо онъ мнѣ самъ сказа́лъ.

Зада́ча 146.

Что вы безпреста́нно смѣётесь, э́то мѣша́етъ други́мъ и о́чень неприли́чно! — Какъ мнѣ не смѣя́тся? — Мой братъ шали́тъ и щеко́четъ меня́. — Не трепещи́те, дѣло мо́жетъ ещё попра́виться. — Не ду́майте того́, всё потеря́но и я поги́бъ. — Не бу́дьте малоду́шны, сты́дно мужчи́нѣ теря́ть бо́дрость и наде́жду. — Не пры́гайте такъ высоко́, вы мо́жете слома́ть но́гу. — Разта́ялъ ли уже́ снѣгъ на поля́хъ? — Нѣтъ ещё, вамъ должно́ бу́детъ ѣхать въ Петербу́ргъ по зи́мнему пути́. — Въ нынѣшнемъ году́ зима́ до́лго стои́тъ. — Да, о́чень до́лго. — Кто лѣзетъ тамъ на трубу́? — Трубочи́стъ. — Какъ э́тотъ молодо́й человѣкъ сча́стливъ въ ка́ртахъ! — Да, ему́ сча́стіе сего́дня везётъ, по обыкнове́нію онъ игра́етъ весьма́ несча́стливо. — Ничто́ ему́, зачѣмъ онъ игра́етъ, игра́, по мо́ему, са́мый вре́дный изъ всѣхъ поро́ковъ. — Кака́я э́то у васъ зри́тельная труба́? — Настоя́щая мюнхенская. — Не иди́те по э́той доро́ги, она́ весьма́ опа́сна. — Бѣда́ и го́ре ожида́ютъ того́, кто по напра́сну потеря́лъ лу́чшіе го́да свое́й жи́зни, свою́ ю́ность. — Пода́йте мнѣ стулъ, я хочу́ сѣсть, и́бо я о́чень уста́лъ. — Сту́ла мнѣ вамъ пода́ть нельзя́, у меня́ его́ нѣтъ, но вотъ вамъ ла́вка. — Пра́вда ли то, что намъ разска́зываетъ э́тотъ господи́нъ? — Нѣтъ, э́то непра́во, э́то ничто́ ино́е какъ ложь. — Ка́жется, что ва́ши двою́родные бра́тья весьма́ дру́жны ме́жду собо́ю. — Ва́ша пра́вда: оди́нъ безъ друга́го жить не мо́жетъ [одному́ безъ друга́го жить нельзя́]. — Пра́вда ли, что во Фра́нціи ещё существу́етъ тѣле́сное наказа́ніе? — Нѣтъ, вы ошиба́етесь, оно́ тамъ давно́ уничто́жено. — Мно́го ли учёныхъ въ на́шемъ го́родѣ? — Ихъ въ на́шемъ го́родѣ о́чень мно́го. — Каки́я болѣзни опа́снѣе, вну́треннія и́ли нару́жныя? — Вну́треннія мно́го опа́снѣе нару́жныхъ.

Задача 147.

Что вы тамъ работаете, другъ мой?—Надѣюсь, сударь, что вы видите, что я стружу рамку. — Я вижу это; но скажите мнѣ, зачѣмъ колеблется вашъ стругъ?—Вы должны поколотить молотомъ на этотъ клипъ, тогда онъ будетъ крѣпче. — Сами ли вы разщепали дрова? — Да, сегодня я самъ ихъ разщепалъ, но обыкновенно дѣлаетъ это мой старый и вѣрный слуга. — Сколько дали вы за всё это дерево? — Двадцать одинъ рубль. — Отчего малый вашъ двоюродный братъ хромаетъ? — Новые его сапоги чрезъ чуръ узки и трутъ его такъ, что онъ стонетъ отъ боли. — Я ему намажу маленькій пластырь, который ему будетъ очень полезенъ. — Мы только мажемъ нѣсколько сала на холстъ и сыплемъ немного мѣлу на сало. — Это также очень хорошій пластырь. — Хорошо ли рѣжутъ эти ножницы? — Ножницы тупы, но перочинный ножикъ очень хорошо рѣжетъ. — Что ты ищешь?—Я ищу свою книгу. — Батюшка её спряталъ потому, что вы никакой книги не бережёте и дерёте листы. — Я никогда не разодралъ книги или листа, а Эдуардъ брызжетъ на всѣ свои книги чернила, потому что онъ слишкомъ глубоко макаетъ перо. — Кто тамъ мигаетъ глазами и машетъ рукою? — Это учителева Ольга. — Что она хочетъ? — Она алчетъ разговора съ вами. — Что вралъ такъ долго вашъ младшій братъ? — Онъ говорилъ о сыроватомъ бѣльё, которое мыла ему лѣнивая прачка. — Хорошо ли было бѣльё? — Нѣтъ, оно небыло бѣло, но черно черпёхонько. — Не плачетъ ли Сашенька? — Она плачетъ да хнычетъ, ибо она и бѣдная ея большая тётка, у коей она горемыкаетъ, очень страдаютъ. —Свисталъ ли ты?—Я не свисталъ, я не могу такъ сильно свистать.—Это паровая машина, которая свищетъ; она свищетъ всякое утро въ шесть часовъ.

Задача 148.

Которую лошадь желаете вы купить? — Мнѣ всё равно, обѣ равно хороши, я куплю ту, которая подешевле. — Кто вамъ это сказалъ? — Нѣкій, весьма извѣстный человѣкъ. — Гдѣ книга, которая лежала у васъ на столѣ? — Я далъ её своему слугѣ, который отнёсъ её моей двоюродной сестрицѣ. — Кто тотъ лѣнивецъ, который никогда не учитъ своего урока? — Это сынъ жестокосердаго ростовщика, онъ также дурной нравомъ, какъ и отецъ его. — Пейте же своё вино, оно очень хорошо! — Я это знаю, но мнѣ пить болѣе не хочется, у меня болѣе жажды нѣтъ. — Разбудите своего брата, уже восьмой часъ! — Нѣтъ, я не буду его будить, пусть онъ спитъ, онъ только что уснулъ, ибо всю ночь у него болѣли зубы. — Кто гуляетъ тамъ въ саду? — Капитанъ той роты гренадеръ, которая вчера вступила въ нашъ городъ. — Зачѣмъ вы не выучили своего урока? — У меня небыло времени, я долженъ былъ работать что-то другое. — Это пустая отговорка, для изученія такого маленькаго урока у васъ бы всегда нашлось времени. — Вѣроятно-ли что ваша карета настоящая вѣнская? — Оно не вѣроятно, я это самъ вижу и думаю, что меня обманулъ каретникъ, у котораго я её купилъ. — Пойдёте ли вы танцовать на балъ къ графу? — Не думаю, онъ меня поздно пригласилъ и я сомнѣваюсь, что портной во время принесётъ мнѣ новый фракъ. — Развѣ вашъ старый фракъ не хорошъ? — Нѣтъ, онъ старъ и весь изношенный. — Хороша ли эта работа? — Нѣтъ, у моего сына нѣтъ ни радѣнія ни прилежанія. — Не рискуйте слишкомъ; это опасно! — У русскихъ есть пословица: рискъ благородное дѣло; только тотъ выигрываетъ, кто рискуетъ. — Это правда, но онъ можетъ и всё потерять.

Задача 149.

Мололъ ли ты уже кофей? — Кухарка его мелетъ. — Когда она будетъ колоть утокъ? — Она ещё не хочетъ ихъ колоть, потому что онѣ ещё не довольно жирны; она хочетъ ихъ кормить ещё недѣлю. — Сегодня мы колемъ двухъ жирныхъ гусей, а нашъ сосѣдъ колетъ трехнедѣльнаго поросёнка. — Кто такъ измялъ письмо? — Егоръ, ибо онъ его положи́лъ въ оди́нъ и тотъ-же карма́нъ съ куско́мъ хлѣба. — Ты врёшь и ме́лешь вздо́ръ, у меня́ не́было ни письма́, ни хлѣба; я нёсъ ба́рхатный свой кафта́нъ къ портно́му. — Онъ всё шьётъ такъ ху́до, что ско́ро порется. — Не ви́дѣлъ ли ты мимохо́домъ Его́ра и Ѳёдора, ко́ихъ я посла́лъ къ апте́карю? — Они́ бы́ли въ увесели́тельномъ саду́ и боро́лись съ други́ми шко́льниками. — Шаловли́вые ма́льчики вездѣ броса́ются другъ на дру́га и деру́тъ пла́тья оди́нъ друго́му. — Что причи́на ихъ спо́ра? — Ста́ршій дьячко́въ сы́нъ оклевета́лъ на́шего Его́ра въ шко́лѣ, и купцёвъ племя́нникъ хлыснулъ Ѳёдора; это причи́на ихъ не́нависти и ихъ ссо́ры.

Зада́ча 150.

Заче́мъ цѣлова́ла вчера́ ва́ша мать свою́ мла́дшую дочь? — Потому́ что моя́ ма́ленькая сестри́ца предо́брое и прехоро́шенькое дитя́. — Кого́ вы кли́чете? — Я кли́чу своего́ лѣни́ваго слугу́. — Гдѣ вашъ слуга́? — Ско́лько я зна́ю, онъ до́ма. — Кто танцова́лъ тре́тьяго дня на балу́? — То была́ бога́тая ткачи́ха Ма́рья Анто́новна. — Отчего́ орёлъ такъ кли́четъ? — Потому́ что онъ ви́дитъ на-по́лѣ овцу́. — Ско́лько рубле́й Петру́ша вамъ до́лженъ? — Онъ мнѣ, я ду́маю, до́лженъ девяно́сто три рубля́ и нѣсколько копе́екъ. — Давно́ ли вы его́ не ви́дѣли? — Я уже́ давно́ его́ не ви́дѣлъ, мнѣ хо́чется свидѣ́ться, но не ссо́рится съ нимъ. — Мо́жно ли жда́ть васъ у шко́лы? — Нѣтъ, тамъ нельзя́ меня́ жда́ть, я сего́дня не пойду́ въ шко́лу. — По э́тому вы бу́дете до́ма? — Не ду́маю; я хочу́ ѣхать къ своему́ бра́ту. — Это похва́льное посѣще́ніе.

Зада́ча 151.

Здра́вствуйте, здоро́во ли пожива́ете? — Поко́рно благодарю́ за внима́ніе, тепе́рь моё здоро́рье попра́вилось, но я до́лго хвора́лъ. — Пожа́луйста, полово́й, сходи́те къ пра́чкѣ, и скажи́те ей, чтобъ она́ мнѣ принесла́ моё бѣльё. — Она́ говори́тъ, что она́ всё уже́ принесла́. — Нѣтъ, это непра́вда, у ней ещё дюжина сорочекъ, одиннадцать носовыхъ платковъ, семь полотенцевъ, девять паръ носковъ и две пары шерстяныхъ чулокъ. — Откуда дуетъ сегодня ветръ? — Онъ дуетъ съ севера. — Видели вы у нашего башмачника красивые башмаки, которые онъ делалъ для моей двоюродной сестрице? — Да, я ихъ виделъ. — Государь подтвердилъ, кажется, приговоръ преступника? — Да, подъ приговоръ онъ подписалъ слова: „Быть по сему!" — Придёте ли вы завтра къ намъ? — Не думаю, ибо я полагаю, что я поеду завтра въ Парижъ. — Много ли иностранцевъ теперь въ Париже? — И этого я вамъ сказать не въ состоянiи, но говорятъ, что тамъ обыкновенно отъ двухъ до трёхъ сотъ тысячъ. — Разве тамъ ихъ живётъ всегда столько? — Обыкновенно живётъ ихъ даже более. — Долго ли хворалъ вашъ отецъ? — Нетъ, онъ не долго хворалъ, онъ умеръ скоропостижно. — Кто эти монахи, которые поютъ тамъ въ католической церкви? — Это братiя Св. Макарiя. — Были ли вы уже въ новомъ зверинце? — Нетъ, я ещё тамъ не былъ, но говорятъ, что тамъ очень хорошiе звери. — Не могу сказать, чтобъ они были отличные, но всётаки ихъ находятъ не дурными. — Долго ли этотъ зверинецъ ещё останется у насъ? — Не знаю, но говорятъ, что по всеобщему желанiю онъ останется ещё три или четыре дня. — Кто сидитъ тамъ на розане? — Это бабочка. — Разве вы полагаете что это хорошо? — Я не только полагаю, но и увѣренъ въ томъ.

Задача 152.

Знакома ли съ вами молодая супруга надворнаго советника Н.? — Я её очень коротко знаю. — Она полна многихъ прекрасныхъ и полезныхъ дарованiй и превосходнаго сердца. — Она превосходно рисуетъ, особливо ландшафты и цветы, прелестно танцуетъ, она же не несведуща въ трудахъ, которыхъ хозяйство требуетъ. — Она сочувствуетъ бедѣ своихъ ближнихъ; ибо на ней самой долго тяготела рука судьбы. — Но никогда ничто не могло колебать ея веру и надежду;

она уповала на провидѣніе и жертвовала собою страждущему своему семейству. — Какъ ея отецъ именовался? — Онъ именовался Алексѣемъ Петровичемъ; онъ былъ нѣмецъ, много путешествовалъ, жилъ наконецъ въ Россіи и умеръ отъ печали о смерти единственнаго своего сына. — Который лѣкарь лѣчитъ переломъ ноги у маіора? — Хирургъ Н., человѣкъ большой опытности и великаго искуства, который успѣшно врачевалъ уже много опасныхъ ранъ и переломовъ. — — Я весьма радуюсь скорому выздоровленію такого честнаго офицера, который усерденъ къ своей должности и дѣлаетъ много добраго и полезнаго.

Задача 153.

Что мелитъ этотъ мельникъ? — Онъ мелитъ рожь добраго господина Н. — Вы несчастливы, но вы никогда не ропчете. — Зачѣмъ мнѣ роптать? — Я надѣюсь на Бога. — Зачѣмъ егерь сѣкъ свою собаку? — Онъ её сѣкъ, потому что она не искала дичи. — Кто тамъ гоготалъ на дворѣ? — Это были утки да гуси. — Въ которомъ часу завтракаете вы? — Мы завтракаемъ обыкновенно въ семь часовъ. — Должно беречься, чтобъ не быть больнымъ. — Что дѣлаетъ это дитя? — Оно всё играетъ да прыгаетъ. — Нельзя ли наказать его, чтобъ оно работало? — Зачѣмъ нѣтъ? — Очень можно. — Всѣ ли его братья добры? — Нѣтъ, не всѣ, иной изъ нихъ добръ, другой золъ. — Когда мясникъ заколетъ эту свинью и того быка? — Никогда, онъ продалъ ихъ своему сосѣду. — Нѣкогда этотъ человѣкъ былъ богатъ, а теперь онъ бѣденъ. — Что это за человѣкъ? — Очень добрый и благотворительный человѣкъ, но его сынъ весьма жестокосердъ.

Задача 154.

Получили ли вы новыя газеты? — Да, я ихъ получилъ и прочиталъ съ большимъ вниманіемъ. — Что тамъ пишутъ? — Прелюбопытныя извѣстія о войнѣ французовъ съ мексиканцами. — Богатъ ли молодой человѣкъ, съ которымъ вы говорили вчера въ театрѣ? — Нѣтъ, теперь онъ не богатъ, но надѣется получить большое имѣніе по смерти своей старой тётки. — Что дѣлаетъ онъ теперь? — Онъ пишетъ ландшафтъ, который у него заказалъ богатый купецъ. — Надѣется ли докторъ, что полковникъ выздоровѣетъ? — Онъ надѣялся, но теперь болѣе не надѣется. — Не теряйте надежды, Богъ помогаетъ тамъ, гдѣ врачу помогать нельзя. — Вѣра лучшій утѣшитель. — При какой рѣкѣ лежитъ Парижъ? — Парижъ лежитъ при Сенѣ. — Такъ ли широка Сена какъ Нева? — Нѣтъ, она не такъ широка. — Назовите мнѣ величайшую рѣку Европы. — Величайшая рѣка Европы Волга. — Видѣли ли вы Волгу? — Я плылъ по Волгѣ отъ Нижняго Новгорода до Астрахани. — Хорошій ли кормчій на этомъ пароходѣ? — На пароходѣ очень искустный и опытный кормчій. — Купили ли вы своей сестрицѣ ленту, которая у неё? — Она мнѣ ни о какой лентѣ не говорила. — Кто роетъ каналъ? — Каналъ роютъ солдаты. — Отчего этотъ молодой человѣкъ такъ печаленъ? — Онъ печаленъ, потому что мать его недавно умерла. — Брились вы уже? — Нѣтъ, я ещё не брился.

Задача 155.

Не хотите ли вы запереть окно или двери? — Здѣсь сквозной вѣтръ. — Только теперь я знаю, отчего руки у меня такъ зябнутъ. — Какова погода на дворѣ? — Еще очень холодно, особливо ночью. — Вода мёрзнетъ въ самыхъ комнатахъ. — Что здѣсь столь сильно пахнетъ? — Это пучёкъ лилій и нѣсколько гіацинтовъ, которые такъ сильно пахнутъ. — Гдѣ прекрасныя розаны, которыя вчера у васъ были? — Кто-то ихъ грубо коснулся; онѣ поблёкнули, и мы ихъ выкинули. — Нѣтъ ли у васъ немного свѣжаго молока? — Наше всё скиснуло, но молоко сосѣда очень свѣжо и хорошо.

Задача 156.

Кто балуетъ этихъ дѣтей? — Ихъ отецъ и ихъ мать. — Совѣтовали ли вы ихъ не баловать? — Да, но ни тотъ ни другая меня не слушаютъ. — Долго ли скакали эти лошади пополю? — Не долго, только полчаса. — Скоро ли будетъ таять снѣгъ? — Не могу знать, но думаю, что въ будущемъ мѣсяцѣ. — Зачѣмъ поваръ варилъ супъ? — Онъ уже варилъ его, прежде нежели я могъ сказать ему, чтобъ онъ жарилъ намъ тетеревовъ. — Который мѣсяцъ первый въ году? — Январь. — А который считаютъ послѣднимъ? — Декабрь. — Истину ли вы говорите? — Да, я говорю истину, ибо я никогда не лгу. — Не всегда можно говорить истину, потому что не всѣ её любятъ. — Тотъ самый человѣкъ былъ вчера у меня, который почти всегда жуётъ что нибудь. — Многократное повтореніе его посѣщенія мнѣ не весьма пріятно.

Задача 157.

Пойдёмте въ садъ; посмотрите какіе тамъ прелестные цвѣты! — Какіе тамъ цвѣтутъ цвѣты? — Тамъ цвѣтутъ гіяцинты, лиліи, розаны, левкои, астры, жасминъ, и много другихъ цвѣтовъ. — Какіе цвѣта предпочитаете вы другимъ? — Я всѣмъ другимъ цвѣтамъ предпочитаю синій. — Хорошо ли дѣйствуетъ этотъ молодой человѣкъ? — Нѣтъ, онъ дѣйствуетъ весьма дурно. — Пололъ ли садовникъ гряды? — Нѣтъ, онъ ихъ не пололъ, на это у него нѣтъ времени. — Что дѣлала поутру ваша сестрица? — Она порола своё платье. — Позовите мнѣ сапожника, мнѣ надобно говорить съ нимъ! — Сапожникъ уже пришёлъ, вотъ онъ. — Что вамъ угодно? — Возьмите мѣрку для пары новыхъ сапогъ. — Мнѣ мѣрки не нужно, у меня есть она дома. — Прощайте, счастливо оставаться! — Подождите немного, вотъ вамъ старые сапоги, подошвы износились, сдѣлайте на нихъ подмётки. — Слушаюсь, будетъ сдѣлано. — Хорошая ли у васъ кожа для сапогъ? — У меня кожа перваго разбора, настоящая петербуржская. — Гдѣ мой бархатный жилетъ? — Поищите мнѣ его. — Развѣ вы ослѣпли, вотъ онъ передъ вашими глазами. — Что клюётъ утка? — Она клюётъ зёрна. — Посовѣтуйте своему племяннику хорошо учиться. — Я это ему всегда совѣтую, онъ бѣденъ и ученіе его единственное богатство. — Какими товарами торгуетъ этотъ купецъ? — Онъ торгуетъ разными товарами. — Есть ли у него мёдъ? — У него много мёду, сахару, кофею и чаю.

Задача 158.

Знаете ли вы человѣка, съ коимъ Пётръ Ѳедоровичъ говоритъ? — Я его очень долго знаю, ибо онъ меня училъ писать и читать. — Видѣли ли вы когда-нибудь его жену? Я её долго не видѣлъ, и, сколько знаю, ея теперь нѣтъ здѣсь, но она гоститъ у стараго своего отца, который живётъ въ Польшѣ. — Съ кѣмъ ваши сыновья тамъ говорятъ? — Они говорятъ съ пріятелемъ, который груститъ о потерѣ вѣрной своей супруги. — Отъ чего она умерла? — Она умерла отъ нервной горячки. — Сколько ей было лѣтъ отъ роду? — Ей ещё не было двадцати пяти лѣтъ. — Богатъ ли его дядя? — Его торговля его весьма обогащаетъ. — Корабли его плывутъ теперь на балтійскомъ и на нѣмецкомъ моряхъ. — Здѣсь ли уже сапожникъ? — Да, онъ ждётъ въ передней; но я не смѣлъ васъ будить. — Погасилъ ли ты свѣчу? — Нѣтъ, сударь, она сама собою погасла. — Что мой слуга дѣлаетъ? — Онъ чиститъ ваши сапоги. — А что дѣлаютъ служанки? — Онѣ доятъ коровъ и козъ. — Любите ли вы козье молоко? — Мы его очень любимъ, а наши дочери охотнѣе пьютъ овечье молоко. — Которое дороже? — Овечье молоко дороже, а козье молоко здоровѣе. — Гдѣ ты блуждаешь со своими товарищами и собаками? — Я уединенно брожу въ лѣсахъ, и вездѣ вижу только образъ потерянной своей сестрицы. — Не вѣрите ли вы въ свиданіе въ лучшей жизни? — Я тому вѣрю и эта вѣра мнѣ утѣшеніе. — Кому ты грозишь сими словами? — Я никому не грожу; я только прошу.

Задача 159.

Кто этотъ молодой человѣкъ, на лицѣ котораго видна печаль? — Это мой сосѣдъ. — О чёмъ горюетъ онъ? — Онъ горюетъ о смерти своей возлюбленной. — Это для него невозвратимая потеря. — Какая болѣзнь похитила её? — Её похитила въ цвѣту ея молодости нервная горячка. — Какое у него утѣшеніе? — У него нѣтъ никакого утѣшенія и быть не можетъ. — Чей этотъ уединенный домъ? — Этотъ уединённый домъ принадлежитъ моему брату. — О чёмъ плачетъ эта бѣдная вдова? — Она плачетъ о потери своего имѣнія, которое похитилъ у неё корыстолюбивый стряпчій. — Скажите ей въ утѣшеніе, чтобъ она не плакала и что я её защищу. — Кто выкинулъ кошку изъ окна? — Это былъ злой мальчикъ, сосѣдовъ сынъ. — Надъ чѣмъ смѣётся эта дѣвочка? — Она смѣётся надъ тоскою бѣдной кошки. — Ей не должно радоваться, но стыдиться! — Отчего такъ темно, развѣ уже поздно? — Нѣтъ, ещё рано, но на дворѣ густой туманъ. — Далъ ли вамъ ростовщикъ деньги? — Нѣтъ, онъ мнѣ ихъ ещё не далъ, но обѣщался доставить мнѣ ихъ завтра. — Можетъ быть это пустое обѣщаніе. — Не думаю, онъ до сихъ поръ всегда былъ вѣренъ своему слову. — Искренность большая добродѣтель, притворство же противно всѣмъ честнымъ людямъ. — Были ли вы уже въ Лондонѣ? — Нѣтъ, я тамъ ещё не былъ, но имѣю намѣреніе поѣхать туда нынѣшнее лѣто. — Сколько шаговъ отсюда до-моста? — Полагаю, что будетъ около шестисотъ шаговъ.

Задача 160.

На что вы такъ внимательно смотрите? — Я смотрю на сихъ трудолюбивыхъ насѣкомыхъ. — Слышите ли вы, какъ осы жужжатъ? — Я ихъ слышу и вижу; онѣ летятъ туда. — Что за шумъ вдали? — Это близкій водопадъ, который столько шумитъ. — Гдѣ вы будете вечеромъ? — Я буду въ близкой рощѣ, гдѣ деревья такъ таинственно шумятъ и соловей въ ихъ вѣтьвяхъ поётъ свои плачѐвныя пѣсни. — Что съ вами? — Вы такъ блѣднѣете. — Голова у меня очень болитъ. — Мнѣ надобно идти домой и лечь. — Вы слишкомъ долго сидѣли. — Гдѣ виситъ мой плащъ? — Онъ виситъ въ той комнатѣ на дверяхъ. — Отъ стужи ли или отъ боли ты трясёшься? — Я немного зябну. — Отчего дитя такъ стонетъ? — Рана, которая у него въ рукѣ, его очень безпокоитъ. — Что вашъ учитель сказалъ о поведѐніи младшей своей дочери? — Онъ молчалъ, но она краснѣла и горько плакала. — Я сожалѣю объ обоихъ. — Какіе звѣри въ тѣхъ хлѣвахъ? — Здѣсь польскій медвѣдь мурчитъ, а тамъ огромный буйволъ мычитъ. — Увидите ли вы сегодня супругу нашего друга? — Я горю желаніемъ и надѣюсь, скоро её видѣть. — Кто будетъ бдѣть у больнаго нашего друга? — Одинъ благочестивый старецъ изъ милосердой братіи будетъ бдѣть у него. — Долго ли будешь ты держать тяжёлый шестъ? — Я его ужъ не держу; онъ лежитъ тамъ на сундукѣ. — Не знаешь ли ты, гдѣ стоитъ моя палка и мой зонтикъ? — Я не видалъ ни палки ни зонтика. — Гдѣ драгуны теперь стоятъ? — Первый драгунскій полкъ стоитъ въ полѣ. — Не идёте ли вы съ нами въ садъ? — Нѣтъ, я боюсь грозы. — Гремитъ ли уже громъ? — Молнія блещетъ и скоро громъ будетъ гремѣть. — Не боитесь ли вы непріятеля? — Тотъ, кто любитъ своё отечество, не боится ранъ, а смерть его не страшитъ. — Шла ли ваша дочь сегодня на балъ? — Нѣтъ, она боялась дождя, а особливо сильнаго вѣтра, ибо она не очень здорова и должна остерегаться.

Задача 161.

Принёсъ портной мнѣ новую шинель? — Нѣтъ, ему нельзя было принести её вамъ, у него небыло шёлковой матеріи на подкладку. — Когда принесётъ онъ мнѣ её? — Не могу вамъ это сказать, онъ ничего не говорилъ о томъ. — Гдѣ лежитъ Силезія? — Силезія лежитъ между Польшею, Пруссіею, Саксоніею и Австріею. — Богатъ ли нидерландецъ, о которомъ столько говорятъ? — Говорятъ что онъ очень богатъ, но я его богатствъ не считалъ. — Чѣмъ торгуетъ онъ? — Онъ торгуетъ голландскимъ полотномъ. — Хорошо, что я это знаю, мнѣ нужно полотна на сорочки. — Такъ пойдите къ нему, у него, говорятъ, отличное полотно, которое онъ продаётъ по весьма сходной цѣнѣ. — Милостивый государь, меня къ вамъ послали, говоря что у васъ хорошое голландское полотно. — Какое вамъ угодно, толстое или тонкое? — Покажите мнѣ среднее. — Вотъ вамъ кусокъ, которымъ вы, я увѣренъ, будете довольны. — Да, это полотно не дурно, почёмъ за аршинъ? — Мы аршинами не продаёмъ, цѣлый кусокъ стоитъ пятьдесятъ рублей серебромъ. — Это дорого, нельзя ли дешевле? — Оно не дорого, настоящая цѣна, и мы не запрашиваемъ и не торгуемся. — Хорошо, я беру полотно, заверните мнѣ его въ бумагу; вотъ вамъ деньги. — Покорно благодарю, желаю вамъ счастливо оставаться.—Принесите мнѣ нѣсколько щепокъ, я хочу затопить печь.—Вотъ вамъ щепки.—Желаете ли вы сигарку? — Нѣтъ, покорно благодарю васъ, я курю только трубки. — Иванъ, набей трубку для Петра Фёдоровича и принеси свѣчу, но только не сальную или стеариновую, по восковую.

Задача 162.

Какой звѣрь ревётъ въ той темницѣ? — Это великолѣпный львёнокъ изо звѣринца французскаго короля. — Слышали ли вы уже, какъ море ревётъ? — Я его никогда не видалъ въ бурю. — Стоятъ ли уже лавки на рынкѣ? — Нѣтъ еще. — Я думаю, что сей разъ не будетъ ярмарки. — Чья рота сегодня на караулѣ? — Я думаю, что это рота капитана Керна. — Кернову роту я видѣлъ на мѣстѣ ученія, по этому она не можетъ стоять на караулѣ. — Что вы думаете о столодвиженіи? — Я думаю, что оно не стоитъ учёнаго разсмотрѣнія. — Не вѣрите ли вы животному магнетизму? — Наука ничему не вѣритъ; она догадывается, заключаетъ, испытываетъ, допытывается и знаетъ. — Не вѣрите ли вы свидѣтельству столь многихъ достовѣрныхъ очевидцевъ?—Слѣпой не долженъ говорить о цвѣтахъ, ни глухой о звукахъ; также не всѣ глаза умѣютъ видѣть, такъ какъ не всѣ уши умѣютъ слышать.

Задача 163.

У васъ ли или у вашего брата потерянный мною видъ города Астрахани?—Я не видалъ этого вида. — Какъ укротилъ егерь свирѣпаго волка? — Онъ его не укротилъ, ибо волкъ похитилъ бѣдную овцу и насытился ея кровью. — Съ кѣмъ вы хотите пососѣдиться?—Съ супругою храбраго поручика Ивана Артемьевича Павлова. — Не должно жаловаться на провидѣніе; оно лучше насъ знаетъ что намъ хорошо и полезно и что намъ вредно. — Сколько даётъ тотъ бѣдный купецъ за сію маленькую лавку? — Я не могу знать это, онъ мнѣ ничего не сказалъ объ этомъ. — Хорошіи ли водяныя сообщенія въ этомъ государствѣ? — Нѣтъ, сударь, они маловажны.—Что за кушанье кушала сегодня ваша сестрица за обѣдомъ?—Только немного супу и жаркаго изъ бычачьяго мозгу. — Отъ кого получили вы эту козловую шкуру? — Она не козловая, но моржёвая. — Кто далъ вамъ её?—Богатый купеческій сынъ, котораго вы знаете. — Какое масло наилучшее?—Майское масло; а мартовское пиво лучше другихъ пивъ. — Нельзя ли мнѣ сказать, гдѣ хорошое лѣсное училище? — Оно въ Тарандтѣ, близъ Дрездена.

Задача 164.

Откуда проходитъ свѣтъ въ комнату? — Ставень не плотно запертъ, въ немъ есть скважина, чрезъ которую проходитъ свѣтъ.—Есть ли здѣсь въ деревнѣ кузнецъ? — Какъ не быть, что вамъ угодно? — У моей кареты изломалось колесо, онъ долженъ починить его. — Долженъ ли онъ также подковать вашу лошадь?—Нѣтъ, её ковать не нужно, она недавно кована.—Что съ вашимъ братцемъ?—Онъ не такъ здоровъ, впрочемъ я полагаю, что это более хандра нежели нездоровіе.—Гдѣ были вы теперь?—Я былъ въ темницѣ, чтобъ посѣтить знаменитаго узника. — Кто этотъ узникъ? — Онъ былъ благотворителемъ своихъ согражданъ. — Его заключилъ въ темницу жестокосердый ростовщикъ, которому онъ не могъ заплатить деньги, должныя по векселю. — Онъ достоинъ сожалѣнія, но зачѣмъ бралъ онъ деньги, которыя не могъ заплатить?—Онъ взялъ ихъ, чтобъ помочь полунагому семейству; его погубило его милосердіе.—Были ли вы третьяго дни въ театрѣ?—Да, я былъ тамъ, ибо я обѣщался своему пріятелю, танцовщику, посѣтить его.—Я слыхалъ, что этотъ танцовщикъ очень гордъ. — Вы ошибаетесь, онъ вовсе не гордъ; вѣроятно вамъ говорили не про него, а про танцовщицу, которая очень горда. — Что вы не поёте сегодня, сударыня?—Я было запѣла, но не могу пѣть, ибо я осипла.— Въ такомъ случаѣ не пойте, вы можете испортить свой голосъ. —Кто такой этотъ щёголь?—Не знаю, но про него не говорятъ много добра, онъ кажется плутъ и шулеръ.

Задача 165.

Охотникъ ли вы до рыбы?—Я иногда ѣмъ кусокъ щуки или карпа, впрочемъ я не уважаю рыбъ. — Для чего вы не кушаете этой солонины? — Покорно благодарю; я болѣе не буду кушать мяса. — Хотите ли вы кушать кофей тотчасъ послѣ обѣда? — Я обыкновенно кушаю чашку кофею безъ сливокъ часъ послѣ обѣда. — Извольте ли вы вина или пива? — Я не пью вина; у обѣда я пью только воды или лёгкаго полпива. — Угодно ли вамъ несколько апельсиновъ? — Очень благодарю; я не охотникъ ни до апельсиновъ, ни до другихъ плодовъ. — Малину и землянику я очень люблю. —Если вамъ угодно идти со мною въ садъ, вы можете парвать и кушать обѣихъ по произволу. — У насъ также очень хорошая смородина и крыжовникъ. — Кто бѣжитъ предъ нами въ садъ? — Это садовниковъ сынъ; онъ несётъ кушанье своему отцу.—Сажали ли вы здѣсь предъ этимъ бобы и огурцы? — Мы не сажаемъ бобовъ, а козью жимолость. — Есть ли хорошіе плоды въ Москвѣ? — У насъ здѣсь такіеже хорошіе плоды, какъ и въ Германіи и по большой части такъ же дешёвые.

Задача 166.

Каковы здѣсь зелени? — Эта страна изобилуетъ капустою, морковью, и свёклою. — Кто бѣжитъ тамъ по-полю? — Тотъ самый крестьянинъ, съ которымъ вы вчера говорили, когда онъ сѣялъ. — Что за хлѣбъ онъ сѣялъ? — Онъ сѣялъ разные хлѣба; пшеницу, овёсъ, лёнъ и ячмень. — Вѣруете ли вы въ Христа? — Не только въ Христа, но и въ Отца, Святаго Духа и Богородицу. — Какіе звѣри кричатъ въ клѣткахъ, которыя тамъ въ звѣринцѣ? — Это львица со львёнками, медвѣдь съ медвѣжатами и волчица съ волчатами. — По чему здѣсь покупаютъ фунтъ мёду? — Мёдъ здѣсь очень дешёвъ; я купилъ фунтъ очень хорошаго и чистаго мёду по десяти копѣекъ. — Говорятъ ли у васъ о войнѣ? — Какъ вездѣ. — Люди ни о чёмъ лучше не судятъ, нежели о томъ, что меньше знаютъ. — Когда въ вашемъ краю видятъ первыхъ жаворонковъ? — За Ригою ихъ никогда не видишь; тамъ лѣто слишкомъ коротко и оттуда на югъ обратный путь слишкомъ далёкъ. — Почему не начинаютъ представленія? — Ожидаютъ дворъ. — Отчего листья деревъ начали желтѣть? — На дворѣ стояла долго большая стужа. — Долго ли вашъ батюшка былъ боленъ? — Онъ не долго былъ боленъ, онъ умеръ на четвёртый день. — Представляли ли уже здѣсь эту трагедію? — Не думаю. — Это, какъ говорятъ, новое и превосходное сочиненіе одного очень молодаго стихотворца. — Знаютъ ли сочинителя? — Очень. — Онъ здѣсь живётъ и всѣ, которые его знаютъ, его чтутъ и любятъ.

Задача 167.

Обѣдали ли вы уже? — Нѣтъ, я ещё не обѣдалъ, я всегда обѣдаю позже. — Такъ пойдёмте ко мнѣ обѣдать, мой жена́ вели́тъ васъ проси́ть. — Поко́рно благодарю́ за лѣстное ко мнѣ внима́ніе. — Жена́, я привожу́ тебѣ дорога́го и давно́ жела́ннаго го́стя. — Онъ обѣща́лся обѣдать у насъ. — Я о́чень ра́да васъ ви́дѣть, вы насъ весьма́ одолжи́ли свои́мъ посѣще́ніемъ; ми́лости про́симъ въ столо́вую, супъ уже́ на столѣ́. — Не уго́дно ли сади́ться; вотъ мѣ́сто возлѣ меня́. — Суда́рыня, благодарю́ за честь. — Не уго́дно ли вамъ ещё не мно́го су́пу? — Поко́рно благодарю́, мнѣ его́ дово́льно. — Хоть ло́жечку и́ли двѣ! — Весьма́ обя́занъ, мнѣ соверше́нно доста́точно. — Уго́дно ли вамъ кусо́чекъ говя́дины и́ли соло́нины? — Ни того́ ни друга́го, но прошу́ васъ, да́йте мнѣ немно́го капу́сты. — Капу́ста не хороша́, возьми́те солёныхъ огурцо́въ. — Очень благода́ренъ, я до нихъ большо́й охо́тникъ. — Охо́тникъ ли вы до ры́бы? — Не большо́й, но я её ѣмъ. — У насъ щу́ка и саза́нъ, что вы предпочита́ете? — Мнѣ всё равно́. — Такъ позво́льте вамъ дать кусо́чекъ той и друго́й ры́бы; испыта́йте, кото́рая лу́чше. — Поко́рно благодарю́. — Тепе́рь возьми́те кусо́къ жа́реной утки́. — Ди́кая ли это у́тка? — Нѣтъ, это дома́шняя; но могу́ вамъ посовѣ́товать взять кусо́къ, она́ сочна́ и хорошо́ жа́рена. — Да, всѣ ку́шанья отли́чно пригото́влены, по́варъ ли у васъ и́ли куха́рка? — По́вара у насъ нѣтъ, у насъ куха́рка, но она́ учи́лась въ лу́чшихъ дома́хъ въ С.-Петербу́ргѣ. — Заѣ́дете ли вы тепе́рь къ своему́ прія́телю? — Нѣтъ, я къ нему́ заѣ́ду на обра́тномъ пути́.

Зада́ча 168.

Здра́вствуйте, суда́рь! — Чего́ жела́ете? — Пожа́луйте, прочита́йте это письмо́ и скажи́те мнѣ, что вы о томъ ду́маете. — Получи́ли ли вы его́ отъ своего́ ба́тюшки? — Смотри́те на по́дпись. — Это по́дпись ва́шего дя́дюшки. — Изво́льте сади́ться. — Не уго́дно ли вамъ тру́бку табаку́ и́ли сига́ру? — Прошу́ тру́бку. — Ива́нъ! набе́й этому господи́ну тру́бку и принеси́ мнѣ огни́во. — Сынъ мой! ся́дьте по́длѣ меня́ и слу́шайте внима́тельно. — У меня́ нѣтъ вре́мени; пора́ идти́ домо́й и рабо́тать. — Рѣ́зать ли мнѣ хлѣ́бъ? — Рѣжь и памажь масла на нѣсколько ломтей, а прежде умой себѣ руки. — Ножъ совсѣмъ тупъ. — Поточите его объ эту сталь. — Дайте мнѣ это стальное перо, оно мнѣ нужно. — Мнѣ оно столько же нужно, сколько вамъ. — Ведите меня домой, я не знаю дороги. — Береги деньги, онѣ намъ всегда нужны. — О Боже, спаси насъ. — Прощайте. — Стойте, скажите мнѣ куда вы идёте?— Я иду къ своему двоюродному брату. — Люби играть, но и люби работать.—Вѣрь Божьему слову. — Заприте, пожалуйте, двери; здѣсь сквозной вѣтръ и у меня зубы очень болятъ. — Что мнѣ рисовать сегодня? — Рисуйте этотъ портретъ или пишите эти цвѣты, какъ вы изволите.

Задача 169.

Мнѣ хочется писать водяными красками эту корзину съ плодами. — Такъ и сдѣлайте. — Смѣю ли просить о стаканѣ воды? — Налейте воды изъ этой бутылки въ тотъ стаканъ. — Позовите мою сестру; я хочу ей показать свою работу.—Смотри эту работу, но не хвали ея слишкомъ. — Не бойся ничего, другъ мой!—Вѣрь моему мнѣнію, когда я искренно тебѣ скажу, что ты имѣешь дарованіе, а мало упражненія, а слушайся моего совѣта.—Избери себѣ нѣкоторый отдѣлъ, упражняйся ежедневно въ нёмъ, и ты скоро будешь радоваться самъ своимъ успѣхамъ. — Куда мнѣ идти? — Иди домой и ложись въ постель. — Здѣсь слишкомъ холодно и ты боленъ. — Могу ли я пить вина и ѣсть ржанаго хлѣба? — Берегитесь! — Пейте только воды и кушайте только пшенаго булки. — Который часъ? — Еще пять десяти. — Заведите свои часы, ибо они сошли. — Въ которомъ часу долженъ я васъ будить? — Не буди меня чрезъ чуръ рано; буди меня въ семь часовъ. — Хотите ли вы кушать чаю или кофею? — Свари мнѣ очень крѣпкаго кофею и погрѣй шерстяное одѣяло. — Чти честность и уважай честныхъ людей. — Сколько вы дали за свою шубу? — Я не скажу вамъ ея цѣны вы её сами знаете. — Скажите мнѣ правду, точно ли она стоитъ шестьсотъ восемьдесятъ девять рублей ассигнаціями?

— Нѣтъ, она стоитъ столько серебромъ. — Когда вы её купили? — Извольте вспомнить; я её купилъ съ вами прошлое лѣто.

Задача 170.

Что за дѣла у васъ съ этимъ старикомъ?—Онъ мой повѣренный, и пришёлъ поговорить со мною о векселѣ, который долженъ заплатить должникъ. — Много ли онъ вамъ долженъ? —Не мало, онъ мнѣ долженъ болѣе шести тысячъ рублей серебромъ.— Поспѣшите, уже довольно поздно, пора вамъ итти. — Ещё время, успѣю.—Вы говорите: успѣю, но я сомнѣваюсь въ томъ. — Бойтесь Бога, и не угнетайте невинныхъ. — Я никого угнетать не хочу, но мнѣ нельзя терять своихъ денегъ. — Простите мнѣ, я не хотѣлъ обидѣть васъ. — Что мнѣ за дѣло, хотѣли ли вы меня обидѣть или нѣтъ, но вы меня обидѣли. — Дайте мнѣ ломоть хлѣба, я очень голоденъ. — Вотъ вамъ хлѣбъ, хотите вы и кусокъ сыру? — Нѣтъ, благодарю, я не охотникъ до сыру, но кажется что у васъ есть и колбаса. — Да, у меня настоящая вестфальская. — Это хорошо, я попрошу васъ, дайте мнѣ кусочекъ оной. — Вотъ вамъ, и выпейте къ этому стаканъ пива. — Благодарю, теперь я могу дождаться обѣда. — Половой, набейте мнѣ трубку табаку. — Слушаюсь; какого табаку прикажете вы? — Какой табакъ у васъ? — У насъ разный табакъ: варинасъ, турецкій, и марилландскій. — Настоящій ли у васъ марилландскій? — Отличный, изъ первыхъ рукъ. — Ваша ли подпись на этомъ письмѣ? — Да, это моя рука. — Мнѣ холодно, нѣтъ ли у васъ потеплѣе одѣяла? — Нѣтъ, у насъ другаго одѣяла нѣтъ. — Такъ принесите мнѣ пуховикъ.

Задача 171.

Ахъ, господинъ докторъ! Пожалуйте-ка, придите къ намъ, добрая моя мать скоропостижно захворала. — Тотчасъ! Но другъ мой; теперь тебѣ нельзя идти. — Слушай-ка, какая ужасная погода свирѣпствуетъ на дворѣ. —

Пусть вѣтръ воетъ и дождь льётся потоками; я сдѣлаю то, что человѣколюбіе, должность и честь мнѣ повелѣваютъ. — Подумаемте, что можетъ случиться съ нами тоже, и сдѣлаемте другимъ, что ожидаемъ отъ нихъ. — И такъ, храни тебя Богъ и дай успѣхъ твоему дѣлу! — Да, больная выздоравливаетъ скоро и совершенно! — Уѣдемте! — Что вы не бѣгаете, дѣти? — Подождите немного, мы сейчасъ побѣжимъ. — Покушайте немного хлѣба съ масломъ, а то вы будете голодны. — Дайте мнѣ не только хлѣба съ масломъ, но и нѣсколько сыру или окорока да чашку чаю. — Слуга, принеси этому господину серебряную чайную ложечку. — Нарвите мнѣ въ саду малины, земляники, клубники и крыжовнику. — Для кого мнѣ рвать эти ягоды? — Для больной, она ихъ любитъ. — Заѣдемъ къ аптекарю, чтобы взять съ собою нужное. — Кучеръ! Не гони такъ лошадей! — Пусть его ихъ гонитъ! Мы тѣмъ скорѣе спасёмся отъ этой непогоды. — Проѣдемъ чрезъ эту площадь, дорога ближе. — Стой, кучеръ! — Мы пріѣхали. — Выйдемте! — Иди впередъ, я буду слѣдовать. — Молчать! — Вы будите больную! — Быть такъ! — Теперь не пора спать. — Подай-ка кусокъ сахару и ложечку; а спѣши! — Чѣмъ скорѣе, тѣмъ лучше. — Она дышетъ покойнѣе и дремлетъ опять. — Пусть она теперь спитъ, и да она будетъ опять здорова! — Прощайте! — Не бойтесь и уповайте на Бога. — Я желаю вамъ спокойной ночи! — Садитесь ко столу, супъ уже поданъ. — Я не хочу супу. — Такъ выпейте стаканъ вина. — Я и вина не хочу. — Пожалуйте, не откажите мнѣ въ этомъ. — Не шепчите, у стола должно говорить громко. — Засвѣтите восковую свѣчу передъ образомъ. — Зачѣмъ? — Вы знаете, что завтра Свѣтлое Воскресеніе. — Дайте этому бѣдному человѣку денегъ, я убѣждёнъ въ его честности.

Задача 172.

Хороша ли сегодня погода? — Нѣтъ, погода ужасная, идётъ проливной дождь. — Развѣ ваша сестрица опять хвораетъ. — Да, она всегда нездорова, я не помню у ней здороваго дня. — Почему эти яблоки? — Согня стоитъ отъ шести до семи рублей серебромъ. — Такъ дёшево? — Да, въ нынѣшнемъ году урожай на яблоки. — Что пишутъ изъ Англіи? — Пишутъ, что ожидаютъ въ скорости молодую супругу принца Валлійскаго. — Повѣрилъ ли кто-нибудь росказнямъ этого краснобая? — Всѣ ему повѣрили. — Садитъ ли вашъ садовникъ георгины въ горшки? — Нѣтъ, онъ ихъ садитъ прямо въ землю. — Опытенъ ли вашъ садовникъ? — Онъ очень опытенъ и свѣдущъ въ своёмъ дѣлѣ. — Что въ этой клѣткѣ? — Буйволъ, котораго недавно купилъ хозяинъ звѣринца. — Откуда этотъ буйволъ? — Я того не знаю, говорятъ что изъ Сибири, но я тому не вѣрю. — Покупаете ли вы товары на франкфуртской ярмаркѣ? — Нѣтъ, я не купецъ и товаровъ покупать не могу, потому что я часто нуждаюсь въ деньгахъ. — Что вы думаете объ этомъ англичанинѣ? — Я думаю, что это весьма образованный молодой человѣкъ. — Богатъ ли онъ? — До этого мнѣ дѣла нѣтъ, не богатство украшаетъ человѣка, но его доблести. — Вѣруютъ ли магометане во Христа? — Во Христа они не вѣруютъ, но они его почитаютъ однимъ изъ высшихъ пророковъ. — Что есть магнетизмъ? — Мнѣ вамъ этого нельзя разтолковать въ краткихъ словахъ, а для долгаго толкованія у меня нѣтъ времени.

Задача 173.

Гдѣ были вы вчера? — Я былъ дома. — Что вы работали? — Я читалъ, писалъ нѣсколько писемъ, а потомъ пошёлъ къ нашему пріятелю Ивану Павловичу и съ нимъ поѣхалъ въ деревню. — Еслибъ вы пришли ко мнѣ, вы видѣли бы дорогаго пріятеля, котораго мы всѣ долго не видѣли, и я думаю что вы оба бы порадовались свиданію, послѣ такой долгой разлуки. — Если бы мы знали это, мы непремѣнно бы пришли. — Покормите нашихъ лошадей, онѣ устали и голодны. — Если вы мнѣ заплатите за овёсъ и за сѣно, то я ихъ буду кормить. — Зачѣмъ вы спрашиваете объ этомъ впередъ? — Намедни вы мнѣ ничего не заплатили. — Не можете ли вы меня ссудить несколькими рублями? — Я это бы сдѣлалъ, когда бы не зналъ, что вы хотите проиграть ихъ. — Еслибъ вы не играли столь страстно, вы теперь не должны были бы занимать у другихъ. — Я чуть могу понять, что человѣкъ вашихъ лѣтъ и съ вашимъ образованіемъ можетъ столь безразсудно поступать. — Вы никогда ещё не играли? — Одинъ разъ, и я чуть не убилъ кого-то при сёмъ случаѣ, потому что я примѣтилъ, что онъ фальшиво игралъ. — Будутъ ли ваши сёстры завтра на балу? — Онѣ туда бы пошли, еслибъ имъ было позволено. — Я думалъ, что онѣ не любятъ танцовать? — Скажите, какая дѣвица не любитъ танцовать?—Вы можетъ-быть знаете такую дѣвицу, а я не знаю. — Купилъ ли бы вашъ сосѣдъ сію дачу, когда она не была бы столь дорога? — Тогда онъ её бы купилъ. — Я чуть не позабылъ васъ спросить, что она стоитъ? — Только двадцать тысячъ рублей. — Зайдёмъ-те къ нему. — Идите вы одни къ нему и, пожалуйста, скажите мнѣ, въ чёмъ условились.—Прощайте! До свиданія! Вашъ покорнѣйшій слуга! — Поклонитесь вашему братцу и вашей сестрицѣ. — Я не премину. — Спросите, пожалуйста, у вашего братца, слыхалъ ли онъ, что говорили что нибудь объ этомъ? — Я не премину спросить его объ этомъ. — Ввѣрьте свои деньги вашему дяверю, онъ богатъ и честенъ, онъ вамъ ихъ хорошо сохранитъ. — Бѣгите скорѣе къ нему, а то онъ уѣдетъ. — Я сдѣлаю, какъ вы извóлите мнѣ говорить.

Задача 174.

Я васъ ожидалъ у нашего общаго пріятеля, но вы не пришли.—Извините, вы чуть-чуть ушли, какъ я пришёлъ къ нему. — Правда ли что этотъ злодѣй убилъ своего брата? — Говорятъ, но мнѣ нельзя тому вѣрить, впрочемъ онъ ещё не уличёнъ въ преступленіи. — Дайте мнѣ серебряную ложечку, я хочу взять немного варенья. — Какое у васъ варенье? — У насъ разное: крыжовникъ, смородина, малина и земляника. — Образованная ли эта деревня? — Въ этой деревнѣ болѣе образованія нежели въ иномъ городѣ. — Въ городѣ ли вы живёте лѣтомъ? — Нѣтъ, лѣтомъ я живу на дачѣ. — Не поступайте такъ безразсудно, вы вредите себѣ и своему здоровью. — Я знаю, что безразсудно поступаю, но иначе дѣйствовать мнѣ нельзя. — Кто сидитъ тамъ близъ водопада? — Мнѣ кажется, что это оса. — Вы ошибаетесь, это не оса, а пчела. — Видѣли ли вы сами это происшествіе? — Нѣтъ, самъ я его не видѣлъ, но свидѣтельство очевидца подтверждаетъ его истину. — Кушаете ли вы мясо? — Нѣтъ, до мяса я не большой охотникъ, я ему предпочитаю рыбу. — Хорошая ли рыба у васъ въ рѣкѣ? — У насъ отличная рыба. — Какое вино вы пьёте? — Я красное предпочитаю бѣлому. — Я, напротивъ бѣлое красному. — Садили ли вы уже огурцы? — Нѣтъ, огурцёвъ я ещё не садилъ, я теперь сажу арбузы и дыни.

Задача 175.

Пожалуйста, покажите намъ шёлковые чулки и платки! — Извольте. — Что бы эти чёрные чулки стоили? — Два рубля пара. — Это очень дорого. — Извольте увѣриться въ томъ, что чулки очень хорошаго качества, и потому цѣна не можетъ быть ниже. — Какъ хороши они ни были бы, однако цѣна товару не соразмѣрна. — Если вы желаете дешёваго товара, я вамъ рекомендовалъ бы сей сортъ. — Не хочу сихъ, какъ дёшевы они ни были бы, потому, что имѣютъ чрезчуръ блеска. — Когда хотите вы ѣхать въ Санктпетербургъ? — Мы уѣдемъ завтра поутру въ семь часовъ, и не позже половины осьмаго. — Я думаю, что завтра, можетъ быть ещё сегодня, будетъ дождь. — Мы отправимся въ путь, какова погода ни была бы, ибо мы должны быть въ Санктпетербургѣ девятаго Августа, и мы не желали бы, чтобы думали, что мы пренебрегаемъ своею обязанностію. — Когда позволили бы вы мнѣ посѣтить васъ предъ вашимъ отъѣздомъ? — Когда вамъ будетъ угодно. — Когда бы вы ни приходили ко мнѣ, вы мнѣ всегда пріятны. — Возвратился ли купецъ уже съ ярмарки? — Онъ, можетъ быть, уже возвратился; но я его ещё не видѣлъ. — Купилъ ли онъ вамъ тѣ вещи, которыя вы желали? — Поручите ему, что вы хотите; онъ весьма неуслужливъ. — Пусть онъ будетъ неуслужливъ, онъ всё-таки столь честенъ сколь трудолюбивъ, и всѣ его уважаютъ.

Задача 176.

Пойдите непремѣнно въ новый садъ нашего добраго короля, тамъ поютъ нынче прекрасно жаворонки. — Поведите меня сами, я не знаю дороги. — Быть по вашему желанію. — Стихотворецъ, не пиши такихъ дурныхъ стиховъ какъ сочинитель той трагедіи. — Погостите у насъ нѣсколько времени, любезный мой другъ. — Мнѣ нельзя этого, мой братъ просилъ меня пріѣхать къ нему въ деревню. — Какъ бы то ни-было, вы должны не забыть въ чёмъ мы условились. — Во что бы ни стала разлука, мы должны разлучиться. — Можно ли наказать этого мальчика? — Можетъ быть и можно, но всётаки должно прежде узнать, виноватъ ли онъ или нѣтъ? — Думайте что хотите, а я знаю, что онъ виноватъ. — Хороша ли эта солонина? — Она хороша, но въ ней нѣтъ довольно соли. — А я думаю, что въ ней чуть ли не слишкомъ много соли.

Задача 177.

Не дѣлайте этого, оно вамъ очень вредно. — Можетъ быть, но я всётаки сдѣлаю, во что бы то ни стало. — Пріятель ли вы этому господину, которому вы кланяетесь? — Нѣтъ, мы не друзья, хотя мы и кланяемся другъ другу. — Какой вы неуслужливый! Что стоитъ вамъ сдѣлать это для своей сестрицѣ? — Я бы это сдѣлалъ, но она меня обидѣла. — Почему столько народа толпится на улицахъ? — Развѣ вы не знаете, что нынѣ здѣсь ярмарка. — Пойдёте ли вы сегодня утромъ къ своей пріятельницѣ? — Поутру мнѣ нѣтъ времени, я пойду къ ней вечеромъ. — Отчего карета повалилась набокъ? — Кажется, что ось изломалась. — Нѣтъ.

ось цѣла, но я вижу, что колесо изломано. — Спите ли вы уже? — Нѣтъ, я ещё не сплю, но пора спать, уже поздно. — Я не узнаю вашего города, улицы и площади были прежде полны народа, а теперь пусты и унылы. — Въ прошлое лѣто свирѣпствовала здѣсь ужасная повальная болѣзнь. — Какъ называютъ эту болѣзнь? — Её называютъ холерою. — Гдѣ моя серебряная ложечка? — Она на блюдечкѣ. — Пойдёмте гулять въ поле! — Вы, кажется, не при своёмъ умѣ; какъ можно гулять въ такую непогоду. — Громъ гремитъ, молнія блещетъ, и дождь идётъ ливмя. — Ваша правда, такъ остапемтесь дома, и будемъ играть въ карты. — Съ величайшимъ удовольствіемъ.

Задача 178.

Когда началась Святая Недѣля въ нынѣшнемъ году? — Сколько я помню, двадцать втораго апрѣля. — Когда вашъ русскій урокъ начинается? — Онъ ежедневно начинается въ шесть часовъ вечера. — Начались ли уже каникулы ваши? — Да, уже пятнадцатаго Іюля. — Что упрямый твой товарищъ сдѣлалъ, когда его учитель доброжелательно его хулилъ? — Онъ сталъ читать и притворился, какъ бы ничего не слыхалъ. — Не стали ли вы хвалить такое поведеніе? — Напротивъ того, мы чувствовали, что Андрей очень нескроменъ и мы сами наказали бы его, когда это не-было бы столь-же нескромнымъ, да ещё нескромнѣе. — Прочитали ли вы уже итальянскую книгу, когда владѣтель оной требовалъ её назадъ? — Я только что сталъ её читать, но не хотѣлъ отказать ему въ отдачѣ, во что бы то ни стало. — Что несчастная ваша пріятельница сказала, когда её увѣдомили о скоропостижной смерти милаго ея жениха? — Она сильно затрепетала, смертельно поблѣднѣла и упала въ обморокъ. — Съ этой минуты та болѣзнь началась, которою она до сихъ поръ страдаетъ. — Начинаетъ ли маленькій вашъ племянникъ уже ходить и говорить? — Онъ долго ужъ говоритъ, а всё ещё не хочетъ начинать ходить. — Получили ли вы уже новый свой бархатный кафтанъ? — Нѣтъ ещё; я былъ бы дово́ленъ, е́слибъ портно́й у́же на́чалъ его́. — Ско́лько дней свире́пствовала эта ужа́сная бу́ря на́-морѣ? — Бо́лѣе девятнадцати дней. — Мно́го ли корабле́й поги́бло? — Сто́лько, что и сосчита́ть нельзя́. — Начина́ется ли у́же свѣта́ть? — Нѣтъ, ещё не свѣта́етъ, ещё сли́шкомъ ра́но. — Жила́ была́ фе́я въ стекля́нномъ за́мкѣ! — Не говори́те да́лѣе, я зна́ю э́ту ста́рую ска́зку. — Слы́шали ли вы, что намъ должно́ боя́ться мо́лніи? — Кто ла́етъ тамъ на дворѣ́? — Никто́ не ла́етъ, это бре́шутъ щенки́. — Постла́ла ли у́же служа́нка мою́ посте́ль? — Не ду́маю.

Зада́ча 179.

Что ты рабо́таешь? — Я рису́ю сей цвѣто́къ. — Писа́лъ ли ты у́же ру́сскія свои́ зада́чи? — Нѣтъ ещё, но я бу́ду ихъ писа́ть; а францу́зскія я у́же написа́лъ. — То́лько пиши́ ихъ чи́ще и внима́тельнѣе, не́жели обыкнове́нно пи́шешь. — Это вѣдь то́лько чернов́ое, кото́рое мой учи́тель пересма́триваетъ, чтобы поправля́ть. — Пусть бу́детъ такъ, но положи́ себѣ́ самому́ за пра́вило, прилежа́ніемъ и внима́ніемъ довершать всё, что́ бы ты ни рабо́талъ. — Тѣмъ изостри́шь ру́ку и глазъ, привы́кнешь къ поря́дку и наконе́цъ э́та достохва́льная привы́чка тебѣ́ бу́детъ друго́ю приро́дою. — И́скренно васъ благодарю́ за э́тотъ совѣ́тъ, и бу́ду стара́ться слѣ́довать ему́. — Кто спасся́ при поги́бели э́того корабля́? — То́лько капита́нъ и двѣна́дцать матро́совъ. — Не бо́лѣе? — Я не слы́халъ, чтобъ спасло́сь бо́лѣе. — Заче́мъ отказа́ли вы э́тому че́стному ста́рцу въ ма́лости де́негъ? — Это не че́стный ста́рецъ, а опа́сный ни́щій, кото́рый привы́къ не рабо́тать, но горемы́кать и ры́скать по свѣ́ту. — Скажи́те, столь ли бы онъ горемы́калъ, е́сли бы могъ рабо́тать? — Я зна́ю, что онъ мо́жетъ, а не хо́четъ, и сомнѣва́юсь, что онъ когда́ либо бу́детъ рабо́тать. — Нача́ли ли вы у́же поло́ть свои́ цвѣто́чныя гря́ды? — Садо́вникъ, мо́жетъ быть, у́же ихъ поло́лъ; я всю недѣ́лю не былъ въ саду́, а потому́ не могу́ ничего́ о томъ сказа́ть. — Умѣ́ете ли вы писа́ть водяны́ми кра́сками? — Я умѣ́лъ бы, когда́ бы прилѣ́жнѣе труди́лся; но ско́лько ни хулилъ меня доброжелательный мой учитель, я всё-таки его не слушался, а теперь раскаяніе слишкомъ поздно. — Пустое раскаяніе всегда, а исправленіе никогда не слишкомъ поздно. — Твёрдая воля и постоянство могутъ поправить многое.— Чья собака укусила сына нашего слуги? — Это была пастухова собака. — Она его не укусила бы, когда бы онъ её не дразнилъ; ибо она весьма доброе, вѣрное животное. — Я только желалъ бы, чтобы рана не повредила мальчику. — Говорятъ что собака бѣшена. — Пусть это будетъ впредь наукою мальчику. — Имѣлъ ли онъ большую боль?—Я думаю, что страхъ былъ больше боли; онъ сталъ рыдать да трепетать всѣми членами. — Какъ боится вѣроятно бѣдная его мать! — Она должна была бы построже держать мальчика, тогда бы съ нимъ тому подобнаго не случалось.—Который часъ? — Въ исходѣ седьмой. — Прощайте! — Поклонитесь вашей матушкѣ и пожалуйте къ намъ завтра.

Задача 180.

Поддержите свою сестрицу, она поблѣднѣла, я боюсь что съ ней сдѣлается обморокъ. — Не бойтесь, это ничего и сейчасъ пройдётъ.—Сдѣлали ли вы уже свою задачу?—Нѣтъ, но сейчасъ её сдѣлаю. — Первое правило въ жизни должно быть: будь честнымъ и никого не обижай.—Это очень достохвальное правило.—Пишите ли вы свои задачи тотчасъ на бѣло? — Нѣтъ, у меня привычка писать ихъ прежде на черно. — Что за человѣкъ ѣдитъ верхомъ на тёмно-гнѣдомъ конѣ? — Это молодой поручикъ. — Давно ли онъ въ полку? —Очень недавно, онъ поступилъ въ гусары тому съ годъ, а прежде шёлъ по штатской службѣ. — Этотъ ростовщикъ поступаетъ весьма безсовѣстно съ своими должниками. — Онъ не боится Бога, но день воздаянія придётъ скоро. — Куда идёте вы? — Я иду въ церковь. — Подождите меня, я иду тудаже. — Часто ли вы видите своего брата? — Нѣтъ, мы не часто видимъ другъ друга. — Развѣ вы разсорились? — Не то, что бы мы разсорились, но онъ большой вѣтренникъ и не бережётъ своихъ денегъ. — Всѣ ли согласны въ этомъ? — Нѣтъ, не всѣ; иной говоритъ то, иной другое. — Должно ли сказать это вашему батюшкѣ? — Нѣтъ, прошу васъ не говорить объ этомъ. — Кто долженъ рѣзать мясо? — Служанка должна его рѣзать, ибо кухаркѣ нѣтъ времени. — Можно ли видѣть вашу матушку? — Нѣтъ, её видѣть нельзя, она больна.

Задача 181.

Что съ вами? — Я очень усталъ. — Отчего? — Спавши немного прошѣдшую ночь, я сегодня всталъ очень рано и стоя работалъ весь день. — Почему не ложитесь вы спать? — Мнѣ нельзя лечь не выучивши прежде своего урока. — Когда вы устали, вы не можете учиться. — Лучше вставайте завтра поранѣе. — Лёжа въ постелѣ, я буду ещё немного читать. — Не дѣлайте этого; это вредитъ глазамъ. — Осѣдлалъ ли ты уже лошадь? — Нѣтъ ещё. — Вычистивъ, я напоилъ её. — Осѣдлавъ, приведи её! — Готовъ ли кофей? — Готовъ. — Прикажете ли вы налить? — Налей, а не смѣшивая съ гущею. — Были ли вы уже въ Парижѣ? — Объѣзжая западную Европу съ молодымъ барономъ, я былъ и въ Парижѣ. — Видѣли ли вы короля? — Нѣтъ, мы только пріѣхали послѣ того, какъ онъ уѣхалъ. — Когда увидите вы больныхъ своихъ подругъ? — Ѣдучи домой, я ихъ посѣщу. — Чей кучеръ съ такимъ шумомъ взошёлъ на лѣстницу? — Это былъ кучеръ нашего сосѣда. — Что хочетъ онъ? — Онъ искалъ своего господина, но, не видя его, ворочается. — Не умывшись ли ты идёшь въ школу? — Нѣтъ, я умылся и чесался. — Пойдёмте сегодня въ лѣсъ! — Съ удовольствіемъ; когда нарисую эту голову, я пойду за вами.

Задача 182.

Гдѣ ты взялъ этотъ уголёкъ? — Въ печкѣ. — Поговоривши съ этой болтуньею, я очень усталъ. — Родственница ли она вамъ? — Нѣтъ, она не родственница, а только кума.

— Наѣвшись свѣжаго хлѣба, я чувствовалъ себя весьма тяжёлымъ. — Не должно кушать слишкомъ свѣжаго хлѣба, онъ нездоровъ. — Востёръ ли вашъ перочинный ножикъ? — Испытавши его, я вамъ скажу. — Я думаю, что вашъ братъ меньше ростомъ, нежели вы. — Вы ошибаетесь, онъ несравненно больше. — Онъ не только больше, но и старше меня. — Если вы не устали, то пойдёмте дальше. — Куда хотите вы меня вести? — Подождавъ немного, вы увидите. — Можно ли теперь узнать? — Нѣтъ, нельзя. — Наказавши своего сына, мать сама заплакала. — Звѣзды, блеща всю ночь, гаснутъ поутру. — Онѣ ярко свѣтятъ въ темнотѣ ночной. — Ведя дитя моей красивой двоюродной сестры, я спасъ его отъ коровы, которая хотѣла его бодать.

Задача 183.

Портной пришёлъ, вы изволили его спрашивать. — Да, пусть онъ войдётъ, мнѣ нужно поговорить съ нимъ. — Здравствуйте, мнѣ васъ рекомендовали; говорятъ что вы хорошо шьёте платья. — Надѣюсь, что будете довольны моей работою. — Мнѣ нужно фракъ, сюртукъ, двое паръ брюкъ, и жилетъ. — Очень хорошо, вотъ я принёсъ образчики. — Это сукно кажется не крѣпко, оно лёгонькое. — Извините, это очень хорошее, настоящее англійское сукно. — Покажите мнѣ трико для брюкъ. — Вотъ это мнѣ кажется не дурно. — Когда принесёте вы мнѣ платья? — Во вторникъ или въ середу. — Это мнѣ слишкомъ поздно, мнѣ непремѣнно надобно имѣть ихъ въ воскресенье, ибо я уѣзжаю въ понедѣльникъ рано поутру. — Хорошо, я постараюсь, чтобъ всё было готово къ сроку. — Мнѣ такого обѣщанія не нужно, я хочу чтобъ вы мнѣ сказали, можете ли вы сдѣлать или нѣтъ. — Обѣщаться мнѣ нельзя, я переговорю съ моими подмастерьями и принесу вамъ черезъ часъ отвѣтъ. — Ладно, я васъ ожидаю. — Намѣрены ли вы наблюдать лунное затмѣніе? — Нѣтъ, я ихъ много видѣлъ. — Что сѣетъ огородникъ въ своёмъ огородѣ? — Онъ сѣетъ горохъ, бобы, картофель и чечевицу. — Охотники ли вы до чечевицы? — Я до неё большой охотник. — Можно ли пойти въ садъ? — Нѣтъ, туда идти нельзя; шёлъ проливной дождь, и теперь слишкомъ грязно въ саду. — Затворите окно, здѣсь сквозной вѣтръ. — Я окно тотчасъ затворю, а вы заприте дверь.

Задача 184.

Которая изъ сихъ двухъ госпожъ ваша супруга? — Несущая красную шаль на лѣвой рукѣ, моя супруга, а молодой человѣкъ, ведущій её, старшій ея братъ. — Кто столь щедро далъ милостыню бѣдному человѣку, стоящему тамъ у дороги? — Это были прелестныя дѣвочки, кушающія свой кофей подъ тѣмъ великолѣпнымъ каштановымъ деревомъ. — Когда мы пустимся въ путь? — Я приказалъ кучеру, пріѣхавшему изъ города, подъѣхать. — Скоро ли вашъ сынъ будетъ слѣдовать за нами? — Написавъ сіе письмо и пославши его на почту, онъ будетъ слѣдовать съ лошадьми. — Умѣетъ ли онъ ѣздить верхомъ? — Возможно ли чтобъ бывшій кавалеристъ не умѣлъ ѣздить верхомъ? — Долго ли онъ служилъ? — Прослуживъ три года драгуномъ, онъ вступилъ на годъ въ уланскій полкъ, стоящій въ Н., и здѣсь, какъ тутъ, снискавъ себѣ любовь своихъ товарищей и уваженіе своихъ начальниковъ, а особливо командующаго генерала, онъ въ прошлую зиму возвратился къ намъ, чтобы помогать въ хозяйствѣ старому своему отцу, больному уже долгое время. — Иванъ! Осѣдлавъ лошадь, приведи её; по пристегни покрѣпче сѣдло! — Когда послалъ богатый купецъ къ ткачу за бумажнымъ товаромъ? — На прошлой недѣли въ понедѣльникъ, и на нынѣшней въ среду. — Зачѣмъ онъ къ нему посылаетъ такъ часто? — Онъ хочетъ купить оное поскорѣе, ибо пришло извѣстіе, что скоро будетъ миръ, и тогда эти товары будутъ хорошо покупать. — Куда ты вёлъ этого маленькаго мальчика? — Это былъ мой племянникъ, я его вёлъ въ школу. — Когда вы поѣдете верхомъ въ Пильницъ? — Тотчасъ послѣ обѣда. — Не знаю, можете ли вы сдѣлать это? — Отчего нѣтъ? — У вашей лошади больное копыто. — Надобно тогда пойти къ коновалу! — Я уже былъ у него. — Что же сказалъ коновалъ? — Онъ сказалъ, что оно само собою пройдётъ, но что должно беречь животное, а не томить его. — Въ такомъ случаѣ я, пожалуй, останусь дома. — И вы хорошо сдѣлаете. — Куда заѣхалъ вѣстникъ, принёсшій намъ хорошее извѣстіе? — Онъ пошёлъ къ своей сестрѣ, живущей въ нашемъ городѣ. — Скоро ли онъ возвратится? — Онъ хочетъ придти сюда отдохнувши и прохладившись немного, и уѣхать въ половинѣ (девятаго) или не позже нежели въ исходѣ девятаго.

Задача 185.

Скоро ли начнётся представленіе? — Занавѣсъ уже поднятъ и представленіе началось. — Гдѣ вашъ дядюшка? — Онъ дома, онъ лежитъ въ постели, ибо разбитъ параличёмъ. — Какая награда ожидаетъ этого храбраго офицера? — Онъ произведёнъ въ капитаны и теперь представленъ къ ордену. — Отъ какого мѣста Волга судоходна? — Она судоходна почти отъ своихъ источниковъ. — Приготовилъ ли поваръ завтракъ для пріѣзжаго? — Онъ его ещё не приготовилъ и я его за то побранилъ, потому что пріѣзжему пора ѣхать, если онъ не хочетъ опоздать на желѣзную дорогу. — Когда отправляется поѣздъ? — Въ десять часовъ тридцать минутъ. — Не отправляется ли ещё поѣздъ въ десять? — Точно такъ, но этотъ поѣздъ только товарный, а тотъ курьерскій. — Развѣ нѣтъ почтоваго поѣзда? — Почтовой поѣздъ отправляется въ три часа, а пріѣзжему должно быть на мѣстѣ уже въ двѣнадцать. — Не слушайте этихъ пустыхъ разговоровъ, это только трата времени, а время деньги, говорятъ англичане. — Боленъ ли вашъ братъ, что я его не вижу? — Да, онъ очень боленъ, у него жестокая горячка. — Скажите вашему сыну, чтобъ онъ не хныкалъ, это вѣдь несносно. — Этотъ мальчикъ, кажется, очень глупъ. — Нельзя сказать, чтобъ онъ былъ глупъ, но онъ о́чень избало́ванъ, его́ избалова́ла мать. — Не болта́йте ли́шняго, а говори́те дѣ́ло. — Мнѣ́ ка́жется, что я говорю́ дѣ́ло. — Нѣ́тъ, вы болта́ете мно́го пустяко́въ. — Этотъ францу́зъ, ка́жется, о́чень остроу́менъ. — Нѣ́тъ, э́то не остроу́міе, а то́лько у́мничаніе.

Задача 186.

Кѣ́мъ тепе́рь обита́ема да́ча ва́шего дя́ди? — Семе́йствомъ его́ зя́тя. — Имъ ли и це́рковь возобновля́ется? — Я э́того не зна́ю; но я ду́маю, что она́ возобновля́ется на казённый счётъ. — Ва́шимъ дѣ́домъ ли э́та ро́ща наса́жена? — На́шимъ дѣ́домъ она́ то́лько распространена́, отча́сти прику́пкою, отча́сти но́выми насажде́ніями. — Каки́мъ о́бразомъ э́тотъ ово́щный са́дъ бу́детъ про́данъ? — Говоря́тъ, что онъ бу́детъ про́данъ съ публи́чнаго то́ргу. — Для чего́ сыновья́ двою́роднаго ва́шего бра́та оста́вили э́ту шко́лу? — Потому́ что ихъ ча́сто недосто́йнымъ о́бразомъ брани́ли ихъ учителя́ и они́ не́были перемѣщены́ въ вы́сшій классъ пе́рваго числа́ про́шлаго мѣ́сяца, они́ оста́вили шко́лу. — Кѣ́мъ э́та кни́га сочинена́? — Учёнымъ, кото́рый, узна́въ самъ Испа́нію, её описа́лъ. — Не опи́санъ ли Пиренейскі́й полуо́стровъ мно́гими путеше́ственниками? — Въ са́момъ дѣ́лѣ; но ни кѣмъ нра́вы обита́телей ея́ не изображены́ такъ вѣ́рно, и́стинно и жи́во, какъ э́тимъ сочини́телемъ. — Пѣ́та ли а́рія вчера́ госпожо́ю Н.? — Нѣ́тъ; она́ оси́пла и не могла́ пѣть. — Кото́рыя крѣ́пости постро́ены ны́нѣ владѣ́ющимъ мона́рхомъ? — Имъ ещё ни одна́ не постро́ена. — Почему́ твоя́ сестра́ пла́четъ? — Она́ тро́нута извѣ́стіемъ, кото́рое она́ лишь тепе́рь получи́ла. — Да бу́дь благословле́на моя́ мать за то, что она́ меня́ вспои́ла и вскорми́ла и меня́ лю́битъ такъ, какъ я недосто́инъ быть люби́мымъ. — Отчего́ кузне́цъ жжётъ сто́лько дровъ? — Онъ ка́ждый день до́лженъ кова́ть мно́го лошаде́й. — Чьи́хъ лошаде́й? — Ра́зныхъ хозя́евъ. — Вы́вороченъ ли уже́ твой кафта́нъ? — Уже́ два ра́зъ; прито́мъ онъ ужъ сдѣ́ланъ изъ отцо́ва ста́раго плаща́. — Какъ была́ одѣ́та невѣ́ста? — Она́ была́ въ платье изъ голубаго атласа. — Была ли она красиво причёсана? — По послѣдней модѣ, притомъ же съ большимъ вкусомъ такъ, что прелести, коими она одарена природою, были еще возвышены уборомъ. — Была ли комедія уже начата, когда вы пришли? — Нѣтъ ещё; но поднимали занавѣсъ въ туже минуту. — Крещёнъ ли уже новорождённый сынокъ младшей вашей сестрицы? — Нѣтъ ещё; но онъ будетъ крещёнъ въ будущее воскресеніе. — Гдѣ эта книга печатана? — У Н. Н. въ Лейпцигѣ. — Картины, которыми она украшена, вырѣзаны въ Карлсруэ. — Кѣмъ сочинена новая лѣтопись? — Статскимъ совѣтникомъ Н., профессоромъ исторіи при харьковскомъ университетѣ.

Задача 187.

Чему вы радуетесь? — Я радуюсь извѣстію, которое я получилъ изъ дому. — Какое это было радостное извѣстіе? — Можно ли его узнать? — Очень можно, моя мать была при смерти, а теперь мнѣ пишутъ, что она начинаетъ выздоравливать. — Не лѣзь на яблоню, сучки тонки, и ты можешь упасть. — Ничто, мнѣ оставить по вашему мнѣнію яблоки на яблонѣ. — Этого я тебѣ не говорю, но ты можешь принести лѣстницу и влѣзть по ней на яблоню. — Любите истину и избѣгайте ложь. — Принесите мнѣ нитку и иголку, у моей перчатки распоролся шовъ. — Вы не умѣете шить, дайте лучше перчатку вашей служанкѣ, она её починитъ. — Были ли вы когда-нибудь въ Венеціи? — Я былъ тамъ очень часто. — По этому вы плыли тамъ въ гондолахъ? — Очень часто я плылъ въ гондолахъ по каналамъ, которые въ Венеціи служатъ вмѣсто улицъ. — Сидите смирно, вы своему брату мѣшаете учиться. — Таетъ ли уже снѣгъ въ поляхъ? — Нѣтъ, всё ещё стоитъ сильная стужа. — По этому крестьяне ещё не могутъ сѣять? — Имъ нельзя будетъ сѣять ранѣе пяти или шести недѣль. — Когда возвратится работникъ съ поля? — Онъ не скоро возвратится; ему ещё надобно сходить къ моему сосѣду, суконщику. —

Пойдите къ аптекарю и принесите мнѣ пластырь, я порѣзалъ себѣ палецъ. — Я вамъ говорилъ, что не должно шалить съ ножёмъ, а вы никогда не слушаетесь. — Хорошо, другой разъ я буду васъ слушаться. — Какой вамъ нуженъ пластырь? — Принесите мнѣ англійскій пластырь.

Задача 188.

Кѣмъ дрова колются у васъ? — Они рубятся, привозятся изъ лѣсу, пилятся и колются нашими слугами. — Когда копался этотъ судоходный каналъ? — Его начали осьмаго апрѣля тысяча восемь сотъ двадцать пятаго года, а кончили двадцать пятаго сентября тысяча восемь сотъ тридцать втораго года. — Много ли здѣсь травится дичи? — Теперь ужъ не травится; но у нашего сосѣда ежегодно травится множество оленей. — Какой почётный подарокъ перешлётся честному священнику? — Я думаю, что ему поднесутъ золотую чашу. — Будутъ ли публично вхвалять вашего сына за смѣлый его подвигъ? — Я не желалъ бы, чтобъ это сдѣлалось; доброе само по себѣ должно дѣлаться. — Что сегодня будутъ варить у насъ? — Приготовляютъ только простую зелень и пекутъ нѣсколько яичницъ. — Что было съ вашимъ другомъ? — Надобно было пустить ему кровь потому, что онъ былъ въ опасности получить ударъ. — Сколько писемъ ежедневно пишется въ вашей конторѣ? — Я думаю, что пишется по сложности писемъ до сто пятидесяти, и почти столько же читается. — Доложили ли уже объ иностранцѣ господину? — Я думаю, что слуга объ нёмъ доложилъ. — Итакъ, пожалуйста войдите.

Задача 189.

Видѣли ли вы быковъ моего сосѣда? — Да, я видѣлъ ихъ пасущихся на зелёномъ лугу, недалеко отъ деревни. — Когда возвратитесь вы въ свою деревню? — Я туда возвращусь ещё въ текущемъ году. — Съ кѣмъ вы сейчасъ говорили? — Я говорилъ съ бывшимъ Саратовскимъ губернаторомъ. — Позовите коновала, моя лошадь испортила своё копыто. — Есть русская пословица, что десница не должна знать, что даётъ шуйца. — Кто съѣлъ мясо, которое лежало на столѣ? — Кошка влошла въ кухню и съѣла мясо. — Должно бить кошку, чтобъ она этого не дѣлала. — Не кошка виновата, а поваръ; зачѣмъ онъ оставилъ мясо на столѣ? — Кована ли уже лошадь? — Нѣтъ, она ещё не кована, сегодня кучеръ поведётъ её въ кузницу. — Хорошъ ли у васъ кузнецъ въ деревнѣ? — У насъ отличный кузнецъ, онъ въ то же время и коновалъ. — Развѣ нѣтъ болѣе вина въ погребѣ? — Ни одной бутылки, всё выпито безчестнымъ слугою. — Что читаете вы? — Я читаю лѣтопись города Вюрцбурга. — Кто эта дама, которая танцуетъ съ молодымъ гусаромъ? — Это графиня Мшинская, она всѣми любима, ибо столь же прелестна, сколь добра. — Кто тамъ въ передней? — Это портной, онъ вамъ принёсъ счётъ. — Скажите ему, чтобъ онъ подождалъ, у меня теперь нѣтъ денегъ, но на дняхъ я ихъ получу и тогда ему всё заплачу сполна.—Онъ говоритъ, что ждать ему нельзя, ему деньги крайне нужны. — Такъ дайте ему эти десять рублей, за остальнымъ пусть онъ придётъ завтра поутру въ десять часовъ.

Задача 190.

Узнали ли бы вы тотчасъ письмо, писанное рукою бывшаго вашего господина?—Конечно.—Я, вѣдь, ежедневно въ продолженіи цѣлыхъ трехъ лѣтъ, имѣлъ въ рукахъ письма, имъ писанныя. — Видѣли ли вы памятникъ, который воздвигнется князю А.? — Я его видѣлъ довершённымъ въ модели. — Какова рыба ловимая въ сей рѣкѣ? — У ней очень нѣжное мясо, и она весьма вкусна. — Гдѣ пойманъ сей угорь? — Въ рѣчкѣ, протекающей чрезъ нашу деревню и изобилующей уграми. — Гдѣ эта рыба куплена? — Сегодня мы кушаемъ рыбу, пойманную моимъ двоюроднымъ братомъ удою. — Охотникъ ли двоюродный вашъ братъ до сего упражненія, требующаго столько терпѣнія? — Онъ такой охотникъ до уженія, что онъ, будучій въ Б., ничего болѣе не дѣлалъ. — Когда вы возвратите книгу, вчера вами прочитанную? — Прочитавъ её, моя сестра её вамъ возвратитъ. — Какъ вамъ нравится картина, выставленная молодымъ живописцемъ? — Я думаю, что онъ пытался изобразить предметъ неизобразимый живописью. — Впрочемъ бо́льшая часть картинъ, видимыхъ на нынѣшней выставкѣ, неудачныя изображенія худо избранныхъ предметовъ. — Художникъ, знающій предѣлы своего художества, того никогда не предпринимаетъ. — Есть ли у васъ ещё немного молотаго кофею въ дому? — Къ вашимъ услугамъ. — Можете ли вы продать мнѣ одинъ вексель или нѣсколько векселей платимыхъ въ Амстердамѣ? — У меня ни одного нѣтъ; но я хочу вамъ ихъ доставить. — Для меня неизъяснимо, отчего таковые векселя столь рѣдки. — Имѣя нѣкоторое знаніе денежныхъ дѣлъ, вы должны были бы легко отгадать причину.

Задача 191.

Пожалуйте, скажите мнѣ, кто прелестная дѣвица, которую ведётъ учтивый французъ? — Я думаю, что она сестра молодого поляка, недавно столь опасно раненнаго въ поединкѣ. — Мой товарищъ, её короче знающій, могъ бы вамъ лучше сказать. — Кто она бы ни была, я желалъ бы имѣть случай, познакомиться съ нею. — Не представлены ли вы ей? — Никогда съ нею не встрѣтившись, гдѣ мнѣ ей представиться было? — Старѣе ли она своего брата? — Нѣтъ, она моложе его; но какъ она больше и красивѣе его ростомъ, такъ она и зрѣлѣе разумомъ и благороднѣе сердцемъ, и такъ хорошо воспитана и образована, какъ немного дѣвицъ ея лѣтъ и состоянія. — Многіе ли её здѣсь знаютъ? — Только немногіе; а кто её знаетъ, тотъ её и любитъ и уважаетъ. — Да будетъ она столько счастлива, сколько она заслуживаетъ, и сдѣлаетъ столько счастливымъ, сколько чистое и скромное сердце можетъ осчастливить того, кто умѣетъ цѣнить его! — Зачѣмъ медвѣдь идётъ безъ поводильщика?

— Поводи́льщикъ его́ вёлъ, но медвѣ́дь вы́рвался и убѣжа́лъ. — Кого́ вёлъ ещё поводи́льщикъ? — Никого́ кромѣ́ обезья́ны. — Ско́лько вёрстъ отъ Петербу́рга до Пари́жа? — То́чно я э́того не зна́ю, но бу́детъ о́коло трехъ ты́сячъ съ чѣмъ то вёрстъ. — Да, безъ ма́лаго сто́лько. — Грёнла́ндія весьма́ ску́дная страна́. — Да, она́ то́лько изоби́льна морски́ми ры́бами. — Отчего́ вашъ братъ такъ блѣ́денъ? — Бо́ленъ ли онъ? — Да, онъ бо́ленъ, то́лько, не тѣ́ломъ по душёю. — Ви́дѣли ли здѣсь э́ту дра́му? — Я э́того не ду́маю. — Всѣ дра́мы, здѣсь ви́дѣнныя, пока́зываетъ э́та ро́спись вамъ. — Гдѣ тепе́рь и́скренний твой другъ? — Я ему́ никогда́ ничего́ не ввѣря́лъ, и́бо, что ему́ когда́ ввѣ́рено бы́ло, отъ кого́ и сколь ва́жно ни было бы, ско́ро весь го́родъ узнава́лъ. — По э́тому онъ о́чень болтли́въ? — Да, онъ болтли́вѣе пра́чки. — Клевета́ ху́дшій поро́къ. — Отчего́? — Вы са́ми зна́ете, мнѣ не ну́жно вамъ говори́ть, что клеветни́къ, зна́въ что онъ дѣ́лаетъ вредъ и что клевета́ его́ поведётъ того́, на кого́ онъ клеве́щетъ, къ несча́стію, бу́детъ ещё тому́ ра́доваться. — Да, я то́же ду́маю что во́ра должно́ предпочита́ть клеветни́ку. — Чей э́тотъ садъ, уса́женый таки́ми великолѣ́пными иноземными цвѣта́ми и куста́рниками? — Онъ принадлежи́тъ молодо́й вдовѣ́ поко́йнаго гра́фа, извѣ́стной свое́ю красото́ю и благотвори́тельностью и обожа́емой ея́ по́дданными. — Опя́ть ли она́ сговорена́? — Нѣтъ, и говоря́тъ, что она́ никогда́ не сочта́ется бра́комъ, потому́ что она́ столь серде́чно люби́ла пе́рваго своего́ супру́га. — Отчего́ онъ у́меръ? — Отъ чахо́тки. — Нашла́сь ли духо́вная, имъ сдѣ́ланная? — Нѣтъ, а нашли́ распоряже́ніе, имъ своеру́чно пи́санное, кото́рымъ она́ назна́чена по́лною наслѣ́дницею.

Зада́ча 192.

Рабо́тники пришли́, прика́жете ли вы имъ пили́ть дрова́? — Нѣтъ, дрова́ пили́ть не ну́жно, я купи́лъ ихъ уже́ пилёными. — Отъ кого́ получи́ли вы э́тотъ преле́стный пода́рокъ? — Я получи́лъ его́ отъ своего́ прія́теля, почётнаго гражданина Рязанова.—Пошлите за врачёмъ, чтобъ онъ пустилъ кровь моему кучеру, котораго разбилъ параличъ. — Любите ли вы яичницу? — Я её очень люблю и ѣмъ её почти каждый день къ ужину. — Переслали ли вы вашему брату чемоданъ, который онъ у васъ оставилъ? — Нѣтъ, я его ему ещё не переслалъ, но перешлю на дняхъ по желѣзной дорогѣ. — Какую дичь убили вы вчера на охотѣ? — Мы убили разную дичь, кабановъ, оленей, дикихъ утокъ, рябчиковъ, тетеревовъ и куропатокъ, но всѣхъ болѣе мы убили зайцевъ. — Сколько у вашего дяди ежегоднаго дохода.—Навѣрное мнѣ вамъ сказать нельзя, но мнѣ говорили, что онъ со своихъ имѣній ежегодно получаетъ до двадцати тысячъ рублей, притомъ же у него жалованья до семи тысячъ. — По этому онъ много сберегаетъ? — Нисколько, ибо его жена большая мотовка. — Какую подкладку вашъ портной долженъ положить подъ вашу шинель? — Мнѣ всё равно, но полагаю что всего лучше шёлковую. — А какого цвѣта? — И цвѣта мнѣ равны, былъ бы только цвѣтъ тёмный. — Не выкидывайте ничего изъ окна, это здѣсь строжайше запрещено. — Думаете ли вы, что вашъ братъ придётъ завтра къ намъ?. — Я этого не думаю, но надѣюсь на то. — Сіяетъ ли мѣсяцъ на небѣ?— Нѣтъ, мѣсяцъ на небѣ не сіяетъ, но звѣзды блещутъ.

Задача 193.

Не знаешь ли ты, гдѣ маленькіе мои братцы?—Я ихъ видѣлъ, бѣгущихъ изъ деревни въ лѣсъ и потомъ тамъ играющихъ. — Не слыхали ли вы, какое платье онъ велитъ шить для своей невѣсты? — Я слыхалъ, какъ онъ говорилъ, что она желала платье изъ бѣлаго травчатаго атласа. — А я слыхалъ въ городѣ, что онъ не состояніи собраться съ деньгами на роскошь, до которой онъ её допускаетъ. — Не знакомы ли вы съ нимъ? — Не очень коротко. — Онъ, кажется, очень слабъ характеромъ, а она, кажется, любитъ употреблять во зло слабость его. — Пусть она такимъ образомъ продолжаетъ! — Не можете ли вы мнѣ сказать, когда знаменитая италіянская пѣвица будетъ пѣть?—Говорятъ, что она завтра уже явится въ первый разъ; но она заставляетъ дорого платить за своё искусство. — Сколько она требуетъ? — Она требовала отъ дирекціи за каждый вечеръ тысячу рублей серебромъ, и не уступила ни одной копейки. — Живётъ! — Другой за то долго трудиться долженъ. — Впрочемъ слухъ идётъ, что берлинская опера её отпустила, потому что она чрезъ чуръ сплётничала. — Можетъ быть, однако здѣсь не идётъ дѣло объ ея нравѣ, но объ ея голосѣ, и говорятъ, что онъ самый превосходный. — Куда вы дѣли картину, которою я васъ недавно ссудилъ? — Я велю копировать её однимъ пріятелемъ. — Я слыхалъ, что вы её заложили. — Возможно ли было бы, чтобъ это мнѣ приходило въ голову! — Какъ рисунокъ удаётся? — Дайте ему только сдѣлать его; у него и охоты и дарованія довольно. — Куда хотите идти? — Пойдёмте домой; мнѣ дремлется. — Вы, кажется, не очень здоровы? — Мнѣ мерещится; мнѣ хочется спать. — Видѣли ли вы что нибудь сочинённое Сонтини? — Очень часто, а пусть люди говорятъ, что хотятъ, сочиненія его всётаки можно слушать. — Что за шумъ на дворѣ? — Мнѣ слышется, какъ будто пожарная тревога. — Позволь мнѣ идти съ тобою, дражайшій отецъ! — Оставь это, мой сынъ, ты ещё слишкомъ слабъ. — Много ли сгорѣло? — Огонь половину города превратилъ въ пепелъ. — Не можно ли было найти причину пожара? — Кажется, что пожаръ нарочно подложёнъ, и слухъ идётъ, тѣмъ же самымъ купцомъ, котораго всѣ называли богатымъ и честнымъ.

Задача 194.

Любя войну, просилъ герой своего государя не заключать мира. — Зачѣмъ онъ возмущалъ народы? — Чтобъ насытить себя кровью. — Сколько лѣтъ онъ воевалъ съ французами? — Только полтора года, но они его побѣдили. — Хорошъ-ли этотъ чай? — Хорошъ то онъ хорошъ, но нѣсколько жиденекъ. — А сахаръ вашъ крѣпокъ? — Да, онъ о́чень крѣ́покъ, э́то крѣпча́йшій са́харъ бога́таго купца́, у кото́раго лу́чшіе това́ры во всёмъ го́родѣ. — Когда́ встрѣ́тилась съ ва́ми молода́я вдова́, госпожа́ Э́мма М.? — Вчера́ близъ Цви́нгера, и встрѣ́тившись съ не́ю мы пошли́ вмѣ́стѣ въ садъ до́браго господи́на Ива́на Анто́новича Петро́ва. — Ра́звѣ Ива́нъ Анто́новичъ въ Дре́зденѣ? — Вы зна́ете, что онъ былъ три че́тверти го́да въ Пари́жѣ и уже́ бо́лѣе пяти́ лѣтъ съ полови́ною живётъ въ Дре́зденѣ. — Какъ ему́ нра́вится тамъ? — Прожи́вши такъ до́лго въ одно́мъ го́родѣ должно́ нра́виться тамъ.

Зада́ча 195.

Пойдёмте, мнѣ здѣсь остава́ться нельзя́, здѣсь несётъ. — Я не нахожу́, чтобъ здѣсь несло́, э́то вамъ то́лько грѣ́зится. — Когда́ вы э́то сдѣ́лаете? — Я сдѣ́лаю, когда́ мнѣ захо́чется. — Хорошо́ ли портно́й сшилъ вамъ пла́тье? — Не то чтобъ о́чень хорошо́, но живётъ. — Говоря́тъ, что онъ уѣ́халъ не прости́вшись. — Я э́тому не вѣ́рю, не мо́жетъ ста́ться. — Кло́питъ ли васъ ко сну, что вамъ безпреста́нно зѣва́ется. — Нѣтъ, спать мнѣ не хо́чется, а что-то нездоро́вится. — Кто тако́въ э́тотъ лѣнтя́й? — Э́то сынъ бога́таго купца́, его́ лѣнь и неря́шество песте́рпимы. — Вѣ́рите ли вы мои́мъ слова́мъ? — Нѣтъ, я потеря́лъ вѣ́ру къ ва́шимъ слова́мъ, вы мнѣ сли́шкомъ ча́сто лга́ли. — Далеко́ ли ва́ше оте́чество? — Моё оте́чество далеко́, и́бо моя́ ро́дина Фра́нція. — Мнѣ сказа́ли что э́тотъ господи́нъ въ очка́хъ, кото́рый сиди́тъ насу́противъ насъ, знамени́тый профе́ссоръ. — Онъ не знамени́тъ, но лю́битъ хвали́ться свое́ю знамени́тостью. — Сдержа́лъ ли банки́ръ своё обѣща́ніе? — Нѣтъ, онъ его́ не сдержа́лъ, онъ лю́битъ обѣща́ться, но рѣ́дко де́ржитъ свои́ обѣща́нія. — Кому́ взду́малось сказа́ть э́то? — Никому́ не взду́малось, но всѣ зна́ютъ э́то. — Но вѣдь э́то непра́вда. — Не увѣря́йте насъ въ томъ, что мы лу́чше васъ зна́емъ. — Что вы стои́те? — Пойдёмте. — Нѣтъ, я идти́ не хочу́, я слы́шу ва́шего бра́та, говоря́щаго мно́го вздо́ру, и хочу́ сказа́ть ему́, чтобъ онъ э́того не дѣ́лалъ.

Задача 196.

Для чего сынъ вашего брата ѣдетъ въ Москву? — Онъ хочетъ переговорить съ однимъ книгопродавцемъ объ изданіи своихъ стихотвореній. — Надобно ли ему лично тамъ быть для сего переговора? — Хотя этого не надобно, однакожь онъ всегда предпочитаетъ изустный переговоръ письму. — А я думаю, что потребно болѣе способности, чтобы хорошо говорить, нежели чтобы хорошо писать. — Онъ стряпчій по своему званію, и потому искусенъ въ разсужденіи важныхъ дѣлъ безъ приготовленія. — Нѣтъ ли у васъ остраго перочиннаго ножика? — Для чего хотите его употребить? — Чтобъ очинить это перо. — Рисуете ли вы иногда перомъ? — Только для начертанія я иногда употребляю перо; ибо для рисованія перомъ надобно много твёрдости, а у меня ея недостаётъ. — Есть ли у васъ нѣсколько молотаго кофею? — Нѣтъ, но если молотье вамъ не слишкомъ скучно, то я могу вамъ дать цѣлыхъ, хорошо жжёныхъ бобовъ, чтобъ ихъ вы мололи сами. — Почему не пьёте вы вина? — Лѣкарь мнѣ запретилъ пить вина. — Вино не вредное питьё, когда оное пьёшь малыми количествами. — Не знаете ли вы, гдѣ моя сестра? — Я думаю, что она дома, ибо я слыхалъ, какъ она пѣла. — Когда ты шёлъ къ швейцарцу? — Поговоривши съ его сыномъ, я шёлъ къ нему самому. — Что онъ говорилъ, когда онъ получилъ это извѣстіе? — Онъ сталъ клясться и божиться, но чему видно, что онъ неправъ. — Было ли бы удивительно ежели бы его бросили въ темницу? — Конечно нѣтъ; ибо непростительно, что онъ такъ подло поступаетъ. — Были ли вы въ Бмъ кофейномъ дому? — Да, мы шли сами третьи и нашли уже множество людей тамъ собранныхъ. — Что тамъ слышно новаго? — Говорятъ, что турки, послѣ того какъ потеряли сраженіе, просятъ о мирѣ.

Задача 197.

Развѣ этотъ стихотворецъ и этотъ ваятель оба баварцы? — Нѣтъ, стихотворецъ вправду баварецъ, но ваятель-то португалецъ.—Позволено ли говорить о стихотвореніи стихотворца? — Позволено, кажется, всякому, кто читалъ оное, говорить объ немъ. — Сегодня вечерѣетъ весьма рано.—Мнѣ кажется не раньше обыкновеннаго. — Развѣ вы не видите, что небо заволакиваетъ облаками? — Это вамъ только кажется.—Кто былъ раненъ въ поединкѣ? — Мой добрый и храбрый двоюродный братъ раненъ въ поединкѣ и умеръ отъ своей раны. — Обитаема ли эта дача? — Которая дача? — Видимая теперь или виденная тому часъ? — Я говорю о дачѣ видимой теперь. — Она теперь не обитаема, ибо увеличивается своимъ хозяиномъ. — Прошенъ ли ты на этотъ балъ? — Нѣтъ, я не прошенъ на балъ, но этому я хочу идти въ театръ. — Какая піэса дается сегодня въ театрѣ? — Разбойники Шиллера. — А какая піэса давалась вчера? — Марія Штюартъ его же.

Задача 198.

Какъ можете вы такъ говорить? — Я говорю правду. — Любятъ ли эту дѣвицу? — Она всѣми любима. — Много ли выпито пива при Лейпцигскомъ праздникѣ? — Его очень много выпито, говорятъ до семнадцати тысячъ пятисотъ шестидесяти боченковъ. — Былъ ли путешественникъ уже у васъ? — Нѣтъ, онъ у меня еще небылъ, но обѣщался скоро ко мнѣ придти. — Какой голосъ у молодаго пѣвца? — У него не сильный, но осиплый голосъ. — Наказали ли уже преступника? — Нѣтъ, его еще не наказали и кажется наказывать не будутъ. — Отчего его наказывать не будутъ? — Потому что онъ не преступникъ, но невинно оклеветанный человѣкъ. — Были ли вы уже въ новомъ кофейномъ дому? — Нѣтъ, въ кофейномъ дому я не-былъ, я не хожу въ кофейныя домы. — Послали ли вы къ портному? — Для чего вамъ нуженъ портной? — Я хочу сказать ему, чтобъ онъ вывернулъ мнѣ сюртукъ. — Его вывернуть нельзя, сукно слишкомъ ветхо. — Были ли вы въ крѣпости Эренбрейтенштейнѣ?—Нѣтъ, я тамъ небылъ, но мой братъ былъ тамъ и говоритъ что это очень сильная крѣпость. — Сильпѣе ли Эренбрейтенштейнъ Кёнигштейна въ Саксоніи? — Нельзя сравнить эти двѣ крѣпости, послѣдняя много менѣе первой. — Рано ли приходитъ къ вамъ вашъ цирюльникъ? — Обыкновенно онъ приходитъ поздно, но сегодня онъ пришёлъ ранѣе. — Кто причёсываетъ вашу сестрицу? — Её причёсываетъ фризёръ изъ Парижа.

Задача 199.

Въ чёмъ винятъ этого человѣка? — Его винятъ въ ворожбѣ; впрочемъ отецъ его уже потерялъ свою свободу изъ за сего обмана. — Единственное ли это его преступленіе? — Къ сожалѣнію нѣтъ! Онъ грабилъ проѣзжихъ на большой дорогѣ и даже похищалъ дѣтей. — Онъ, кажется, безстыдный человѣкъ, который, хотя стоя у позорнаго столба, не краснѣетъ. — Пожалуй, одолжи мнѣ свой карандашъ. — Съ удовольствіемъ, а не теряй его. — Гдѣ теперь младшій вашъ сынъ? — Я этого не знаю; онъ скитается по бѣлому свѣту, мечтая найдти гдѣ нибудь счастіе. — Куда вы спѣшите? — Мы будемъ хоронить своего учителя, и я боюсь, что пріду слишкомъ поздно. — На которомъ кладбищѣ похороните вы его? — Онъ будетъ первымъ покойникомъ на новомъ кладбищѣ, принадлежащемъ къ приходской церкви. — Смѣемъ ли входить въ этотъ садъ? — Кто намъ это запретитъ? — Публикѣ позволено пользоваться онымъ, а кто что портитъ, того сторожи задерживаютъ и его наказываютъ. — Есть ли въ самомъ дѣлѣ такіе грубые люди, которымъ возможно портить такіе великолѣпные сады? — Жалѣю о томъ, что долженъ подтвердить вашъ вопросъ. — А того и не щадятъ, кого поймаютъ на дѣлѣ.

Задача 200.

Безстыдный путешественникъ винилъ своего добраго и честнаго слугу въ преступленіи. — Въ какомъ преступленіи? — Что онъ укралъ у него его золотые часы. — Укралъ ли онъ ихъ? — Нѣтъ, никто не могъ украсть ихъ, ибо у путешественника небыло часовъ, онъ продалъ ихъ въ сосѣднемъ городкѣ. — Кто началъ плакать, когда ты говорилъ о покойникѣ? — То были купчиха и ткачиха, которыя плакали. — Отчего пѣвецъ сталъ пѣть сегодня въ театрѣ слишкомъ рано? — Онъ забылъ свою роль. — Богата ли Англія? — Да, очень богата, торговля такъ обогатила эту страну. — Можно ли наказать этого молодаго мальчика за его глупое умничаніе? — Не только можно, но даже должно. — Отчего? — Чтобъ онъ сдѣлался умнѣе и не говорилъ болѣе глупыхъ умничаній. — Этотъ купецъ, кажется, имѣетъ незначительную торговлю? — Ничто ему! Отчего онъ былъ всегда гордъ и любилъ только самаго себя? — Много ли у него денегъ? — Не думаю, ибо намедни его обокрали воры. — Сколько денегъ украли они у него? — Съ тридцать тысячъ рублей. — Это очень много, но онъ наказанъ за свою гордость и своё жестокосердіе.

Задача 201.

Давно ли вы небыли у своего сосѣда? — Я у него небылъ уже два или три мѣсяца. — Какой это человѣкъ, который сидитъ нынѣ въ темницѣ? — Это преступникъ, который обвиненъ въ ограбленіи путешественника. — Желаете ли вы что нибудь къ кофею? — Да, принесите мнѣ два или три сухаря. — Намедни я шёлъ мимо дома моего пріятеля, и встрѣтилъ близъ него молодаго человѣка. — Кто былъ этотъ молодой человѣкъ? — Вы его знаете, это тотъ безстыдный прикащикъ, который обокралъ своего хозяина. — Передали ли вы его въ руки полиціи? — Нѣтъ, онъ убѣжалъ прежде, нежели я былъ въ состояніи сдѣлать это. — Кто этотъ безстыдный человѣкъ? — Вы правы, онъ не только безстыденъ, но и грубъ, но я не знаю кто онъ. — Не стучите! Ваша матушка больна, а вы такъ шумите. — Я это сдѣлалъ только случайно, но не парочно. — Я знаю, что вы не будете нарочно безпокоить свою матушку, но должно беречься и не дѣлать того, что можетъ вредить ея здоровью. Писано ли уже вами письмо къ вашему банкиру? — Нѣтъ, я его ещё не писалъ, но напишу завтра. — Кѣмъ построена эта церковь на высокой горѣ? — Какая церковь? — Та, которую мы видимъ на берегу Волги? — Да, эта церковь изъ краснаго кирпича. — Эта церковь построена богатымъ, но безсовѣстнымъ княземъ, который разорилъ своихъ крестьянъ. — Зачѣмъ построилъ онъ её? — Изъ тщеславія, потому что его прéдокъ, казнённый при Петрѣ первомъ, владѣлъ въ Малороссіи селомъ, въ которомъ точно такая же церковь.

Задача 202.

Когда вы хлѣбъ повезёте въ городъ? — Мы его вчера уже повезли туда. — Повёзъ ли вашъ сосѣдъ уже свою пшеницу въ Казань? — Онъ туда возилъ пшеницу цѣлый мѣсяцъ, и вѣрно будетъ возить ещё двѣ недѣли. — Куда садовникъ тащитъ этотъ мѣшокъ съ грушами? — Не могу сказать куда онъ его тащитъ, но онъ ежедневно таскаетъ мѣшки съ сушёными плодами къ одному богатому овощнику, кóего сыновья возятъ ихъ въ Петергофъ. — Слуга ли сломалъ прекрасную фарфоровую чашку? — Нѣтъ, я долженъ признаться, что я самъ это сдѣлалъ. — Я это думалъ, потому что прежній вашъ слуга ломалъ всё, что бралъ въ руки. — Кому вы поклонились? — Старому земледѣльцу, который мнѣ кланяется сколь часто онъ встрѣчается со мною. — Поведёшь-ли ты Сашу къ дѣдушкѣ? — Поведу, маменька, если позволяешь. — Очень охотно, когда вы мнѣ обѣщаете, что пойдете осторожно, и небудете бѣгать. — Но когда я услышу, что вы бѣгали, тогда впередъ ваша нянька всегда его будетъ водить. — Могу ли рисовать въ вашей комнатѣ? — Теперь нѣтъ; солнце сіяетъ въ комнату. — Въ это время солнце сіяетъ въ мою комнату отъ пяти до двѣнадцати часовъ утра. — Для чего вашъ сынъ катаетъ эти камни? — Я ему совѣтовалъ катать каменья, чтобы быть сильнѣе. — Ивану ли ѣхать въ лѣсъ? — Нѣтъ; ѣздить въ лѣсъ дѣло Петра; поэтому онъ, а не Иванъ поѣдетъ. — Слышали ли вы глухой трескъ? — Я пичего не слыхалъ. — Видѣли ли вы нововоздвигнутый фельдмаршаловъ памятникъ? — Я его видѣлъ, но я не почитаю его создателя за художника, какъ славенъ бы онъ ни былъ. — Я видѣлъ, что люди безъ дарованія входили въ честь и славу, потому что сильные покровители имъ покровительствовали. — Боленъ ли ребёнокъ? Онъ такъ тяжело дышетъ. — Онъ всегда такъ тяжело дышетъ, но притомъ здоровъ и веселъ.

Задача 203.

Надъ чѣмъ смѣялся намедни тотъ грубый и дерзкій мужичище? — Надъ окончаніемъ сказки, которую разсказывалъ умный земледѣлецъ своимъ дѣтямъ. — Я не вижу въ нёмъ ничего смѣшнаго. — И я тоже. — Носить ли уже слуга дрова, которые привёзъ намъ добрый крестьянинъ? — Нѣтъ, у него ещё не было времени носить ихъ, но онъ понесётъ ихъ тотчасъ, когда окончитъ свою нынѣшнюю работу. — Не правда ли, что духовная того живописца, который умеръ отъ чахотки, отдаётъ всё его имѣніе его любимой женѣ? — Правда. — Сколько пудъ хочетъ вамъ доставить тотъ честный купецъ? — Сколько мнѣ нужно, ибо я продалъ всю соль, которую я имѣлъ и продаю нынѣ ежедневно болѣе пяти сотъ сорока семи пудъ. — Дай мнѣ стаканъ, ты довольно пилъ. — Нѣтъ, этого не было довольно. — Я почти что не пилъ. — Гдѣ легкомысленный сынъ того честнаго мѣщанина? — Я того не знаю, онъ не достоинъ, чтобъ заботились объ нёмъ.

Задача 204.

Кто стучитъ тамъ у дверей? — Бѣдный путешественникъ, который пѣшкомъ пришёлъ изъ Берлина. — Кто прислалъ его сюда? — Сюда прислалъ его приходскій священникъ. — Правда ли, что мнѣ говорили? — Всё правда, въ этомъ нѣтъ ни слова лжи. — Не правда ли, что вы придёте ко мнѣ завтра? — Не знаю, могу ли я придти къ вамъ; но если могу, то приду во всякомъ случаѣ. — Обѣщаетесь ли вы мнѣ это? — Да, я вамъ это обѣщаюсь. — Гдѣ покровитель этого ребёнка? — Онъ живётъ въ Парижѣ, но онъ не только покровитель но и отецъ. — Были ли вы въ городѣ? — Я ѣздилъ туда, но остался по нездоровью въ ближайшей деревнѣ; сыновья нашего сосѣда были тамъ. — Гдѣ крестьянинъ? — Крестьянинъ теперь на-полѣ, онъ сѣетъ, пашетъ и боронитъ. — Вѣроятно и возможно ли это? — Не только вѣроятно или возможно, но даже и правда. — Кто вамъ оставилъ прекрасное имѣніе, которымъ вы теперь владѣете? — Мнѣ его оставилъ покойный мой дядя. — Какіе это безстыдные вопросы? — Они очень неприличны. — Извините, я никогда не говорю что-нибудь неприличнаго, я самъ знаю соблюдать приличіе и никогда его не нарушаю. — Что вы такъ кричите? — Господинъ, съ которымъ я говорю, глухъ, и я долженъ кричать, чтобъ онъ меня слышалъ. — Этотъ господинъ достоинъ уваженія, онъ премилый и предобрый человѣкъ, но къ несчастію глухъ.

Задача 205.

Какою женщиною была покойная баронесса? — Она была самой лучшей женщиною въ мірѣ, истинной матерью бѣднымъ и страждущимъ. — Тѣхъ она щедро дарила, а за сими она ходила сама. — Очень ли баронъ её любилъ? — Онъ её любилъ и почиталъ болѣе всего и сказывалъ: Господь подаровалъ мнѣ жену, и всё прочее эта жена мнѣ подарила. — Часто ли вы ихъ видывали вмѣстѣ? — Лѣтомъ почти каждый день, ибо онъ её водилъ въ паркъ или они сиживали въ бесѣдкѣ. — Часто ихъ видывали и занятыми трудами, ибо баронъ ухаживалъ за фруктовыми деревьями, а баронесса сама саживала капусту. — Зимою они игрывали въ шахматы или читали. — Была ли ея сестра таковаже? — Напротивъ того; бѣдные убѣгали, когда её видѣли. — Она никого не любила и небыла ни кѣмъ любима; она всегда уединённо бродила въ лѣсу и по полямъ.

Задача 206.

Сколько разъ уже мостили эту улицу? — Не знаю, но не полагаю, что болѣе трёхъ разъ. — Три раза въ годъ, это было бы многонько. — Вы меня не хорошо понимаете. — Я не сказалъ что въ одномъ году, но съ тѣхъ поръ, какъ поле, которое было прежде здѣсь, превращено въ улицу. — Отчего проѣзжiй хаживалъ такъ часто на кладбище? — Потому что жена его, которую онъ такъ любилъ, похоронена тамъ. — Очень ли онъ жалѣетъ объ ней? — Этотъ вопросъ показался бы ему не только грубымъ, но и безстыднымъ. — Сколько австрiйцевъ видѣли вы вчера? — Вы ошибаетесь, это небыли австрiйцы но были баварцы, которые проходили вчера и третьяго дня чрезъ нашъ городъ. — Куда шли они? — Я этого хорошо не знаю, но я полагаю что въ Тироль и въ Италiю. — Какую шубу продавалъ бѣдный купецъ въ мартѣ мѣсяцѣ? — Это была кунья шуба, которая была ещё очень хороша, но ему не была болѣе нужна. — Онъ её, я полагаю, нашивалъ каждый день, и совершенно износилъ. — Нѣтъ, сударь, вы ошибаетесь.

Задача 207.

Остерегайтесь, и запирайте вечеромъ двери, говорятъ что бродятъ разбойники. — Не вѣрьте этимъ розсказнямъ, намедни вошёлъ къ богатому крестьянину нищiй, было вечеромъ, тотъ испугался и вотъ пошли разговоры о разбойникахъ. — Половой, принесите мнѣ завтракъ! — Какой вамъ завтракъ угодно получить? — Англiйскiй или простой? — Что разумѣете вы подъ англiйскомъ завтракѣ? — Чай, жареный хлѣбъ съ масломъ, яйца, ветчину и, если угодно, баранiй или телячiй котлетъ. — Этого мнѣ слишкомъ много, я поутру мало ѣмъ, принесите мнѣ кофею или чаю, съ булкою и масломъ, или съ кренделями. — Прикажите ли вы рому къ кофею? — Нѣтъ, до рому я не охотникъ. — Работаетъ ли вашъ садовникъ? — Почему вы меня спрашиваете? — Вы знаете, что онъ добрый и прилежный человѣкъ. — Это я знаю, но я спрашиваю, что онъ теперь дѣлаетъ?—Онъ садитъ огурцы и его сынъ полетъ гряды. — Развѣ у васъ нѣтъ огородника, что вашъ садовникъ долженъ садить огурцы? — Нѣтъ, мнѣ не нуженъ огородникъ, ибо мой садовникъ притомъ и отличный огородникъ. — Нѣтъ ли у васъ денегъ?— Мнѣ онѣ очень нужны. — У меня теперь лишнихъ нѣтъ, но втѣтаки я одолжу вамъ сколько могу, если вы мнѣ обѣщаетесь ихъ заплатить на дняхъ.—Я вамъ своимъ честнымъ словомъ обѣщаюсь заплатить ихъ не позже субботы. — Хорошо, вотъ вамъ двадцать франковъ, и я надѣюсь, что вы сдержите своё слово. — На моё честное слово можно полагаться болѣе нежели на вексель.—На векселя я никогда не полагаюсь, честный человѣкъ заплатитъ и безъ того, а плутъ и по векселю не заплатитъ.

Задача 208.

Пріятнѣе ли климатъ у васъ, нежели здѣсь? — Нѣтъ, онъ гораздо жесточѣе. — У насъ должайшія зимы бываютъ очень холодны, а очень короткія лѣта, напротивъ того, тѣмъ жарче. — Какъ вы препровождаете долгіе зимніе вечера?— Въ домѣ моихъ родителей мы собирались вокругъ тёплой печи. — Одинъ изъ насъ читывалъ въ слухъ, а другіе слушали.—Развѣ у васъ никогда небыло гостей?—Иногда только, потому что мы отдалённо жили и только съ немногими изъ нашихъ сосѣдей имѣли обхожденіе, дороги же бывали дурны. — Что вашъ дядя дѣлываетъ послѣ обѣда? — Тотчасъ послѣ обѣда онъ обыкновенно куриваетъ трубку табаку, потомъ спитъ часочекъ, а послѣ того онъ принимаетъ одного или другаго знакомаго, или ходитъ самъ въ гости. — Въ прошлую зиму онъ и три изъ его пріятелей вечеркомъ, бывало, играли въ ломберъ или въ вистъ. — Гдѣ живётъ теперь тотъ генералъ, который здѣсь ежегодно дѣлывалъ смотръ войскамъ? — Онъ предается заслуженному покою на отцёвомъ своёмъ замкѣ, почитаемый своимъ монархомъ и любимый своими приятелями. — Столь же ли храбръ его сынъ, какъ онъ? — Я въ томъ сомнѣваюсь; ибо онъ нездоровъ, а слабые люди рѣдко бываютъ храбры. — Довольны ли вы новою своею кухаркою? — Никакъ нѣтъ. — Прежняя кухарка содержала посуду въ крайней чистотѣ; сія же, кажется, её по употребленіи и не чиститъ.

Задача 209.

Кто тамъ въ передней? — Это врачъ, за которымъ я послалъ. — Развѣ вы больны? — Да, мнѣ что-то нездоровится. — Мнѣ кажется, что нездоровіе только въ вашемъ воображеніи. — Мнѣ всё равно, вѣрите ли вы мнѣ или нѣтъ. — Половой, какой кофей вы мнѣ принесли? — Развѣ онъ не хорошъ? — Нисколько, это не кофей, а гуща. — Признайтесь, что вы не правы. — Почему же нѣтъ? Всякій можетъ ошибаться, только тотъ не ошибался, кто никогда дѣла не дѣлалъ. — Какое извѣстіе принёсъ намъ вѣстникъ? — Онъ вамъ принёсъ очень дурное извѣстіе; банкиръ, у котораго ваши деньги, обанкрутился. — Не можетъ статься, нельзя мнѣ вѣрить этому несчастію! — Пѣшкомъ ли къ вамъ пришёлъ пріятель вашъ? — Нѣтъ, онъ пріѣхалъ ко мнѣ верхомъ. — Гдѣ были вы теперь? — Я былъ у кузнеца. — Опытенъ ли вашъ кузнецъ? — Онъ очень опытенъ и знатокъ своего дѣла, теперь онъ куётъ рѣшётку для нашей приходской церкви. — Гдѣ купленъ этотъ мёдъ? — Этотъ мёдъ купленъ въ Вязьмѣ. — Много ли ульевъ у Кондратія Артемьевича? — Не знаю, я ихъ не считалъ, но говорятъ, что у него ихъ очень много. — По этому онъ богатъ? — Не знаю богатъ ли онъ или нѣтъ, но всѣ называютъ его скупымъ. — Быть скупымъ иногда не вредно; русскіе говорятъ, что скупость не глупость. — Я знаю эту пословицу, но её не совсѣмъ одобряю; есть разница между скупостью и бережливостью. — Вы правы, скупой часто вредитъ и себѣ и другимъ.

Задача 210.

Что это былъ за трескъ? — Кто-нибудь выстрѣлилъ въ боковой комнатѣ. — Развѣ вы ничего не слыхали? — Я думаю, что кто-то крикнулъ. — Теперь двери скрипнули.— Ударьте на замокъ тѣхъ дверей и онъ отворится. — Что вы видѣли? — Входя въ комнату, я видѣлъ мужа, заряжающаго ружьё; онъ на меня взглянулъ, испугался и уронилъ его, бѣжалъ вонъ изъ дверей, вспрыгнулъ на лошадь и помчался. — Высморкайся-ка, неопрятный мальчикъ! — Я потерялъ свой платокъ. — Удались, лошадь скакнётъ и тебя толкнётъ. — Тряхни яблонь, можетъ быть, нѣсколько яблоковъ упадутъ. — Мой братъ обыкновенно лазилъ на тотъ-то сукъ, и его трясъ. — Ты не долженъ трогать сіе насѣкомое; чуть его тронешь, и оно умрётъ.—Не хлещите здѣсь бичёмъ; вы тѣмъ испугали бы больную женщину.—Когда мой братъ онамедни хлеснулъ кнутомъ на дворѣ, она крикнула и сдѣлалась такъ слабою, что боялись за ея жизнь.—Не Карлъ ли это, который стоитъ на мосту?—Кажется, что онъ тамъ; я свисну, онъ, можетъ быть, обернётся и насъ увидитъ. — Лучше бѣги къ нему и зови его сюда. — Шепни ему, что я имѣю сообщить ему нѣчто важное. — Видѣли ли вы, какъ совѣтникъ топнулъ? — Это онъ обыкновенно дѣлаетъ, когда онъ крайне сердитъ.

Задача 211.

Сколько разъ этотъ храбрый солдатъ въ продолженіи битвы заряжалъ своё ружьё?—Онъ заряжалъ оное какъ долго могъ.—Отчего онъ не могъ стрѣлять долѣе?—Потому что у него небыло болѣе пороху. — Отчего скрипитъ дверь? — Это не дверь, которая скрипитъ, но замокъ. — Развѣ замокъ не хорошъ?—Да, сударь, онъ хорошъ, но старъ и долженъ быть помасленъ. — О комъ вы заботетесь? — Я забочюсь о сынѣ моего добраго брата. — Были ли вы на выставкѣ художествъ? — Да, сударыня, я былъ тамъ и лучшая картина была изображеніе страданій нашего Спасителя, писанная знаменитымъ живописцемъ Брюловымъ. — Знаете вы этого знаменитаго художника? — Нѣтъ, я не видѣлъ его; онъ умеръ, ибо это неизбѣжная судьба всѣхъ большихъ художниковъ умирать рано. — Гдѣ предѣлъ между художествомъ и ремесломъ? — Я не могу сказать вамъ этого, ибо граница очень тонка и трудно обозначима. — Сообщили ли вы это извѣстіе трудолюбивому купцу? — Да, я ему сообщаю всѣ извѣстія, которыя я слышу.

Задача 212.

Не подходите къ этой коровѣ, она бодлива. — Гдѣ купили вы это ружьё? — Я купилъ его бывъ въ Люттихѣ. — Далеко ли оно стрѣляетъ? — Оно стрѣляетъ болѣе нежели на двѣсти шаговъ. — Хороша ли погода? — Погода хороша, но я полагаю, что будетъ дождь. — Почему вы это полагаете? — Я это полагаю потому, что дуетъ южный вѣтръ. — Мнѣ кажется, что вы ошибаетесь; вѣтръ не южный, а западный. — Вы любите противорѣчить. — Каково было представленіе? — Не всѣ равно играли, одни играли лучше, а другіе хуже. — Скоро ли возвратится вашъ братъ изъ Парижа? — Я этого не знаю, онъ мнѣ ничего не писалъ объ этомъ. — Слышали ли вы что домъ, который вы обитаете, проданъ съ публичнаго торгу. — Я слыхалъ о томъ, но на вѣрное не знаю. — Купили ли вы головной уборъ для своей супруги? — Я его не купилъ, у меня на то нѣтъ денегъ. — Хорошъ ли голосъ у пѣвца? — У него голосъ не хорошъ, онъ грубъ и осиплый. — Городъ Лондонъ столица Англіи и лежитъ при рѣкѣ Темзѣ. — Хочется ли вамъ кушать? — Нѣтъ, я не голоденъ, но чувствую сильную жажду. — Что чернѣется тамъ на дорогѣ? — Это кажется карета, она мчится во весь опоръ. — Посмотрите, какая красивая бабочка порхаетъ со цвѣтка на цвѣтокъ. — Какой цвѣтъ желаете вы? — Мнѣ всѣ цвѣта равны.

Задача 213.

Почему вы безпокоите своего сосѣда симъ извѣстіемъ? — Извините, сударь! — Я его увѣдомилъ только о томъ, что ему необходимо надобно знать. — Кто может избѣжать судьбы! — Знаетъ ли его братъ ужъ что о томъ? — Нѣтъ ещё. — Заѣдемте къ нему, дабы ему это сообщить. — Какъ надпишете вы это стихотвореніе? — Я его только надпишу: Младенецъ. — Кто его перепишетъ на-бѣло? — Я это сдѣлаю самъ. — Который учитель прописываетъ тебѣ латинскія письмена? — Прежде господинъ Н. намъ оныя прописывалъ, но эти мнѣ прописалъ господинъ А., потому что господинъ Н. боленъ и долженъ былъ остаться дома. — Я думаю, что ты проговорился, ибо въ этомъ письмѣ я не узнаю руки господина Н. — А я знаю, что вы всякому противорѣчите. — Дописали ли вы уже своё письмо? — Я его скоро допишу. — Будете ли вы оныхъ ещё писать нѣсколько? — Нѣтъ; на сей день я кончилъ писать. — Изъ которой книги ты выписалъ это? — Я не выписываю своихъ писемъ изъ книгъ. — Твой другъ выписывалъ письма и стихотворенія и ихъ выдавалъ за свои сочиненія. — Напишешь ли своё имя всѣми буквами? — Это было бы излишнее. — Я имѣю обычай, только подписывать вензель, который моимъ кореспондентамъ извѣстенъ. — Откуда вы выписываете сіи гравюры? — Прежде мы ихъ выписывали изъ Лондона, а отнынѣ будемъ выписывать изъ Парижа. — Тѣ, которыя вы заказали, мы выпишемъ изъ Берлина. — Изписали ли вы уже всю десть бумаги? — У меня ещё листовъ восемь. — А теперь я описался отъ вашего болтанія. — За кого покойный вашъ дядя записалъ великолѣпный садъ? — Садъ записанъ за мою сестру, которой мужъ лѣкарь и ему предписывалъ рецепты при случаяхъ болѣзни. — Я обязался бы (письменно) чёрту, когда о томъ воспоминаю.

Задача 214.

Войдите, пожалуйте, въ эту комнату, и извольте каждый разъ сюда входить безъ доклада. — Кто въ боковой комнатѣ? — Тамъ обыкновенно пребываетъ милая моя двоюродная сестра, занятая шитьёмъ, рисованіемъ или музыкою. — Какъ вы слышите, она только теперь запѣваетъ прекрасную пѣснь. — Почему́ вы такъ рѣ́дко провожа́ете насъ тепе́рь при на́шихъ у́треннихъ прогу́лкахъ? — Потому́, что обыкновѣ́нно просыпа́ю вре́мя. — Я уже́ ду́малъ, что вы проспа́ли своё обѣща́ніе. — Когда́ вы обыкнове́нно встаёте? — Когда́ я вы́спался, то есть, когда́ я просыпа́юсь самъ собо́ю и чу́вствую себя́ укрѣплённымъ. — Въ кото́ромъ часу́ вы сего́дня вста́ли? — Я проспу́лся не пре́жде шести́ часо́въ, и ви́дя, что по́здно у́же, я вы́прыгнулъ изъ посте́ли, одѣ́лся, ско́лько возмо́жно, прово́рнѣе, и поспѣши́лъ сюда́; но я пришёлъ сли́шкомъ по́здно, вы уже́ уѣ́хали. — Бу́дутъ ли кня́жескія по́хороны проходи́ть чрезъ э́ту у́лицу? — Говоря́тъ. — Взойдёмте на вы́шку. — Подойдёмъ къ э́тому окну́, кото́рое смо́тритъ на ту пло́щадь, чрезъ кото́рую на вся́кій слу́чай ше́ствіе пройдётъ. — Когда́ ше́ствіе пройдётъ ми́мо насъ? — Едва́ ли пре́жде десяти́ часо́въ. — Какова́ княги́ня? — Она́ была́ безутѣ́шна; но увѣща́ніе вѣ́рнаго ея́ духо́внаго отца́ и осо́бливо взглядъ на ея́ дѣте́й успоко́или её. — Кто бу́детъ воспи́тывать сиро́тъ? — Оте́цъ, чу́вствуя приближе́ніе свое́й кончи́ны, да́вно уже́ назна́чилъ опекуно́въ.

Зада́ча 215.

Чьи по́хороны тя́нутся вдоль по у́лицѣ? — Это по́хороны бога́таго банки́ра, кото́рый у́меръ на дняхъ въ го́родѣ Эмсѣ. — Что дѣ́лалъ онъ въ Эмсѣ? — Онъ по́льзовался та́мошними тёплыми вода́ми. — Краси́во ли лежи́тъ Эмсъ? — Эмсъ лежи́тъ о́чень краси́во въ у́зкой доли́нѣ, окружённой со всѣхъ сторо́нъ живопи́сными гора́ми. — Куда́ идёте вы? — Я иду́ къ купцу́ купи́ть бума́ги. — Мно́го ли бума́ги вамъ ну́жно? — Двѣ и́ли три де́сти. — Такъ купи́те бо́лѣе и усту́пите мнѣ одну́ десть. — Чьё и́мя на вы́вѣскѣ э́того магази́на? — На вы́вѣскѣ и́мя хозя́ина магази́на. — Вы́спался ли младе́нецъ? — Онъ ещё не вы́спался, пусть онъ ещё спитъ. — Хо́лодно на дворѣ́, приближе́ніе зимы́ уже́ весьма́ чувстви́тельно. — Переста́ньте, ва́ше болта́ніе мнѣ надо́ѣло. — Ча́яли ли вы, что э́то ещё случи́тся? — Нѣтъ, я не ча́ялъ, но часто дѣлается то, что мы не чаемъ. — Видно что старость его одолѣваетъ, онъ слабѣетъ и умомъ и тѣломъ. — Не солите своего супу, его кухарка уже пересолила. — Пойдёмте въ садъ и посмотримте ландшафтъ, который рисуетъ моя сестра. — Сударыня, позвольте мнѣ посмотрѣть, что вы рисуете? — Какъ прекрасно! — У васъ, сударыня, поразительный талантъ. — Вы любите льстить, я знаю, что я не хорошо рисую. — Вы ошибаетесь, сударыня, вы вѣдь знаете, что я откровененъ и льстить не охотникъ.

Задача 216.

Отъ кого думаете вы получить письма? — Я думаю, что всѣ мои родственники и знакомые будутъ писать мнѣ. — Часто ли вы, будучи въ Дрезденѣ, посѣщали моего брата? — Мы посѣщали другъ друга по крайней мѣрѣ одинъ разъ въ недѣлю. — Сверхъ того часто встрѣчали мы другъ друга на Брюльской террассѣ. — Не обѣщался ли нашъ учитель посѣтить насъ сегодня? — Я этого не точно знаю, но завтра онъ придётъ непремѣнно. — Ударила ли молнія у васъ это лѣто? — У насъ молнія не ударяетъ, потому что на большей части домовъ громовые отводы. — Думаете ли вы что эти непремѣнно защищаютъ отъ того? — Какъ бы то ни было, молнія много лѣтъ ужъ не ударяла у насъ. — Не откажетъ ли вашъ дядюшка маленькую пенсію старому своему слугѣ, которую этотъ конечно заслужилъ? — Онъ ему отказалъ капиталецъ, процентами котораго ему будетъ возможно жить. — Почему онъ ничего не отказываетъ вашему братцу? — Этотъ его чрезвычайно разсердилъ своей расточительностью, а вмѣсто того, чтобы его успокоить, онъ упорно придерживается своей жизни, такъ что дядюшка его ненавидитъ отъ всего своего сердца. — Кто обуваетъ дѣтей? — Ихъ нянька; но эта посѣтила сегодня утромъ больную свою сестру, и потому я обула дѣтей. — Сколько товаровъ тайно провозятъ здѣсь ежегодно? — Считаютъ утрату косвенныхъ налоговъ до пяти ста тысячъ гульденовъ. — Какимъ образомъ дѣлаютъ, чтобы избѣжа́ть по́шлину? — По бо́льшей ча́сти хи́тростію, а иногда́ да́же си́лою, и́бо контрабанди́сты, какъ говоря́тъ, почти́ всегда́ вооружены́. — Нельзя́ ли предупреди́ть сіё зло? — Какъ ка́жется, нельзя́. — Ско́лько стёколъ разби́ло вчера́ гра́домъ? — Разби́ло стёколъ до осьми́ въ той ко́мнатѣ, въ кото́рой ка́ждую весну́ имъ разбива́ется по нѣ́скольку стёколъ. — Вѣ́ришь ли ты, что Богъ бу́детъ воскреша́ть мёртвыхъ? — Онъ ихъ воскреси́тъ въ день Вели́каго Суда́. — Воскреса́ли ли уже́ мёртвые? — Би́блія намъ повѣда́етъ о нѣ́которыхъ, ко́и воскре́сли по́слѣ того́, какъ у́мерли, да́же по́слѣ того́, какъ уже́ бы́ли погребены́.

Зада́ча 217.

Пойдёте ли вы со мно́ю въ теа́тръ? — Съ велича́йшею охо́тою; что даю́тъ сего́дня? — Сего́дня игра́ютъ но́вую коме́дію Писемскаго. — Въ ско́лькихъ дѣ́йствіяхъ э́та коме́дія? — Она́ въ пяти́ дѣ́йствіяхъ. — Писе́мскій хорошо́ пи́шетъ, я чита́лъ мно́го по́вѣстей пи́санныхъ имъ, но ещё не вида́лъ ни одно́й изъ его́ коме́дій. — Пойдёмте же. — Вотъ ка́сса, но касси́ра ка́жется ещё нѣтъ. — Вы ошиба́етесь, вотъ онъ тамъ стои́тъ въ углу́. — Пожа́луйте намъ два биле́та въ кре́сла. — Не могу́ служи́ть вамъ э́тимъ, кре́сла всѣ за́няты; неуго́дно ли взять биле́ты въ парте́ръ? — Нѣтъ, я не люблю́ быть далеко́ отъ сце́ны. — Такъ вотъ вамъ два биле́та въ амфитеа́тръ, э́то хоро́шія мѣста́, въ са́мой середи́нѣ. — Что сто́ятъ они́? — Три рубля́ ка́ждый. — Почему́ сего́дня доро́же обыкнове́ннаго? — Цѣ́ны возвы́шены по слу́чаю бенефи́са. — Чей бенефи́съ сего́дня? — Сего́дня бенефи́съ господи́на Караты́гина мла́дшаго. — Уго́дно ли вамъ афи́шу? — Пожа́луйте намъ её. — Посмотри́те въ боковую ло́жу въ пе́рвомъ я́русѣ; кто э́та да́ма, въ великолѣ́пномъ головно́мъ убо́рѣ? — Развѣ́ вы её не зна́ете? — Э́то супру́га францу́зскаго посла́нника въ Берли́нѣ, она́ тепе́рь гости́тъ здѣсь у свое́й двою́родной сестри́цѣ. — Смотри́те, за́навѣсъ поднима́ется. — Нашли́ ли вы свой перочи́нный ножи́къ? — Я его́ до́лго и вездѣ искалъ, и незнаю какъ онъ вдругъ очутился на моёмъ столѣ.

Задача 218.

Не бросай орѣховыхъ скорлупъ па́-полъ, когда ты скушалъ ядро. — Куда́ мнѣ э́ти бросить? — Брось ихъ въ плева́льникъ, и скажи слугѣ, чтобъ онъ ихъ вы́несъ. — Бьютъ ли э́ти часы́? — Бьютъ; у нихъ прекрасный бой, какъ вы скоро услышите, ибо скоро ударитъ семь. — Не говорили ли вы, что они съ репетиціею? — Я это сказалъ, и такъ и есть, но репетиція изломлена. — Когда ложитесь вы обыкновенно спать? — Я обыкновенно ложусь въ началѣ одиннадцатаго часа; но ля́гемте сего́дня пораньше, чтобы мы за́втра не долго проспали. — Читали ли вы уже́ Бенедиктова „Крымскіе Виды“? — Я ихъ многократно читалъ въ слухъ въ обществахъ и долженъ сказать, что они плѣняютъ всякаго, слышащаго ихъ. — Шве́дова прелестное стихотвореніе: „Младе́нецъ,“ у моей сестры. — Гдѣ вы покупаете этотъ хорошій картофель? — Мы его получаемъ съ дачи моего шурина. — Купилъ ли онъ мызу Нейгофъ? — Нѣтъ еще́; но онъ её купитъ въ будущимъ году. — Не можете ли уступить мнѣ нѣсколько плодовъ? — Мы уступили большую часть нашего запаса знакомымъ, такъ что теперь едва ихъ у насъ довольно для собственнаго употребленія. — Закупите впередъ заблаговременно, а всего лучше прежде, нежели собираніе совсѣмъ кончено. — Много ли зайцевъ здѣсь ловятъ? — Предъ симъ здѣсь ихъ очень много ловили, а въ нынѣшнемъ году мы едва́ десять поймали. — Каково́ здоровіе болнаго вашего друга? — Мы уже́ распрощались. — „Прости навсегда!“ было послѣднее его слово для меня. — Прощайте, другъ мой! — Я хочу спѣшить къ нему; можетъ быть, я его еще́ живаго увижу. — Онъ скончался, прежде нежели я вступилъ въ комнату. — Глубокая горесть овладѣла мною, когда я увидѣлъ трупъ юноши дава́вшаго столько надеждъ.

Задача 219.

Довольно ли у васъ денегъ, чтобъ заплатить своему портному?—У меня ихъ не довольно; но я займу у своего брата сколько мнѣ нужно. — Какія платья заказали вы у своего портнаго? — Я у него заказалъ разныя платья, мнѣ нужно фракъ, брюки и разныя другія платья. — Куда спѣшите вы? —Я спѣшу къ своему брату, онъ шёлъ вчера по улицѣ, спотыкнулся, упалъ и сломалъ ногу.—Хорошо ли ваша сестрица воспитываетъ своихъ дѣтей? — Она ихъ очень дурно воспитываетъ, и ихъ балуетъ. — Хорошо вамъ говорить, у васъ нѣтъ дѣтей, испытайте прежде сами; когда у васъ будутъ они, вы ихъ, можетъ быть, будете болѣе баловать, нежели ваша сестрица балуетъ своихъ. — Обойміте своего брата и помиритесь съ нимъ. — Я вовсе не сердитъ на него, мы съ нимъ не ссорились. — Русская пословица говоритъ: худой миръ лучше хорошей ссоры. — Пойдёте ли вы гулять со мною? — Да, отобѣдавъ я пойду съ вами. — Не слышали ли вы треска? — Да, говорятъ, что амбаръ съ хлѣбомъ обрушился. — Подписали ли вы уже вексель? — Нѣтъ, я никогда не подписываю векселей, я держусь русской пословицы: гдѣ рука тамъ и голова. — Заприте двери, здѣсь сквозной вѣтръ.—Вамъ, кажется, грезится, я никакого сквознаго вѣтра не чувствую. — Посыпали ли вы пшеницы голубямъ? — Да, я голубей уже кормилъ. — Дайте нѣсколько денегъ этому бѣдному молодому человѣку! — Нѣтъ, я ему денегъ не дамъ, онъ не достоинъ сожалѣнія, онъ мотъ, который прогулялъ всё своё имѣніе.

Задача 220.

Какую работу вы предприняли? — Я предпринялъ рисованіе.—Когда предпримите вы путешествіе въ Москву?—Если погода останется хороша, мы его предпримемъ на будущей недѣли. — Для чего вы не сняли шляпы предъ бывшимъ своимъ учителемъ? — Потому что я его не видалъ. — Приняли бы вы подарокъ отъ пего? — Почему нѣтъ? — Онъ всегда принималъ подарки отъ меня. — Что дѣлается съ бѣднымъ ссыльнымъ? — Онъ принятъ ею опять въ милость. — Довольны ли вы воспитаніемъ, которое вашъ сынокъ получилъ въ училищѣ въ Л.? — Никакъ нѣтъ. — Онъ перенялъ тамъ шалости своихъ соучениковъ. — Наняли ли вы уже новаго повара? — Нѣтъ еще. — Мы наймёмъ большее жилище, и тогда въ одно время повара или кухарку. — Что Ѳедоръ дѣлаетъ въ лѣсу? — Онъ вынимаетъ птичекъ изъ гнѣздъ. — Онъ позволяетъ себѣ вольности, которыя ему дорого будутъ стоить. — Уймите шумливость мальчиковъ; батюшка не можетъ спать. — Гдѣ конюхъ? — Онъ на дворѣ. — Ему надлежитъ тотчасъ распуздать лошадь, и её повести въ конюшню. — Когда я пріѣзжаю домой, разнуздывай тотчасъ лошадь, а не напаивай её тотчасъ. — Какъ прикажите, сударь! — Зачѣмъ вы гнѣваетесь на вѣрнѣйшаго своего друга? — Я знаю, что онъ мнѣ измѣнилъ. — Вы не должны вѣрить всему тому, что фальшивые, завистливые люди вамъ внушаютъ. — Я прежде испытываю обвинителей своихъ друзей и строго наказываю клеветниковъ.

Задача 221.

Презирать должно этого человѣка, онъ измѣнникъ, и измѣнилъ своей родинѣ. — Притомъ онъ и клеветникъ, каждое его слово ложь и клевета. — Глупость его поразительная. — Видѣли ли вы ссыльнаго бѣжавшаго изъ Сибири? — Мнѣ его показывали, но онъ шёлъ такъ далеко, что я не могъ различить его черты. — Мнѣ много говорили про странности этого человѣка, но я не могу всему вѣрить. — Это англичанинъ, и англичане извѣстны своими странностями. — Русскіе крестьяне благословляютъ своего царя Александра, они были крѣпостными и онъ далъ имъ свободу. — Не берите столько денегъ у ростовщика. — Я не беру много, я беру столько, сколько мнѣ нужно. — Кто сдѣлалъ эту глупость? — Эту глупость сдѣлалъ преумный человѣкъ, это доказательство что и умнѣйшій человѣкъ можетъ ошибаться. — Кушали ли вы въ этомъ году уже сливы? — Нѣтъ, я въ ныпѣшнимъ году сливъ не ѣлъ, онѣ не хороши, почти всѣ онѣ съ червяками. — Хорошо ли актёръ зналъ свою роль? — Нѣтъ, онъ её очень дурно зналъ, онъ надѣялся не на свою память, а на суфлёра. — Начало сдѣлано, теперь должно бодро идти впередъ. — Откуда идёте вы теперь? — Я былъ на кладбищѣ и читалъ надписи на надгробныхъ памятникахъ. — Читали ли вы уже окончаніе сказки? — Нѣтъ, я его ещё не читалъ. — Слыхали ли вы уже объ ужасномъ преступленіи? — Мнѣ разсказывали начало, но окончанія я не слыхалъ.

Задача 222.

Получили ли вы уже письмо отъ своего сына? — Я ещё не получалъ письма. — Когда вы ждёте первое его письмо? — Мы ожидаемъ его самого на первыхъ дняхъ октября. — Не будешь ли ты просить прощенія у своего отца? — Конечно, но, прежде всего, я его буду просить о деньгахъ. — Не покупаетъ ли онъ вамъ всего, что вамъ надобно? — Онъ мнѣ только покупаетъ самыя необходимыя вещи. — Когда вы пойдёте къ своему купцу, то, пожалуйте, купите мнѣ перьевъ, карандашей и бумаги. — Желаете ли вы писчей или рисовальной бумаги? — Принесите мнѣ какъ одной, такъ и другой. — Много ли труда стоятъ вамъ сіи прекрасныя стихотворенія? — Мнѣ этого точно сказать нельзя. — Что тебѣ стоитъ этотъ плащъ? — Онъ мнѣ стоитъ тридцать два рубля серебромъ. — Читали ли вы уже новую книгу? — Нѣтъ ещё. — Мой дядюшка мнѣ даётъ свои книги для прочтенія, когда я ихъ желаю. — Поѣдете ли вы завтра гулять въ саняхъ? — Нашъ сосѣдъ мнѣ посулилъ свои сани, безъ коихъ мнѣ нельзя ѣхать. — Не пьёте ли вы вина? — Я пью вина; но въ это прибавили рому. — Я держусь вашего мнѣнія. — Не люблю ли я своего учителя? — Вы его любите, но не слушаетесь его наставленій. — Избѣгайте обхожденія съ этими юношами; вы лишаетесь своей славы и чистоты своего сердца.—Я ищу общество опыхъ, чтобы слушать ихъ бесѣды.— Вы ещё благополучно избѣжали обольщеній этихъ негодныхъ, но бойтесь ихъ лестей; онѣ стоили иному спокойствіе всей его жизни. — Я того не хочу надѣяться. — Я, напротивъ того, надѣюсь на счастіе и радость.—Можете ли вы уже писать красками? — Нѣтъ ещё. — Рисованіе требуетъ значительнаго времени и мы лишаемся надежды на успѣхъ, когда начинаемъ писать красками, не достигнувши проворства въ рисованіи. — Не знаете ли вы, отчего Павелъ Алексѣевичъ меня болѣе не посѣщаетъ? — Онъ стыдится своей лжи, боится вашихъ упрёковъ и слишкомъ упрямъ, чтобы признаться въ своёмъ заблужденіи и просить у васъ прощеніе.

Задача 223.

Не страшитесь, кто не дѣлалъ зла, страшиться не долженъ. —Солдаты, побѣдивъ непріятеля, раздѣлили между собой добычу. — Дайте мнѣ чаю или кофею, я ещё не завтракалъ. — Сейчасъ, я принесу вамъ всё, что вамъ нужно. — Что купили вы у купца, который торгуетъ тамъ на углу? — Я купилъ у него себѣ сукна на шинель. — Пойдёмте со мною въ концертъ. — Нѣтъ, я съ вами не пойду, я не такъ богатъ, какъ вы, и мнѣ денегъ мотать нельзя, я съ трудомъ добываю себѣ пропитаніе. — Что вы такъ печальны? — Нашъ полкъ получилъ приказаніе выступить, и я долженъ теперь покинуть всё, что люблю. — Не будьте малодушны, вы опять сюда возвратитесь. — Не думаю; походъ назначенъ, и я имѣю предчувствіе, что буду убитъ. — Предчувствія часто лгутъ. — Но не моё, впрочемъ я съ честію лягу на полѣ брани, для солдата величайшее счастіе пасть за свою родину. — Кажется мы уже доплыли до мѣста назначенія, должно ли пристать? — Нѣтъ ещё, я вамъ скажу, когда пристать. — Что стоитъ эта лошадь? — Она стоитъ болѣе ста червонцевъ. — Это не дорого, лошадь хороша и породиста. — Она куплена на харьковской ярмаркѣ покойнымъ ремонтёромъ нашего полка.—Какъ холодно въ этой комнатѣ!—Велѣли ли вы уже затопить? — Нѣтъ, я затопить не велѣлъ, но сейчасъ велю. — Скажите дворнику, чтобъ онъ и мнѣ принёсъ дровъ.

Задача 224.

Не велѣли ли вы топить эту комнату?—Конечно; для чего вы спрашиваете? — Потому что у меня ноги здѣсь зябнутъ. —Пишите-же прилежно, чтобы вы могли письмо въ пору отнести на почту. — Какъ мнѣ писать скорѣе, когда руки у меня дрожатъ отъ стужи? — У кого вы покупаете свой чай? — Я покупаю всѣ свои потребности у стараго нашего пріятеля на Кузнецкой улицѣ. — Пожалуйте, поклонитесь ему отъ меня и скажите ему, что я также буду покупать у него; но чтобъ онъ не столько грубилъ моимъ слугамъ какъ прежде. — Вы не должны вѣрить всему, что слуги пересказываютъ. — Вамъ бы стоило только однажды поторговаться съ нимъ, чтобъ вѣрить противному. — Усердствуетъ ли вашъ братецъ всё ещё столько наукамъ какъ прежде? — Онъ всё ещё учится такъ прилежно, какъ всегда; но математика ему никакъ не даётся, напротивъ того, онъ легко учится иностраннымъ языкамъ. — И такъ онъ человѣкъ хорошей памяти, а медленнаго ума. — Вы ему весьма досадили бы, когда бы вы ему это сказали. — Хотите ли вы эту книгу? — Я хочу вамъ подарить её. — Я васъ благодарю. — Я весьма радовался бы драгоцѣнному подарку, но боюсь лишить великой радости младшаго вашего братца, которому она была назначена. — Не дивишься ли ты громадности человѣческаго ума, разсматривая столь великія изобрѣтенія послѣднихъ временъ и ихъ важныя послѣдствія? — Я дивлюсь изобрѣтателямъ и буду стараться имъ подражать, не потому что имъ завидую, а чтобы быть довольну собою.

Задача 225.

Не мигайте глазами, это весьма дурная привычка. — Это у меня не привычка, я только мигнула своей сестрѣ. — Велите своему кучеру помазать оси у вашей кареты; колёса скрыпя́тъ. — Какъ называютъ звѣрей жившихъ до потопа? — Ихъ называютъ допотопными звѣрями. — Были ли вы уже у министра иностранныхъ дѣлъ? — Нѣтъ, я у него ещё не былъ, но пойду завтра или послѣзавтра. — Пишите прилежно, чтобъ наконецъ выучиться хорошенько писать. — Развѣ я не хорошо пишу? — Нѣтъ, у васъ очень дурная рука. — Не пересказывайте всѣмъ то, что я вамъ говорю. — Живы ли ещё ваши родители? — Нѣтъ; я ихъ уже давно лишился. — Выучите это на память. — У меня, къ несчастію, память очень слаба, на изусть я мало учусь. — Выучился ли сынъ вашъ кузнецкому дѣлу? — Нѣтъ ещё, онъ теперь на знаменитомъ чугунномъ заводѣ братьевъ Ляпиныхъ. — Гдѣ этотъ заводъ? — Я вамъ того сказать не могу, я тамъ никогда небылъ. — Чьё изобрѣтеніе паровая машина? — Паровая машина изобрѣтеніе Фультона. — Вы неправы, сила паровъ была извѣстна давно прежде. — Благополучіе дѣтей величайшее счастіе родителей. — Это правда, но дѣти слишкомъ часто неблагодарны противъ своихъ родителей. — Чему удивляетесь вы? — Я удивляюсь громадности человѣческаго ума. — Въ чёмъ видна эта громадность? — Она видна въ многочисленныхъ и великихъ изобрѣтеніяхъ, которыя сдѣланы въ послѣднія времена и которыхъ слѣдствія неизчислимы.

Задача 226.

Знаете ли вы, кѣмъ и въ которомъ году Москва построена? — Она построена княземъ Юрьемъ Владиміровичемъ Долгорукимъ въ тысяча сто сорокъ девятомъ году. — Жнутъ ли ещё у васъ траву и хлѣбъ серпами? — Серпы употребляютъ только для пожинанія малыхъ количествъ; напротивъ того для жатвы употребляютъ косы. — Какъ вы здѣсь очутились? — Мы ѣхали верхомъ лугомъ и такимъ образомъ пріѣхали часомъ ранѣе. — Тѣмъ лучше. — Пойдёмте теперь лѣсомъ къ нашему пріятелю Ивану Петровичу! — Такъ мы самымъ лучшимъ образомъ насладимся свѣжимъ у́треннимъ во́здухомъ и бу́детъ слу́чай повесели́ться охо́тою. — Управля́етъ ли Ива́нъ Петро́вичъ ещё бо́льшею да́чею гра́фа Н., кото́рая изоби́луетъ ди́чью вся́каго ро́да? — Да. — И онъ слывётъ спосо́бнымъ и че́стнымъ управля́ющимъ; а тепе́рь бѣдня́шка бо́ленъ. — Что съ нимъ? — Неда́вно онъ но́чью ѣхалъ ры́сью чрезъ мо́стъ, ло́шадь уда́рила ного́ю о что нибу́дь и споткну́лась. — Онъ упа́лъ, по́слѣ того́ ха́ркалъ кро́вью и тепе́рь занемо́гъ горя́чкою. — Почита́етъ ли лѣ́карь его́ болѣ́знь болѣ́знью лёгкихъ? — Онъ о томъ молчи́тъ и то́лько пожима́етъ плеча́ми. — Сожалѣ́ю о бѣ́дной его́ супру́гѣ. — Она́ облива́лась го́рькими слеза́ми, сообща́я мнѣ жа́лкій слу́чай. — Она́ должна́ ему́ помога́ть, какъ ма́лому ребёнку, и́бо онъ не мо́жетъ шевели́ть ни рука́ми ни нога́ми. — Не опаса́ется ли она́ сдѣ́латься сама́ больно́й отъ напряже́ній, кото́рыя ни днёмъ, ни но́чью ей не даю́тъ поко́я. — Она́ ка́жется не обраща́етъ на э́то внима́нія, должно́ удивля́ться ей си́лѣ, терпѣли́вости и твёрдости. — Проща́йте, дру́гъ мо́й! — Я остаю́сь покорнѣ́йшимъ ва́шимъ слуго́ю. — Гдѣ́ твои́ часы́? — Ка́рлъ и я помѣня́лись часа́ми. — Кто завладѣ́лъ перочи́ннымъ мои́мъ но́жикомъ? — Пётръ имъ по́льзуется, что́бъ очини́ть мнѣ перо́. — Пу́сть онъ э́то дѣ́лаетъ, а скажи́ ему́, что́бы онъ не чини́лъ карандаша́ э́тимъ но́жикомъ. — Гдѣ тепе́рь тотъ сы́нъ ва́шего сосѣ́да, кото́рый въ про́шломъ году́ ещё бы́лъ студе́нтомъ? — Онъ уже́ сдѣ́лался до́кторомъ; но онъ смо́тритъ глупцёмъ, и́бо онъ превозно́сится свои́мъ досто́инствомъ; э́то знакъ, что ему́ недостаётъ ума́. — Что оте́цъ его́ говори́тъ? — Тотъ превозно́сится свои́ми деньга́ми и дере́внями, кото́рыми онъ владѣ́етъ. — Каки́мъ о́бразомъ онъ получи́лъ тако́е бога́тство? — Онъ покори́ствовался неурожа́емъ и дорогови́зною про́шлыхъ годо́въ, что́бы обогати́ться нужа́ою бѣ́дныхъ свои́хъ бли́жнихъ. — Таковы́мъ дѣ́ломъ вся́кій че́стный граждани́нъ погнуша́ется.

Зада́ча 227.

Вамъ должно́ точи́ть ва́шу косу́, она́ тупа́. — Вы ошиба́етесь, она́ не тупа́, я её неда́вно точи́лъ. — Чему́ вы смѣётесь? — Я смѣюсь испугу этого молодаго человѣка, у него волоса стояли дыбомъ. — Чему испугался онъ? — Онъ испугался, увидѣвъ, что его слуга упалъ съ лошади. — Ушибся ли онъ? — Нѣтъ, онъ не ушибся, но его паденіе было опасно, онъ могъ сломать шею. — Отчего онъ упалъ, развѣ лошадь лягала? — Нѣтъ, она не лягала, но молодой слуга не умѣетъ ѣздить верхомъ. — Не богатство дѣлаетъ счастливымъ, счастіе въ спокойной совѣсти. — Что слышно про нынѣшній урожай? — У меня былъ сегодня нашъ управитель, онъ говоритъ, что урожай весьма плохъ и что вѣроятно зимою мы будемъ имѣть дороговизну. — Какая причина неурожаю? — Лѣто было очень сухо и солнце пожгло всѣ растенія. — Хорошо ли скачетъ (ober идётъ въ галопъ) ваша лошадь? — Она хорошо скачетъ, но ещё лучше идётъ рысью. — Видѣли ли вы когда нибудь рысь? — Я часто видѣлъ рысей, но ещё чаще горностаевъ. — Гдѣ видѣли вы горностаевъ? — Я ихъ видѣлъ въ Сибири. — Далека ли Сибирь отъ Франціи? — До границъ Сибири будетъ отъ границъ Франціи около шести тысячъ верстъ. — Такъ далеко? — Да, не близко до Сибири и Сибирь великая страна. — Кто тотъ купецъ, который говорилъ съ вами? — Это почётный гражданинъ Филипъ Осиповичъ П.? — Почему онъ онъ не кланяется священнику, проходящему мимо? — Онъ ему не кланяется, потому что онъ раскольникъ.

Задача 228.

Идутъ ли валы вокругъ крѣпости? — Нѣтъ, съ одной стороны она защищена горами. — Въ которомъ часу поѣдемъ со двора осматривать укрѣпленія? — Когда вамъ будетъ угодно. — Такъ придите за мною около двѣнадцати часовъ. — Къ вашимъ услугамъ; но думаете ли вы, что возможно будетъ спускаться верхомъ съ горы? — Посмотримъ. — Гдѣ это невозможно будетъ, мы слѣземъ съ лошадей и пойдёмъ подлѣ нихъ. — А мнѣ надобно вамъ сказать, что у меня ноги очень болятъ; у меня мозоли. — Онѣ происходятъ отъ узкихъ сапоговъ и отъ частаго хожденія пѣшкомъ.

— Кѣмъ эта крѣпость построена? — Умершимъ княземъ. — Далеко ли отсюда до границы? — Около ста двадцати вёрстъ. — Сражались ли вы уже противъ непріятеля? — Я сражался противъ турокъ въ тысяча восемь сотъ двадцать седьмомъ году, и кромѣ меня ещё изъ моего семейства двоюродный мой братъ былъ при войскѣ. — Прошли ли вы тогда мимо нашей деревни? — Я этого ужъ не помню. — Мы шли отсюда до Тулы ночью; но если ваша деревня находится подлѣ этой рѣчки, то мы безъ сомнѣнія прошли мимо васъ. — Гдѣ вы были послѣ войны? — Для пособія старыхъ своихъ родителей, я былъ на ихъ дачѣ, гдѣ я остался до смерти своей матери. — Оттуда я поѣхалъ ради младшаго своего брата въ Деритъ, а теперь я здѣсь со Святой Недѣли. — Охотникъ ли вы до романовъ? — До двадцать четвёртаго года отъ-роду я ихъ страстно читалъ, что бы они не разсказывали; среди лагеря вы могли видѣть меня сидящаго возлѣ моего шатра съ книгою въ рукѣ, и вы могли смѣло биться объ закладъ сто противъ одного, что это была разбойничая повѣсть или повѣсть объ ужасныхъ призракахъ. — Но съ того времени, какъ я короче узналъ дѣйствительную жизнь, вымышленная меньше мнѣ нравится. — Сверхъ того, дѣла мои предоставляютъ мнѣ мало времени для чтенія. — Живёте ли ещё близъ лѣса? — Я тамъ ужъ не живу, но живу въ городѣ, напротивъ почты, возлѣ графова замка. — Стоитъ ли тамъ ещё деревянный домикъ, который былъ единый внутри города? — Нѣтъ, мы съ графова позволенія велѣли построить вмѣсто того каменный домъ.

Задача 229.

Дома ли вашъ батюшка? — Онъ только теперь вышелъ. — Почему вы не пріѣхали ранѣе? — Мы ѣхали лѣсомъ и сбились съ дороги; но если не ошибаюсь, я видѣлъ вашего батюшку выходящаго изъ дома, а изъ того заключаю, что я не пріѣхалъ много позже. — Для чего вы не ѣхали верхомъ вдоль рѣки? — Было слишкомъ жарко, а мы искали тѣни;

сверхъ того лугомъ дорога короче и пріятнѣе. — Какъ вамъ нравится наше лѣтнее жилище? — Оно годъ отъ-году дѣлается красивѣе; прекрасный березникъ, который окрестъ онаго, вамъ доставляетъ самыя пріятныя гульбища, и сверхъ того васъ защищаетъ отъ сѣвернаго вѣтра. — Долго ли вы здѣсь? — Мы прибыли прежде начала весны, и хотимъ остаться до конца сентября. — До тѣхъ поръ, мы надѣемся, большая наша мать уже поправится. — Что съ нею? — Она больна ревматизмомъ. — Это происходитъ отъ простуды, по этому я думаю, что холодная вода самое простое и вѣрное лекарство отъ ревматизма. — Нашъ лекарь, напротивъ, совѣтуетъ теплоту, и среди лѣта бѣдняжка носитъ тяжёлый мѣхъ. — Что нужды вамъ до лекаря? — Возьмите примѣръ съ тысячъ, которыхъ покойный Присницъ освободилъ отъ ихъ страданій. — Слабоумные лекари, слыша о леченіяхъ простаго земледѣльца, вышли изъ себя, а теперь самые лекари, протестовавшіе противъ воды, управляютъ водяными лечебницами. — И такъ я откажу своему лекарю и послѣдую вашему совѣту. — Поклонитесь своей матушкѣ отъ меня. — Прощайте! — До свиданія!

Задача 230.

Кто мнѣ обѣщается прислать деньги? — Никто вамъ не обѣщается, ибо никто вамъ болѣе не вѣритъ, потому что вы должны всѣмъ и каждому. — Что садилъ вчера вашъ садовникъ? — Онъ сажалъ цвѣты. — Какіе цвѣты сажалъ онъ? — Онъ сажалъ розаны, гіацинты и левкой. — Кто продалъ вамъ отличный арбузъ, который лежитъ у васъ на столѣ? — Мнѣ его продалъ овощникъ. — Что предпочитаете вы, арбузы или дыни? — Я охотно ѣмъ и арбузы и дыни, но изъ плодовъ я предпочитаю хорошій персикъ или кисть винограду. — Не говорите пустяковъ, смѣшно вѣрить тому, что вы говорите. — Курите ли вы трубки? — Нѣтъ, я трубки никогда не курю, я ей предпочитаю сигарку. — Велите постлать мнѣ постель, я сейчасъ приду и лягу спать. — Гдѣ ваша спальня?

— Она́ по́дле ва́шей. — Ско́ро ли бу́детъ жа́тва? — Я ду́маю, что ско́ро, я былъ сего́дня на́ по́лѣ и ви́дѣлъ, что хлѣбъ уже́ зрѣ́етъ. — Переста́нете ли вы шали́ть? — Я бы, бу́дучи ва́шихъ лѣтъ, стыди́лся дѣ́лать сто́лько ша́лостей. — На́до поли́ть цвѣты́. — Ра́звѣ вы не ви́дите, что они́ со́хнутъ? — Я ихъ полива́ю ка́ждый день, они́ со́хнутъ не отъ недоста́тка поли́вки, но потому́ что хворáютъ. — Кто себѣ́ присво́илъ мой перочи́нный ножъ? — Никто́ себѣ́ его́ не присво́илъ, вы мнѣ его́ да́ли. — Говѣ́ли ли вы уже́ ны́нѣшній постъ? — Я обыкнове́нно говѣ́иваю ка́ждый постъ, но не могу́ говѣ́ть тепе́рь, потому́ что нездоро́въ. — Заколо́ли ли вы уже́ пѣтуха́? — Нѣтъ, я его́ не заколо́лъ, и не бу́ду коло́ть его́.

Зада́ча 231.

Сдѣ́лайте ми́лость, скажи́те мнѣ, кото́рая изъ э́тихъ двухъ доро́гъ ведётъ къ да́чѣ баро́на Н.? — Когда́ вы придёте къ ближа́йшей дере́внѣ, то поворотите на́ пра́во; пото́мъ поѣзжа́йте всё пря́мо. — Доро́га васъ ско́ро приведётъ къ мо́стику, а перее́хавши чрезъ о́ный вы уви́дите баро́новъ домъ и ужъ не мо́жете сби́ться съ доро́ги. — По направле́нію како́й страны́ небе́сной течётъ э́та рѣка́? — Она́ течётъ къ ю́гу. — По мѣ́рѣ своего́ приближе́нія къ мо́рю она́ дѣ́лается всё ши́ре да ши́ре, глу́бже да глу́бже, быстрѣ́е да быстрѣ́е. — Плы́ли ли вы уже́ по Балти́йскому мо́рю? — Я плылъ на парохо́дѣ, отправля́ющимся по вто́рникамъ изъ Кроншта́та въ Да́нцигъ. — Почему́ вы не ѣ́дете по желѣ́зной доро́гѣ? — Я бою́сь несча́стнаго слу́чая, кото́рые не рѣ́дки во вре́мя глубо́кихъ снѣ́говъ и густы́хъ тума́новъ. — По моему́ мнѣ́нію вы бы скорѣ́е доѣ́хали до Мита́вы въ почто́вой каре́тѣ, а я бы вамъ совѣ́товалъ отпра́виться то́тчасъ по́слѣ у́жина. — Я васъ послу́шаюсь. — Для чего́ ты стои́шь у окна́? — Лу́чше пойди́ къ рабо́тѣ, и будь приле́женъ къ нау́кѣ. — Позво́льте мнѣ ещё немно́го отдохну́ть. — По мнѣ ни чему́ не учи́сь. — Я жела́ю то́лько для тебя́ самого́, чтобъ ты съ мо́лода привыка́лъ къ рабо́тѣ; не для мое́й по́льзы, а для своей. — Неужели вы думаете, что склонен къ праздности? — Напротивъ того, я радуюсь твоей любви къ работѣ и потому тебя люблю.

Задача 232.

Сдѣлалъ ли онъ это вопреки вашему повелѣнію? — Что дѣлать съ нимъ? Вы знаете какъ онъ непослушенъ. — Придите завтра ко мнѣ, я давно васъ не видѣлъ у себя. — Я непремѣнно приду, вы можете быть въ томъ увѣрены. — Не бѣгайте по травѣ, вы её топчете. — По заслугамъ ему награда. — Правда ли, что богатый банкиръ повѣсился? — По городу ходитъ эта молва, но я не могу поручиться за её достовѣрность. — Въ чёмъ обвиняютъ этого преступника, котораго ведётъ стража? — Его обвиняютъ въ святотатствѣ, но я не считаю его виновнымъ. — Кого влекутъ злые мальчики? — Они влекутъ бѣдную, больную кошку, которую хотятъ бросить въ рѣку. — Умѣете ли вы плавать? — Я плыву какъ свинцовый гусь. — По этому вы не умѣете плавать? — Развѣ вы меня не поняли? — Что блещетъ на-небѣ? — На-небѣ блещутъ звѣзды и сіяетъ мѣсяцъ. — Примѣрили ли вы уже новыя платья? — Нѣтъ, я ихъ ещё не примѣрялъ, по примѣрю ихъ, когда портной мнѣ ихъ принесётъ. — Не ѣздите по льду, онъ ещё не крѣпокъ. — Какъ? — Онъ ещё не крѣпокъ? — А меня увѣряли, что онъ уже совершенно окрѣпъ. — Умѣете хорошо ли вы бѣгать на конькахъ? — Въ моей молодости, я очень хорошо бѣгалъ на конькахъ, но теперь я болѣе не могу бѣгать. — Брѣетесь ли вы сами? — Нѣтъ, я самъ не брѣюсь, я близорукъ и боюсь порѣзаться.

Задача 233.

Почему вы стоите у дверей? — Пожалуйте, войдите въ комнату! — У меня есть до васъ прозьба. — Прошу, скажите мнѣ чего желаете. — Какъ вы знаете, я живу возлѣ васъ, и моя спальня находится стѣна объ-стѣну съ вашею.

— Всякое же утро, около трёхъ часовъ, кто-то такъ сильно стучится въ стѣну, что я просыпаюсь въ испугѣ. — По справедливости я могу требовать покоя отъ своихъ сосѣдей. — Но я только съ просьбою къ вамъ отношусь. — Обо-что ты опять изодралъ кафтанъ? — Меня бросили объ шкафъ, и такъ я разодралъ его за гвоздь. — Понеси его подъ вечеръ къ портному для починки. — Что вы заплатили за домъ, который вы купили для своего сына? — Онъ мнѣ стоитъ около пятидесяти тысячъ рублей. — Съ вашего ли онъ величиною? — Онъ меньше и дешевле, а довольно великъ для чего онъ нуженъ, будучи величиною съ домъ моего брата. — Не могли ли вы промѣнять одну изъ своихъ дачъ? — Мнѣ нельзя её ни промѣнять, ни продать, потому что я её отдалъ въ наёмъ ещё на два года. — Я на то уже довольно сердился, уже и просилъ на своего наёмщика, а когда мы предстали предъ судъ, судья меня взялъ за-руку и мнѣ шепталъ на-ухо нѣчто, чѣмъ я склонился дать ему новый срокъ на два года. — Не сватается ли вашъ сынокъ за прелестную дочь богатаго вашего сосѣда? — Говорятъ; но я этого не почитаю за правду. — Мой сосѣдъ слыветъ богатымъ человѣкомъ, а я этому также не вѣрю, ибо его домъ въ городѣ продаётся съ публичнаго торга. — Знаете ли вы также объ этомъ? — Я слыхалъ отъ кого-то, что онъ получилъ за-годъ тому назадъ значительное наслѣдство изъ Америки. — Кто вамъ это разсказалъ, тотъ вамъ солгалъ въ глаза. — Скоро ли служанка пойдётъ на рынокъ? — По что ей туда идти? — Ей нужно купить для каждаго изъ нашихъ слугъ по одному фунту масла, по два сыра и по шести шеффелей гороху.

Задача 234.

Кто бросилъ камень въ окно? — Я смотрѣлъ сквозь щель, которая въ ставнѣ, однако же я никого не видѣлъ. — Чрезъ кого вашъ товарищъ получилъ своё мѣсто? — Онъ его получилъ хитростью и подлостью. — Гдѣ вы были во время чумы́? — Во всё продолже́нie чумы́ я жилъ у своего́ дя́ди. — Си́льно ли она́ свире́пствовала здѣсь? — Она́ шла изъ до́му въ домъ и требовала день за день бо́лѣе жертвъ.—Не зна́ли ли ле́кари лека́рствъ отъ о́ной?—Ни одного́ вѣрнаго.— Они́ сами́ сто́лько боя́лись зара́зы, что бо́льшая ча́сть изъ нихъ одѣва́лась въ клеёношныя пла́тья, да́же когда́ они́ ходи́ли по у́лицамъ. — Слы́шали ли вы у́же, что мой де́веръ произведёнъ въ полко́вники? — Я тому́ сто́лько же ра́довался, ско́лько удиви́лся ско́рому его́ произво́дству. — Хотя́ бригади́ръ вражду́етъ на него́, одна́кожъ не мо́жетъ ему́ вреди́ть.—Зна́ете ли вы ста́ршаго его́ сы́на?—О́чень.—Лицёмъ онъ въ отца́, одна́кожъ э́тотъ былъ на двадца́томъ году́ подпору́чикомъ, а его́ не пре́жде, не́жели на два́дцать осьмо́мъ году́ назна́чили въ адъюта́нты. — Въ своего́ ли отца́ онъ ро́стомъ? — Онъ ему́ по плечо́. — Кто тутъ лѣзъ подъ ла́вку? — Мнѣ каза́лось, что э́то была́ на́ша ляга́вая соба́ка. — Не она́ э́то была́, и́бо я её ви́дѣлъ бѣгу́щую за коню́шню. — Не уѣхалъ ли вашъ прика́щикъ за грани́цу? — Да, онъ поѣхалъ на Ри́гу въ Ме́мель, бу́детъ разъѣзжа́ть по Пру́ссiи и А́встрiи, и по́слѣ Свято́й Недѣ́ли возврати́тся сюда́ че́резъ Варша́ву.—Для чего́ вы про́дали сто́лько ове́цъ?—Я до́лженъ былъ отказа́ться отъ нихъ по недоста́тку въ па́стбищахъ и корму́, а могу́ ле́гче обходи́ться безъ нихъ, не́жели безъ ло́шади и́ли безъ коро́вы. — Что онъ вамъ далъ за нихъ? — Онъ мнѣ далъ предвари́тельно въ зада́токъ де́сять имперiа́ловъ. — Что мнѣ дѣ́лать съ э́тою бума́гою? — Положи́ её на столъ и́ли лу́чше въ я́щикъ о́наго. — По чьему́ приказа́нiю вы получи́ли э́тотъ пода́рокъ? — За э́то я то́лько одолже́нъ ми́лости при́нца. — Когда́ вы ѣ́дете въ дере́вню? — За́втра поутру́, а то́лько на два дня.—Не бу́дете ли вы ждать тамъ двою́роднаго бра́та своего́? — Онъ тепе́рь пошёлъ на покло́нъ къ своему́ нача́льнику, а пото́мъ прiйдётъ къ намъ. — Каки́мъ о́бразомъ вы э́то узна́ли? — По кра́йней мѣ́рѣ на вся́кiй слу́чай хорошо́, что э́то зна́ю; про́чее всё равно́. — Отку́да э́то тебѣ пришло́ на́-умъ? — Про то я въ друго́й разъ вамъ бо́лѣе скажу́.

Задача 235.

Отбро́сьте ло́жный стыд и иди́те твёрдыми шага́ми по пути́ че́сти. — Не то́пайте нога́ми, э́то де́лают одне́ ло́шади и други́я живо́тныя. — Ка́жется что на́ша каре́та сли́шком тяжела́; на́ша четвёрка нас не мо́жет ввести́ на го́ру. — Это ничего́, е́сли недоста́точно четвёрки, то мо́жно подпря́чь ещё па́ру. — Куда́ е́дете вы? — Я е́ду в Го́мбург. — Береги́тесь, там идёт си́льная игра́, вы мо́жете проигра́ть все свои́ де́ньги. — Не бо́йтесь, я никогда́ не игра́ю, а кто не игра́ет тому́ и проигра́ть нельзя́. — Бы́ли ли вы у́же и пре́жде в Го́мбурге? — Я был там то́лько прое́здом. — Про́дал ли э́тот молодо́й челове́к своё име́ние? — Он его́ не про́дал, а прогуля́л и проигра́л. — Ча́сто ли вы быва́ете у своего́ ба́тюшки? — Моего́ ба́тюшки бо́лее в го́роде нет, он перее́хал на да́чу, но моя́ ма́тушка оста́лась в го́роде, она́ больна́ и по́льзуется у знамени́таго профе́ссора. — Пра́вда ли что бога́тый банки́р получи́л кня́жеское досто́инство? — Он его́ не получи́л, а купи́л, и́бо его́ бога́тство позволя́ет ему́ кида́ть де́ньги. — Чем приобре́л он своё бога́тство? — Он приобре́л его́ тем, что воспо́льзовался неурожа́ем, и обогате́л на счёт бе́дных свои́х согра́ждан. — Отку́да яви́лись вы так неожи́данно? — Я уже́ давно́ здесь, но вы меня́ не слыха́ли, вы бы́ли погружены́ в заду́мчивость. — Дом, кото́рый я купи́л, нахо́дится на торго́вой пло́щади, по́дле це́ркви. — До́рого ли вы заплати́ли за э́тот дом? — С меня́ тре́бовали до пяти́ сот ты́сяч рубле́й, но я сторгова́л его́ за три́ста пятьдеся́т ты́сяч восемьсо́т шестьдеся́т пять рубле́й.

Задача 236.

Куда́ вы идёте с топоро́м? — Я иду́ в лес, что́бы им сруби́ть ста́рый дуб. — Не идёт ли ваш сын с ва́ми? — Он остаётся до́ма, потому́ что бои́тся волко́в. — Посла́ли ли вы у́же за ле́карем? — Слуга́ пое́хал верхо́м за лекаремъ и въ аптеку, между тѣмъ ты можешь приготовить горячей воды. — Долженъ ли я положить перчатки подъ платокъ? — Нѣтъ, оставь же ихъ подъ шапкою. — Когда нашъ выборный уѣдетъ за границу? — Какъ? — Вы не знаете, что онъ уже за два мѣсяца предъ симъ за границею; онъ ужь до Троицы уѣхалъ. — Представился онъ уже князю? — Я слыхалъ, что князя въ своей столицѣ нѣтъ; онъ на мѣстѣ своего лѣтняго пребыванія, которое подъ Тулою. — Не находится ли деревня между высокими горами? — Нѣтъ; она находится на горѣ и доставляетъ прекрасный и пространный видъ надъ окрестностью. — Надъ кѣмъ вы смѣётесь? — Я ни надъ кѣмъ не смѣюсь; я только радуюсь вашей изящной одеждѣ. — Нѣтъ ли у васъ перочиннаго своего ножика подъ рукою? — Его нѣтъ со мною; но я займу ножикъ для васъ у своего сосѣда. — Съ кѣмъ вашъ братецъ распрощался вчера подъ вечеръ? — Съ другомъ, съ которымъ неохотно разлучается. — Встрѣчаетесь ли вы иногда со старымъ учителемъ нашимъ? — Совсѣмъ нѣтъ; я боюсь, что онъ умеръ. — Поздравляли ли вы уже его зятя съ его производствомъ? — Я вчера былъ съ нимъ на балу у его высокопревосходительства, дѣйствительнаго тайнаго совѣтника, кавалера Н., но не зная ничего о новомъ его чинѣ, я и не могъ его съ онымъ поздравить.

Задача 237.

Встрѣтили ли вы путешественника, который былъ на горѣ Св. Готгарда? — Да, я сошёлся съ нимъ въ гостинницѣ, которая близь водопада. — Разсказывалъ ли онъ вамъ о своихъ путешествіяхъ? — Да, онъ мнѣ объ нихъ много разсказывалъ, онъ много путешествовалъ, былъ въ Египтѣ, въ Сиріи и знаетъ хорошо Персію. — Что сдѣлалъ хозяинъ звѣринца съ разъяреннымъ львомъ? — Онъ ударилъ его своей мощною рукою и левъ притихъ. — Тотчасъ ли онъ притихъ? — Да, тотчасъ и пугливо озирался въ клѣткѣ. — Горятъ ли дрова въ печи? — Они дурно горятъ, должно подложить свѣжихъ и сухихъ дровъ. — Надлежитъ сказать вашему сыну, чтобъ онъ не такъ рѣзвился, пора ему быть по скромнѣе. — Кажется, пора намъ пуститься въ путь, уже разсвѣтаетъ. — Мнѣ ещё дремлется, я бы охотно ещё остался въ постели. — Нельзя этого дѣлать, намъ далеко ѣхать и должно быть къ обѣду дома. — Хороша ли дорога? — Нѣтъ, дорога очень дурна, снѣгъ навѣяло на одну сторону, а на другой сторонѣ голая мостовая. — Что такъ сыро, развѣ идётъ дождь? — Нѣтъ, дождя нѣтъ, а только роситъ. — Отчего двери не затворяются? — Ихъ покоробило жаромъ. — Хорошіи ли товары у купца? — У него очень хорошіе товары, его шелковые и бумажные товары всѣми хвалятся. — Нѣтъ ли у него и шерстяныхъ товаровъ? — Нѣтъ, шерстяными товарами онъ не торгуетъ.

Задача 238.

Служитъ ли ещё вашъ сынъ въ гвардіи? — Нѣтъ, онъ теперь при дворѣ. — У кого онъ живётъ въ Санктпетербургѣ? — Онъ живётъ въ дому моего свояка. — Когда онъ поступилъ на службу? — Уже на осмнадцатомъ году и на двадцатомъ его произвели въ капитаны. — Часто и много ли онъ вамъ пишетъ о придворной жизни? — Только рѣдко. — Онъ всего на всё мало пишетъ, ибо днёмъ онъ очень занятъ, потому что ему ввѣрили надзоръ надъ галлереями въ императорскомъ замкѣ. — Часто ли вы ему пишете? — Иногда онъ получаетъ отъ насъ письма за письмами, не отвѣчая ни на одно. — Когда вы получили послѣднее его письмо? — Уже болѣе мѣсяца тому назадъ. — Не стояла ли предъ симъ большая липа при вашемъ домѣ? — Она ужъ срублена при моёмъ дѣдушкѣ. — Былъ ли ты у слесаря? — Я былъ у него; онъ былъ за столомъ, а хотѣлъ придти къ вамъ тотчасъ послѣ обѣда. — Будетъ ли ему время на работу? — Онъ хочетъ начать её въ началѣ будущаго мѣсяца и окончить о Святкахъ. — Это не по мнѣ. — По первому нашему уговору онъ, по окончаніи шкафа для его сіятельства, графа, хотѣлъ начать мой. — Идти ли мнѣ за другимъ?

— Я самъ буду искать другой. — Нужны ли вамъ деньги? — Нѣтъ, но мнѣ нуженъ новый плащъ, а я не могу велѣть сшить себѣ оный, за неимѣніемъ денегъ. — О комъ англичанка столько горюетъ? — Она скорбитъ объ единомъ своёмъ сынѣ, котораго подозрѣваютъ въ обманѣ и за которымъ гонятся объявленіями. — Для чего она не болѣе заботилась о его воспитаніи? — Онъ былъ мальчикомъ отмѣнныхъ дарованій и добраго и поводлѣваго нрава. — Онъ избралъ себѣ товарищемъ человѣка противной наружности, съ одною рукою о трёхъ пальцахъ. — Они жили вмѣстѣ въ жилищѣ о четырёхъ покояхъ, имъ прислуживалъ собственный слуга и имъ приносили кушанье изъ трактира. — Разсказываютъ про нихъ иное чудное приключеніе. — Что вы думаете обо всѣхъ этихъ слухахъ? — Большую часть ихъ я буду почитать ложью до тѣхъ поръ, пока его не уличили въ преступленіи, въ которомъ его обвиняютъ.

Задача 239.

Были ли вы уже на островѣ Рюгенѣ? — Да, но только на двѣ недѣли. — Когда вы были тамъ? — Въ Троицынъ день будетъ два года. — Можете ли вы ещё вспомнить о нѣкоторыхъ мѣстахъ? — Часто вспоминаю о Лебяжемъ озерѣ и объ увеселительномъ по ономъ плаваніи. — Когда вы обыкновенно встаёте? — На разсвѣтѣ, какъ лѣтомъ, такъ и зимою. — Что вы дѣлаете такъ рано? — Во первыхъ я играю одинъ часъ на скрипкѣ, во вторыхъ, такъ какъ я намѣренъ предаться живописи, рисую нѣсколько часовъ, а потомъ принимаюсь за дѣла своей должности. — Если это такъ, то вы въ самомъ дѣлѣ хорошо дѣлаете, что встаёте такъ рано; ибо такимъ образомъ вамъ надобно много времени. — Не лучше ли обходиться безъ лишняго сна, нежели безъ вкушенія свѣжаго утренняго воздуха и весёлаго упражненія искусствомъ? — Вами ли писана та картина, висящая тамъ на стѣнѣ подлѣ зеркала? — Да, но я её сдѣлалъ въ такое время, когда я почти отчаивался въ успѣхѣ. — Кто васъ учитъ рисованію? — Мой наставникъ мнѣ родня по своей женѣ. — Онъ старъ уже, а не смотря на то, онъ ещё очень проворенъ и дѣятеленъ. — Для чего не берёте вы молодаго художника въ наставники? — Молодые художники много о себѣ мыслятъ и берутъ несоразмѣрную плату за своё наставленіе. — Прогуливаетесь ли вы только въ хорошую погоду? — Я не смотрю на погоду; у насъ это и не возможно, ибо во весь годъ мало совершенно прекрасныхъ дней. — Нѣтъ ли у васъ колоды картъ подъ рукою? — Я не охотникъ до карточной игры, потому вы и не найдёте у меня картъ.

Задача 240.

Оставьте свой затѣи, они васъ къ добру не поведутъ. — Хотите ли вы икры? — Нѣтъ, пожалуйста дайте мнѣ молоки. — Гдѣ мощи Св. Митрофанія? — Онѣ въ Воронежѣ. — Купили ли вы яйцы? — Да, я ихъ купилъ десятокъ. — Продайте мнѣ свою отличную пару рысаковъ! — Нѣтъ, я ихъ вамъ продать не могу (мнѣ ихъ вамъ продать нельзя), мнѣ ихъ самому нужно (они мнѣ самому нужны). — Позовите, половой, мнѣ прачку, чтобъ она мнѣ выстирала бѣльё. — Играете ли вы въ карты? — Да, я играю, хотя я не охотникъ до нихъ. — Умѣете ли вы играть въ преферансъ? — Я играю, хотя и плохо, почти во всѣ коммерческія игры, но азартныхъ не знаю. — Такъ сядемте и сыграемте партію въ преферансъ. — Съ величайшимъ удовольствіемъ, но только по маленькой. — Пять копѣекъ серебромъ за взятку не большая игра. — Ладно, кому сдавать? — Сдавать вашему сосѣду Петру Артемьевичу. Вамъ начинать. — Я играю. — Мы оба пасъ; какая у васъ игра? — Я играю семь въ червяхъ. — Развѣ у васъ нѣтъ трефей, что вы бьёте моего туза козырёмъ? — У меня нѣтъ ни трефей и бубней, у меня только пять въ пикахъ, и король самъ пятъ козырей. — Въ такомъ случаѣ, я проигралъ. — Точно такъ, я открываю свои карты, вы безъ двухъ.

Задача 241.

Что вы думаете о вчерашнем разсказѣ нашего пріятеля Н.?—Я его почитаю справедливымъ; ибо я знаю Н. человѣкомъ говорящимъ всегда правду и мужески признающимся, когда онъ неправъ. — Кто былъ тотъ ѣздокъ, который прискакалъ вовесь опоръ и остановился у воротъ замка? — Это былъ гонецъ, который принесъ извѣстія, касательныя до китайской революціи. — Можетъ ли ученый кончить начатое дѣло? — Конечно, ибо кто не имѣетъ способностей, тотъ и не долженъ приниматься за дѣло. — Впрочемъ сочиненіе книгъ не такъ легко, какъ многіе думаютъ, а особливо, когда искренно усердствуешь себѣ самому и другимъ. — Не можете ли вы мнѣ очинить пера? — Сожалѣю; очинка перьевъ не мое дѣло, потому что никогда не пишу другими перьями, какъ стальными.—Осматривали ли вы уже королевскій замокъ?— Войдёмте! — Я думаю, что прежде должно просить смотрителя о позволеніи войти въ замокъ. — За что гражданину воздвигнули публичный памятникъ? — За его любовь къ отечеству и преданность государю. — Не боясь смерти, онъ сражался, и княжески его наградили. — Умѣете ли вы уже читать по русски? — Немного. — Пишетъ ли вашъ братецъ уже по нѣмѣцки? — Онъ никогда не учился по нѣмѣцки; но онъ очень бѣгло говоритъ и пишетъ по англійски, по французски и по турецки. — Почему вы не хотите учиться по гречески?—Я предпочитаю изученіе живыхъ языковъ, потому что они должностному человѣку болѣе полезны; по той причинѣ и учусь по ново-гречески и по армянски.

Задача 242.

Изъ чего вы заключаете, что онъ боленъ или уѣхалъ? — Онъ мнѣ писалъ по крайней мѣрѣ однажды въ недѣлю. — Не получивши же отъ него письма двѣ недѣли, я заключаю, что онъ боленъ. — У меня большой плащъ; спроси портнаго, можетъ ли онъ изъ онаго сдѣлать мнѣ кафтанъ и птаны. — Онъ говоритъ, что сукно, изъ котораго плащъ сдѣланъ, не очень крѣпко. — Вы говорите, что мой братъ попалъ между волковъ; что вы подъ этимъ разумѣете? — Что онъ находится въ дурномъ обществѣ, ибо не понимаю, какъ человѣку съ его образованіемъ можетъ нравиться въ ономъ. — Въ этомъ вы совершенно правы; но вы худо дѣлаете, что мѣшаетесь въ это дѣло. — Я объ этомъ умолчу, а лучше уйду, нежели посорюсь съ вами. — При чёмъ вы потеряли большой палецъ лѣвой руки? — При направленіи паровой машины. — Я бы никогда не занимался дѣломъ, при которомъ можно лишаться здоровья, и которое притомъ не доставляетъ достаточнаго пропитанія. — Отчего вы это знаете? — Я знаю отъ того, что вы часто принужденъ занимать деньги. — На что плясунъ на канатѣ устремляетъ глаза, чтобы не оступиться? — Онъ ихъ устремляетъ на тотъ бѣлый столбъ, стоящій на томъ концѣ. — Я думаю, что мы оба, и глядящіе на оный, упали бы внизъ. — Не сомнѣвайтесь въ томъ. — Упражненіе дѣлаетъ мастера, однакоже намъ не будетъ нужды, быть искустными въ пляскѣ на канатѣ.

Задача 243.

Широка ли улица на которой вы живёте? — Да, она очень широка. — Что вы дѣлаете со мною? — Я съ вами ничего не дѣлаю. — Много ли гостей было у васъ сегодня? — У меня ихъ было очень много. — Хорошіе ли хлѣба здѣсь? — Да здѣсь очень хорошіе хлѣба, но очень дурные хлѣбы. — Гдѣ видѣли вы медвѣжатъ? — Я видѣлъ ихъ на улицѣ. — Оставьте свои проказы, они вовсе не кстати. — Не покупайте этотъ ситецъ, онъ линючій. — Куда ѣдетъ этотъ молодой офицеръ, чья грудь украшена столькими знаками отличій? — Онъ ѣдетъ въ отпускъ, чтобъ вылечить раны полученныя имъ въ войнѣ на Кавказѣ. — Куда полагаетъ онъ ѣхать? — Онъ полагаетъ ѣхать въ Киссингенъ или въ Карльсбадъ. — Пошлите въ аптеку и узнайте готовы ли пилюли, которыя мнѣ прописалъ врачъ. — Я только что изъ аптеки, мне сказали что онѣ ещё не готовы. — Всё равно, пойдите ещё разъ и поторопите, онѣ мнѣ крайне нужны. — Не сходить ли также и къ сапожнику, чтобъ онъ вамъ принёсъ сапоги? — Нѣтъ, къ нему ходить не нужно, онъ мнѣ обѣщался принести ихъ тотчасъ, когда они будутъ готовы и я знаю что онъ держитъ своё обѣщаніе. — Какой это шумъ былъ вчера вечеромъ на улицѣ? — Пьяные подрались и шумѣли, но городовой связалъ ихъ и повёлъ въ полицію. — Ничто имъ, пусть они посидятъ тамъ и опохмѣлятся. — Говорятъ, что квартальный надзиратель строгъ. — Да, онъ строгъ, но не всегда справедливъ. — Но частный приставъ также строгъ, но притомъ и справедливъ.

Задача 244.

Гдѣ стоитъ новый домъ вашего двоюроднаго брата? — Онъ стоитъ въ заднемъ предмѣстіи. — Находится ли онъ у церкви Святой Софіи? — Нѣтъ, онъ находится у церкви Святаго Іоанна Крестителя. — Изъ Митавы ли вашъ батюшка ѣдетъ? — Нѣтъ, онъ ѣдетъ изъ Риги чрезъ Митаву. — Поѣдете ли вы на Москву въ Казань? — Я думаю, что дорога чрезъ Москву ближе. — Пойдёмте улицею; на гранитномъ тротуарѣ тѣснота чрезъ чуръ велика. — Тогда пойдёмъ лучше чрезъ улицу; на той сторонѣ почти никто не ходитъ. — Куда молодой испанецъ ходилъ вчера съ гордыми своими сёстрами? — Они ходили на похороны подруги. — Идёте ли вы только теперь со сговора своего племянника? — Я не былъ на сговорѣ своего племянника, а на свадьбѣ своей племянницы. — Уже ли крѣпостной человѣкъ пришёлъ съ поля? — Давно уже онъ воротился, а теперь пошёлъ на ярмарку. — Приходитъ ли этотъ корабль изъ Мальты чрезъ Сицилію? — Нѣтъ, онъ идётъ прямо на островъ Сардинію. — Были ли вы также въ Сициліи, когда вы путешествовали въ Италіи? Мы были два раза на островѣ Сициліи; а никогда мы взошли на Этну.

Задача 245.

Какую карту вы теперь сыграли? — Я сыгралъ бубновую двойку. — Хотите вы кусочекъ дичины? — Да, прошу васъ, дайте мнѣ кусочекъ, я большой охотникъ до дичины. — Кто мылъ вамъ ваше бѣльё? — Мнѣ его мыла моя служанка. — Видите ли вы звѣздочки на небѣ? — Нѣтъ, я звѣздочекъ на небѣ не вижу. — Принёсъ ли вамъ сапожникъ ваши сапоги? — Нѣтъ, мнѣ ихъ принёсъ не сапожникъ, а его подмастерье. — Получили ли вы письмо отъ своего брата? — Хотите ли вы рыбы? — Нѣтъ благодарю васъ, я рыбы уже ѣлъ. — Какую рыбу предпочитаете вы? — Я всякой другой рыбѣ предпочитаю карасей. — Хорошо ли скачетъ ваша лошадь? — Она хорошо скачетъ, но ещё лучше идётъ рысью. — Кто построилъ великолѣпную колокольню у соборной церкви? — Её построилъ извѣстный архитекторъ. — Видѣли ли вы новый большой военный пароходъ, который построенъ въ Англіи по заказу русскаго правительства? — Я его видѣлъ, когда былъ на Балтійскомъ морѣ. — Видѣли ли вы русскую свадьбу? — Я часто видѣлъ русскія свадьбы, когда былъ ещё въ Россіи. — Можете ли вы мнѣ описать какую-нибудь изъ этихъ свадьбъ? — Я бы могъ, но это бы заняло слишкомъ много времени, а у меня его нѣтъ. — Куда вы такъ спѣшите? — Я спѣшу въ театръ, сегодня играютъ новую трагедію моего пріятеля. — Много ли у васъ пріятелей? — У меня пріятелей много, но друзей у меня мало, истинные друзья весьма рѣдки.

Задача 246.

Сколько вашему брату было лѣтъ отъ-роду, когда онъ женился? — Онъ женился на тридцать второмъ году. — Однихъ ли лѣтъ его жена съ нимъ? — Нѣтъ, она моложе его двѣнадцатью годами. — Когда ваши родители возвратятся въ городъ? — Вѣроятно не прежде, нежели въ октябрѣ. — Въ прошломъ году мы перебрались въ городъ осьмаго октября. — Долго ли вы живёте у моего сосѣда? — Я живу въ его дому три мѣсяца. — Нѣтъ ли его дома? — Онъ ужъ съ перваго мая въ Лондонѣ, а возвратится не прежде нежели около Святой Недѣлѣ или къ Троицѣ будущаго года. — Не скоро ли вы принесёте мою новую шляпу? — Извините; вы получите её чрезъ дня три или четыре. — Отчего же мнѣ такъ долго ждать, заказавши её за два мѣсяца тому назадъ? — Извольте помнить, что мнѣ надобно было её выписать изъ Лондона, и что въ этомъ времени года письмо отсюда едва въ три недѣли доходитъ туда. — Этого я не думалъ бы во всю свою жизнь. — Будемъ ли мы имѣть честь, видѣть васъ у себя въ пятницу? — Сожалѣю; я по пятницамъ обыкновенно у своего дѣдушки. — Въ которомъ году вашъ супругъ умеръ? — Онъ скончался девятаго іюня тысяча восемь сотъ сорокъ втораго года на шестьдесятъ второмъ году. — Какъ долго вашъ сынъ хочетъ остаться въ Эмсѣ? — Онъ туда поѣхалъ на шесть недѣль, а только двѣ недѣли тамъ. — Когда вы ожидаете своего двоюроднаго брата? — Осьмаго будущаго мѣсяца.

Задача 247.

Говорили ли вы съ своею кумушкою? — Нѣтъ, съ нею я не говорилъ, но говорилъ съ ея сестрицею. — Развѣ вы её знаете? — Да, я её очень хорошо знаю. — Гдѣ крестьянинъ? — Онъ на́-полѣ. — Что дѣлаетъ онъ тамъ? — Онъ пашетъ, боронитъ и сѣетъ. — Долго ли вы были вчера въ театрѣ? — Я былъ тамъ до глубокой ночи. — Сколько солдатъ вступило въ нашъ городъ? — Ихъ вступило семьдесятъ гренадёръ и пятьсотъ гусаръ. — Куда пойдутъ они отсюда? — Въ кіевскую губернію въ мѣстечко Бѣлая Церковь, гдѣ осенью манёвры. — Пріѣдетъ ли императоръ къ манёврамъ? — Надѣются, но только я сомнѣваюсь, ибо я слыхалъ, что императоръ поѣдетъ въ Парижъ. — Были ли вы на новомъ кладбищѣ? — Да, я былъ тамъ третьяго дня, хоронили нашего общаго друга Петра Ѳёдоровича. — Кто былъ на похоронахъ? — На похоронахъ было очень много народу, ибо онъ былъ благодѣтелемъ бѣднымъ и всѣми любимъ. — Какъ провели вы вчерашній вечеръ? — Я его очень весело провёлъ, былъ я на крестинахъ моего племянника, сына моей сестры, насъ было только родные и мы много смѣялись. — Пришёлъ ли крестьянинъ уже съ поля? — Нѣтъ, онъ съ поля ещё не приходилъ, онъ тамъ пашетъ и боронитъ. — Садилъ ли онъ уже картофель? — Онъ его уже давно садилъ и сѣялъ бобы.

Задача 248.

Что стоитъ портище этихъ пуговицъ? — Послѣдняя цѣна два рубля. — Развѣ ничто не сбавится? — Ни одной полушки. — Что дано за скрипку, на которой вы вчера играли? — Цѣна сей скрипки сто пятьдесятъ пять рублей. — Я желалъ бы показать её своему дядѣ, который охотникъ до скрипокъ, и также знатокъ въ нихъ. — Не будетъ ли милость ваша, отдать её мнѣ со собою на нѣсколько часовъ? — Съ охотою. — Скажите, другъ мой, не хорошо ли я сдѣлалъ, что отъ-части продалъ, отъ-части подарилъ своихъ собакъ, которыя ежегодно мнѣ стоятъ болѣе ста рублей? — Вы, можетъ быть, хорошо сдѣлали, не оставя ихъ у себя, но не имѣли права подарить ихъ. — Ваша правда. — Кстати. — У васъ ли ещё тёмно-гнѣдой вашъ жеребецъ? — Да, но я желалъ бы сбыть его съ рукъ, чѣмъ скорѣе, тѣмъ лучше. — Сколько вы возьмёте за него? — Сотню фридрихсдоровъ безъ торгу (oder не торгуясь). — Это очень дорого за такую лошадь, которой ужъ болѣе осьми лѣтъ. — Скажите послѣднюю цѣну. — Я не уступлю ни одного рубля, а вы судите несправедливо, говоря, что лошади болѣе осьми лѣтъ. — Откуда у вашего дяди деньги купить столь значительную и обширную дачу близъ Москвы? — Я этого не знаю; но я думаю, что тутъ не безъ плутовства. — Впрочемъ помните пословицу: Неправедно нажитое въ прокъ нейдётъ, которая всегда права, и дождёмся конца. — Вы правы.

Задача 249.

Долго ли вы были на свадьбѣ? — Мы остались вмѣстѣ до трёхъ часовъ утра. — Долго ли вы останетесь въ Мадридѣ? — Мнѣ надобно остаться тамъ, доколѣ цѣль моего посланія исполнится. — Придѣте ли вы съ нами въ лѣсъ? — Съ охотою, если хотите ждать, пока отдохнулъ. — Развѣ вы устали отъ короткаго пути? — Я отъ-части усталъ, отъ-части голоденъ. — Вы чудный человѣкъ; то съ вами одно, то другое. — А вы говорите, будто почитаете мой поступокъ за лицемѣріе и страданія мои за воображаемыя. — Спросите моего лѣкаря, не боленъ ли я въ самомъ дѣлѣ? — Сегодня ли сапожникъ принесётъ новые мои сапоги? — Онъ хотя обѣщалъ, однакоже рѣдко выполняетъ своё слово. — Поѣдете ли вы на тёплыя воды сіе лѣто? — Я хотя получилъ отпускъ, однакоже не поѣду на тёплыя воды. — Буде это не нужно, вы лучше дѣлаете если остаётесь здѣсь. — Почему твой братъ уже никакъ не показывается у насъ? — Онъ не можетъ выходить со двора около четырёхъ недѣль, ибо стужа вредна воспалённымъ его глазамъ. — Когда онъ велитъ себѣ снять бѣльмо? — Либо въ этотъ мѣсяцъ, либо въ началѣ будущаго. — Да получить ли онъ ещё обратно зрѣніе? — Будемъ надѣяться и уповать. — Авось Богъ поможетъ. — Почему вы болѣе не хотите видѣть своего сына? — Потому что онъ всегда непослушенъ, притомъ же крайне развратенъ. — Тогда вы не должны покинуть его, а стараться его поправить; ибо онъ человѣкъ, къ тому же вашъ сынъ.

Задача 250.

Какъ провели вы вчера своё время? — Я своё время очень хорошо провёлъ. — Кто ведётъ слѣпаго нищаго? — Его ведётъ его вѣрная собака. — Видѣли ли вы красивую голубицу? — Нѣтъ, голубицы я не видѣлъ, но я видѣлъ орлицу. — Въ счастіи мы мало бережёмъ, но бережливость самый вѣрный путь къ богатству. — Позовите Машурочку, я хочу сказать ей нѣсколько словъ. — Слушаю, я её сейчасъ позову. — Не вѣрьте этому болтуну, онъ всё только вретъ. — Генрихъ четвёртый. король французскій, говаривалъ, что будетъ стараться дабы ему подвластный народъ былъ столь счастливъ и богатъ, чтоб и беднейшій крестьянин имел по воскресеньями въ супе курицу. — Однажды этот король возвращался верхомъ въ Парижъ. — На дороге он встретилъ крестьянина, едущаго на осле по самому направленію. — Король подъехалъ къ крестьянину и началъ его разспрашивать о цели его путешествія. — „Я еду въ Парижъ, чтобъ видать нашего добраго короля и сделать ему подарокъ". — „Какой подарокъ везёшь ты ему?" спросилъ король. — „Въ моёмъ огороде выросла репа такой величины, какой нетъ подобной во всёмъ королевстве, я думалъ, что она достойна королевскаго стола." — „Ладно. приходи завтра во дворецъ, одинъ сторожъ мне пріятель, онъ тебя впуститъ и проведётъ къ королю." — На следующій день крестьянинъ пришёлъ во дворецъ, былъ впущенъ и весьма удивился, узнавъ въ короле своего спутника. — Король весьма ласково съ нимъ обошёлся, благодарилъ его за подарокъ и отпустилъ его, велевъ дать ему въ награду сто червонцевъ. — Одинъ дворянинъ, узнавъ о томъ, пожелалъ корыстоваться, онъ привёлъ королю отличную лошадь и подарилъ её ему, думал получить большую награду. — Король поблагодарилъ дворянина, хвалилъ лошадь и велевъ принести репу, далъ её дворянину, сказавъ: „Вотъ вамъ репа, какой нетъ во всёмъ государстве, ваша лошадь первая между лошадьми, а репа первая изъ репъ. — Одинъ подарокъ достоинъ другаго."

Задача 251.

Вотъ дело, которое до васъ касается. — Что это за дело? — Это увещаніе вашего опекуна, потому что вы, не смотря на его угрозы, наделали столько долговъ. — Какая дерзость! — Хотеть мне делать предписанія! — Клянусь Богомъ! — Это должно перемениться! — Не говорите такимъ образомъ, другъ мой! — Жаль, что опекунъ вашъ правъ. — Сверхъ того, онъ долженъ стоять за ваше именіе, а потому и имеетъ право, ограничивать васъ въ употребленіи онаго. — Уступайте же, ради Бога. — Вотъ тебе на! Лучшіе мои друзья мнѣ противъ меня. — Жаль только, что я этого прежде не зналъ; я могъ бы беречь свои деньги. — Жаль мнѣ васъ въ вашемъ безумномъ ослѣпленіи. — Горе вамъ, если вы дошли до того, что вы ужъ не узнаёте самаго вѣрнѣйшаго своего друга! — Какое счастіе, другъ мой! — Помощію Божіею такъ будетъ, ибо у него довольно ума употреблять деньги надлежащимъ образомъ. — Получите ли и вы часть отъ онаго? — Я вѣроятно ничего не получу, ибо частію онъ чрезъ чуръ скупъ, частію мнѣ недовѣряетъ. — Исполать! — Богъ свидѣтель, что я не расточителенъ. — Убирайтесь съ Богомъ, другъ мой! — Дай Богъ вамъ всё благо, что я вамъ желаю. — Мой дядя, успокой Господи его душу, при всёмъ томъ, что онъ предпринималъ, бывало, сказывалъ: „Какъ угодно будетъ Богу!" — Тише, дѣти! — Дѣдушкѣ хочется спать.

Задача 252.

Подарите мнѣ эти серги! — Мнѣ ихъ вамъ подарить нельзя. — Это не мои серги, это сёстрины. — Съ кѣмъ говорили вы сегодня на рынку? — Я говорилъ съ своимъ пріятелемъ, съ богатымъ купцомъ, у котораго я купилъ пять пудъ воску. — Надѣется ли братъ вашъ поступить въ политехническую школу? — Да, онъ крѣпко на это надѣется. — Что вы смѣётесь? — Я смѣюсь потому, что мнѣ смѣшно. — Посмѣете ли вы говорить съ царёмъ? — Отчего же мнѣ этого не смѣть. — Герцогъ Люпъ, который былъ долго любимцемъ Людовика тринадцатаго, видѣлъ что вліяніе кардинала Ришельё на государственныя дѣла возрастало въ самой мѣрѣ какъ его собственное вліяніе слабѣло. — Однажды онъ встрѣтилъ кардинала идущаго на крыльцѣ дворца на верхъ, тогда какъ онъ шёлъ внизъ. — „Что новаго?" спросилъ кардиналъ у герцога. — „Ничего нѣтъ новаго, кромѣ того, что вы подниматесь, а я спускаюсь." — Булочника, продающаго неполновѣсный хлѣбъ, приколачиваютъ, въ Турціи, гвоздёмъ къ дверямъ его булочной. — Одинъ турецкій булочникъ, уличенный въ продажѣ лёгкаго хлѣба былъ пойманъ и полиція пригвоздила его къ дверямъ булочни. — Когда его освободили, онъ пошёлъ въ кухню, взялъ ножъ и отрѣзалъ себѣ оба уха, говоря: „Теперь я буду богачёмъ, у меня нѣтъ болѣе ушей и я могу продавать хлѣбы, какого мнѣ угодно вѣса."

Задача 253.

Два школьника шли вмѣстѣ изъ Пеннафіэла въ Саламанку. — Чувствуя усталость и жажду, они остановились у источника, который нашли у дороги. — Утоливъ свою жажду, они легли на траву, чтобъ отдохнуть и увидѣли невзначай на вросшемъ въ землю камнѣ, нѣсколько вырѣзанныхъ словъ, которыя немного уже стерлись отъ времени и отъ того что стадо, пригоняемое къ сему источнику на водопой, бродило по немъ. — Обмывъ камень водою, они прочитали слѣдующія испанскія слова.—Здѣсь заперта душа лиценціата Петра Гарсіаса.

Младшій школьникъ, будучи безразсуденъ и вѣтренъ, прочиталъ надпись и сказалъ захохотавъ: „Ничего нѣтъ смѣшнѣе сего! — Здѣсь заперта душа!... запертая душа... Хотѣлось бы мнѣ знать какой дуракъ выдумалъ такую глупую надпись!" — Проговоривъ это, онъ всталъ и пошёлъ. — Товарищъ, разсудительнѣе его, сказалъ себѣ: „Тутъ какая нибудь тайна, я останусь здѣсь, чтобъ удостовѣриться въ томъ."—И такъ, отпустивъ товарища одного, онъ сталъ, не теряя времени выкапывать камень своимъ ножикомъ, и трудился до тѣхъ поръ, пока его вынулъ. — Онъ нашёлъ подъ нимъ кошелёкъ, который и развязалъ. — Въ нёмъ было сто червонныхъ съ бумажкою, на которой стояли слѣдующія латинскія слова: „Будь ты моимъ наслѣдникомъ за то, что былъ столь умёнъ, и растолковалъ смыслъ сей надписи; употреби мои деньги лучше, нежели я." — Школьникъ, радуясь сей находкѣ, положилъ камень по прежнему, и пошёлъ въ Саламанку съ лиценціатовою душёю.

Задача 254.

Свистокъ.

Однажды въ дѣтствѣ моёмъ дали мнѣ шиллингъ мѣдными деньгами. — Восхищённый такимъ богатствомъ, я тотчасъ побѣжалъ въ лавку, гдѣ продавались игрушки, выбралъ себѣ свистокъ, который мнѣ давно хотѣлось имѣть и отдалъ за него всѣ свои деньги. — Радуясь своею счастливою покупкою, возвратился домой, не выпускалъ его изъ рукъ, свисталъ безпрестанно, и никому въ домѣ не давалъ покоя. — Братья и сёстры мои, узнавъ, сколько я заплатилъ за свистокъ, сказали, что онъ не стоитъ и половины. — Тутъ вообразились мнѣ всѣ прекрасныя вещи, которыя можно было бы купить на остальныя деньги; а какъ надо-мною стали еще смѣяться, то я началъ плакать, и свистокъ, вмѣсто удовольствія, причинилъ мнѣ только горе.

Но это горе имѣло хорошія послѣдствіи. — Я всегда помнилъ невыгодную свою покупку, и всякій разъ, когда хотѣлось мнѣ купить что-нибудь ненужное, говорилъ себѣ: „Не давай за свистокъ лишняго!" послѣ чего деньги оставались въ карманѣ.

Я выросъ, вошёлъ въ свѣтъ, началъ узнавать людей, и часто мнѣ казалось, что они слишкомъ дорого покупаютъ свистокъ.

Видя, какъ одинъ жертвуетъ придворнымъ почестямъ не только своимъ временемъ, спокойствіемъ, но и самыми друзьями, самою добродѣтелію, я говорилъ себѣ: „Этотъ человѣкъ дорого покупаетъ свистокъ!"

Видя, какъ другой ищетъ народной благосклонности разными происками, не радѣетъ о своихъ экономическихъ обстоятельствахъ и наконецъ совсѣмъ разоряется, думаю: „Онъ дорого платитъ за свистокъ!"

Видя скупаго, который отказывается отъ всѣхъ удовольствій въ жизни, отъ счастія дѣлать добро, отъ уваженія согражданъ своихъ, отъ сладостныхъ чувствъ дружбы, един ственно для наполне́нія мѣшко́въ свои́хъ, мы́слю: „Бѣ́дный человѣ́къ! какъ до́рого пла́тишь ты за свисто́къ!"

Ви́дя сластолю́бца, кото́рый чу́вственныя удово́льствія предпочита́етъ душе́внымъ, разсужда́ю: „Какъ онъ жа́локъ, не ду́мая о послѣ́дствіяхъ, и платя́ такъ до́рого за свой свисто́къ!"

Когда́ мо́тъ разори́ется на бога́тыя пла́тья, на дома́шнія прибо́ры, на каре́ты, говорю́: „Онъ не предви́дитъ конца́, и по́здно узна́етъ что сто́итъ ему́ свисто́къ!"

Одни́мъ сло́вомъ, едва́ ли не всѣ житейскія бѣ́дствія происхо́дятъ отъ того́, что лю́ди не зна́ютъ цѣны́ веще́й и сли́шкомъ до́рого покупа́ютъ—свистки́.

www.ingramcontent.com/pod-product-compliance
Lightning Source LLC
Chambersburg PA
CBHW020857230426
43666CB00008B/1211